D1932099

AGOSTINO TRAPÈ
AURELIUS AUGUSTINUS

Agostino Trapè

Aurelius Augustinus

Ein Lebensbild

VERLAG NEUE STADT
MÜNCHEN · ZÜRICH · WIEN

Titel der Originalausgabe:
S. Agostino. L'uomo, il pastore, il mistico
© 1976 Editrice Esperienze,
Via S. Michele, 81; I-12O45 Fossano (CN)
Übersetzung aus dem Italienischen: Uta Brehme

CIP-Kurztitelaufnahme der Deutschen Bibliothek

Trapè, Agostino

Aurelius Augustinus : e. Lebensbild / Agostino Trapè.
[Übers. aus d. Ital.: Uta Brehme]
— 1. Aufl. — München; Zürich; Wien: Verl. Neue Stadt, 1988
Einheitssacht.: Sant'Agostino ‹dt.›
ISBN 3-87996-205-7

1988, 1. Auflage
© Alle Rechte der deutschen Ausgabe
bei Verlag Neue Stadt, München 83
Umschlag:
Illustration: B. Gozzoli, Augustinus (San Gimignano, 1465)
Gestaltung: Josef Schaaf
Satz: Fotosatz Kretschmann GmbH, Bad Aibling
Herstellung: Schoder Offsetdruck, Gersthofen
ISBN 3-87996-205-7

Vorwort

Augustinus (354-430) hat durch sein Leben und Werk die Christenheit und die Geistesgeschichte entscheidend geprägt. Er war ein überragender Denker und Schriftsteller, Seelsorger und Theologe. Zeit seines Lebens bewegte ihn die Sehnsucht nach Gott, die Suche nach der Wahrheit, wie er es im ersten Buch seiner *Bekenntnisse* zum Ausdruck gebracht hat.[1] Dieser Weg des nach dem wahren Leben suchenden Augustinus mit seinen Erfahrungen, seinen Wirrungen, Nöten und Siegen ist der eigentliche Mittelpunkt dieser Biographie. Von hier aus wird gleichsam in einem umfassenden Spektrum die Vielgestaltigkeit seiner Persönlichkeit, seines bewegten Lebens von seiner frühen Kindheit bis zu seinem Tod als Bischof der nordafrikanischen Hafenstadt Hippo entfaltet.

Augustinus und sein Werk sind im Laufe der Jahrhunderte in ganz unterschiedlicher Weise verstanden und interpretiert worden. Die entsprechende Rezeptionsgeschichte ist gleichsam ein Spiegelbild der Zeiten und der so unterschiedlichen Fragestellungen, die an das Werk des Augustinus herangetragen worden sind, von der Scholastik über die Reformation, von Jansenismus und Aufklärung bis hin zum Modernismus.

Das Anliegen dieser Biographie ist es, ein Gesamtbild der Persönlichkeit des Augustinus und seines geistigen Weges zu zeichnen. Freilich mußten dabei viele Einzelfragen und interessante Diskussionspunkte übergangen werden. Alle Seiten der Persönlichkeit, des Lebens und Denkens des Augustinus ausführlich darzustellen und auf die entsprechende wissenschaftliche Diskussion einzugehen, das ist im Rahmen einer solchen Veröffentlichung nicht möglich. Dafür verweisen wir auf die Bibliographia Augustiniana[2] von Carl Andresen, in der man sich leicht einen Überblick der umfangreichen Sekundärliteratur zu einzelnen Themen verschaffen kann.

Die Lektüre dieser Biographie des Augustinus — in der ausführlich und an vielen Stellen aus seinen Werken zitiert wird — soll auch ein Ansporn sein, das eine oder andere Werk dieses Menschen, der die Wahrheit gesucht und geliebt hat, selbst zu lesen und zu meditieren. Zu vielem, was auch uns berührt, können wir bei ihm Orientierung und Hilfestellungen finden. So kann uns der nach der Wahrheit suchende Augustinus zu einem wahren Bruder werden, der ein Stück des Wegs mit uns geht.

Verlag Neue Stadt

I. Kapitel

Von Kultur und Sprache her ein Römer

Obwohl Augustinus in Afrika geboren wurde und wahrscheinlich ein Afrikaner[1] war, ist er doch seiner Kultur und Sprache nach ein Römer. Sein Geburtsort Tagaste gehörte zu den zahlreichen römischen Siedlungen in Nordafrika. Nach dem Sieg über Karthago hatten die Römer Kultur, Handel und Wohlstand jener weitläufigen Gebiete durch die Anlage eines ansehnlichen Straßennetzes, durch den Bau von Städten und die Förderung der Landwirtschaft sehr verändert.[2] Tagaste war keine große Stadt: Der unbekannte Autor von *Das Leben der heiligen Melania der Jüngeren*[3] bezeichnet Tagaste als *civitas parva*. In ihr gab es lediglich die Schule des *primus magister*, die etwa unserer heutigen Grundschule entspricht. Auch sonst war Tagaste nicht von besonderer Bedeutung, abgesehen davon, daß der Ort den Kreuzungspunkt mehrerer Straßen bildete, die nach Karthago, nach Cirta, Sitifis und nach Theveste führten. Die Niederlassung Tagaste war also bekannt; die Bewohner dieser kleinen Ansiedlung kamen mit dem Handelsverkehr und kulturellen Treiben von weiten Teilen des römischen Afrika in Berührung.[4]

In 675 m Höhe lag der Ort in der ausgedehnten und fruchtbaren Hochebene Numidiens, umsäumt von duftenden Wäldern[5] (in denen Augustinus lange Streifzüge auf der Jagd nach Vögeln unternahm[6]), von Weinbergen[7] und Olivenhainen; Getreide- und Obstanbau sowie Viehzucht sicherten einen guten Lebensunterhalt. Nach Osten hin öffnete sich das weite Medjerda-Tal — das Bagrada der Antike — über 250 km bis nach Karthago hin. Gen Süden erstreckte sich die schier endlose Hochebene bis zu den Bergrücken des Aurès, hinter denen am Rand der Sahara eine Reihe von Festungen die Grenzen und Besitzungen der *Pax Romana* — nicht immer wirksam[8] — beschützten. Im Westen reichte das Plateau von Cirta (das heutige Constantine) bis zu den beiden Mauretanien. Hinter dem nördlich gelegenen Hügelland nahm das Tal des Seybouse — der römische Ubus — seinen Weg bis zum Meer, an dem das über 100 km entfernte Hippo Regius lag.

Das römische Tagaste liegt heute unter den weißen Häusern von Souk-Ahras (Algerien) begraben oder unter dem Grün der Olivenhänge der Umgebung. Dank der Ausgrabungen, welche die Ruinen anderer Städte Numidiens zutage förderten[9], können wir uns ein Bild von seinen Straßen, Häusern und Bauten machen: Forum, Thermen, Theater, Zirkus[10].

Als am 13. November[11] des Jahres 354[12] Augustinus geboren wurde, bestand Tagaste bereits seit drei Jahrhunderten. Noch war der Glanz seiner Bauten nicht geschwunden, aber unwiderruflich dem Untergang geweiht. Zugleich begann seine eigentliche Geschichte, die mit dem Leben des Augustinus und seiner Mutter Monika eng verbunden ist.

Wie in den anderen Städten des lateinischen Afrika trafen in Tagaste die verschiedensten gesellschaftlichen Schichten aufeinander: Eingewanderte und Urbewohner, Großgrundbesitzer und Sklaven, überströmender Luxus und bitterstes Elend. In den Städten überwog der Luxus, Armut herrschte auf dem Land, wo um die prunkvollen Villen der Großgrundbesitzer herum Scharen von Landarbeitern die Felder bestellten und neidvoll auf die Reichen blickten.[13] Die Sprache und Kultur waren lateinisch, aber ein Großteil der Land- und Bergbevölkerung sprach und verstand nur Punisch.[14]

Zwischen diesen Extremen hatte sich eine Mittelklasse herangebildet; großenteils afrikanischen Ursprungs, aber von römischer Bildung und Mentalität geprägt. Man hatte sich ganz und gar den Gegebenheiten des Römischen Imperiums angepaßt, war weder arm noch reich und an der öffentlichen Verwaltung beteiligt. Für die Kinder strebte man eine alle Stufen durchlaufende Erziehung an, um ihnen Laufbahnen als Magistrate, Rhetoren oder Juristen zu erschließen. Dieser Klasse gehörte Augustinus' Familie an. Im Vergleich zu anderen Familien in Tagaste, etwa der des Alypius, die zu den ersten der Stadt zählte[15], oder der Familie des Romanianus, die ein großes Vermögen besaß[16], war seine Familie eher arm zu nennen. Und so sah es auch Augustinus selbst: Von seinem Vater spricht er als von einem „ziemlich unbemittelten Bürger Tagastes“[17], und sich selbst bezeichnet er als „von armen Eltern geboren“[18]. Man darf diesem Wort jedoch nicht zu viel Bedeutung beimessen. Zu jener Zeit schloß „Armut“ einen gewissen Wohlstand nicht aus. Augustinus' Eltern verfügten über Dienerschaft im Hause[19] und Güter unter der Sonne[20]; sie konnten ihren Sohn im etwa 30 km entfernten Madauros unterrichten lassen und den ehrgeizigen Plan fassen, ihn zur weiteren Ausbildung nach Karthago zu schicken. Wohlstand ist allerdings nicht gleichbedeutend mit Reichtum. Trotz der Opfer, die sich die

Familie auferlegte, wäre jener ehrgeizige Plan niemals zu verwirklichen gewesen, wenn nicht einer der „reichen" Bürger, Romanianus, ein Verwandter des Alypius[21], dazu beigetragen hätte. Mit Bewunderung erinnert sich Augustinus sowohl der Großzügigkeit seines Gönners[22] als auch der Willensstärke und Opferbereitschaft des Vaters, der sich für den Sohn verausgabte. „Alle rühmten damals ... meinen Vater, daß er über seine Kräfte hinaus für seinen Sohn alle Mittel aufwenden wollte, die ein Studium in der Fremde ... erforderte. Viele weit vermögendere Bürger brachten für die Ausbildung ihrer Kinder keine solchen Opfer."[23]

Das Vermögen der Familie betrug nur ein Zwanzigstel dessen der Kirche Hippos, die sicher nicht reich war.[24] So bescheiden war die Habe, daß Augustinus später als Bischof seinen Verwandten — wie anderen Armen — zu Hilfe kommen mußte, damit „sie keine oder weniger Not leiden müssen"[25]. Nichts ist darüber bekannt, ob auch sein Bruder Navigius und seine Schwester — deren Namen wir nicht kennen — von einem „Grammatiklehrer" in Madauros unterrichtet wurden; seine Vettern Lastidian und Rusticus mit Sicherheit nicht.[26]

Reich war die Familie des Augustinus nicht, wohl aber angesehen und geachtet. Sein Vater, mit Namen Patrizius, gehörte dem Gemeinderat an; seine Mutter, Monika, erweckte Bewunderung durch ihr feines Wesen, ihre Tugendhaftigkeit und Frömmigkeit.[27] Die Familie war wohl afrikanischen Ursprungs, aber durchaus römisch geprägt. Im Hause von Patrizius sprach alles, auch die Dienerschaft, Latein und nur Latein[28]. Das ist nicht verwunderlich; wir wissen, daß nicht alle Geistlichen in Hippo Punisch[29] sprachen.[30] Bevor Augustinus in der Schule Lateinunterricht erhielt, lernte er es im Elternhaus „ohne jede Furcht und Qual ..., ja unter Koseworten der Kinderfrauen, unter fröhlichen Scherzen meiner Umgebung, die mit mir lachte und schäkerte"[31]. Tatsächlich war es die erste Sprache, in der er sich ausdrücken konnte, und die einzige, die er vollkommen beherrschte.

Was das Punische angeht — wir übernehmen hier den Begriff in dem Sinn, wie Augustinus ihn gebrauchte[32] —, zitierte der zukünftige Bischof daraus einige Sprichwörter und lieferte für einige lateinische Worte die entsprechende punische Bezeichnung[33]. Wenn er sich jedoch den einfachen Leuten seiner Diözese verständlich machen wollte, mußte er sich (wie der Donatistenbischof Macrobius[34]) eines Dolmetschers bedienen.[35] Bei seinen Hinweisen auf die punische Literatur, in der „so manche Weisheit überliefert ist", griff er nicht auf eigenes Wissen zurück, sondern auf das der maßgeblichen Gelehrten: „Wie sehr gelehrte Männer bezeugen ..."[36]. Daraus muß man wohl folgern, daß er nur sehr begrenzte Kenntnisse des Punischen besaß und somit keinen rechten Gebrauch davon machen konnte.

Anders war es mit dem Griechischen: Das lernte er in der Schule in Madauros; allerdings nicht ohne Widerwillen, sowohl aufgrund seiner natürlichen Neigung zur Poesie und seiner Abneigung gegen trockene Studien als auch der damaligen Schulmethoden wegen, die auf „schmerzhaften Bestrafungen“[37] basierten. So wurde ihm die griechische Sprache nie richtig vertraut, obwohl er sie einigermaßen beherrschte. Seine Kenntnisse reichten immerhin aus, daß er im griechischen Text der Bibel nachlesen konnte, um gegebenenfalls den lateinischen zu korrigieren — was eine Gewohnheit von ihm war[38] —, daß er die Richtigkeit einer Übersetzung zu überprüfen wußte, selbst wenn es sich um die Übersetzung des Hieronymus handelte[39], daß er sogar einen Text der Kirchenväter[40] oder Plotins[41] übersetzen oder direkt auf ein griechisches Werk im Original[42] zurückgreifen konnte. Aber um die Werke der Kirchenväter[43] zügig zu lesen, wie er es gewünscht hätte und wie die wenigen ihm zur Verfügung stehenden „Zeittropfen“ es verlangt hätten, reichten seine Griechisch-Kenntnisse nicht aus.

Im Gegensatz zu vielen seiner Zeitgenossen — man denke etwa an Hieronymus oder an Ambrosius — ist seine Bildung wesentlich vom Lateinischen geprägt gewesen oder über die lateinische Sprache zustande gekommen. Das Lateinische beherrschte er sowohl vom Inhalt als von der Form her in seiner ganzen Vielfalt, mit all seinen Möglichkeiten und in seinem ganzen Reichtum. Seine Aussprache hatte einen typisch afrikanischen Akzent, was ihm den Hohn der Italiener[44] einbrachte; sein Stil wies die Eigenheiten eines Schriftstellers aus dem Unteren Kaiserreich auf, der zugleich Afrikaner und Seelsorger war. Was die Sprachgewandtheit betrifft, war er ein wahrer Künstler, der jeden Gedanken nuanciert zu formulieren wußte und alle stilistischen Feinheiten kannte. Man braucht nur die *Bekenntnisse,* den *Gottesstaat,* die Briefe und die Predigten miteinander zu vergleichen.[45]

Die Grundbegriffe der Sprache lernte er in Tagaste, Grammatik in Madauros, Rhetorik in Karthago. Nach Abschluß der Studien richtete er eine Grammatikschule in Tagaste ein[46], ungefähr ein Jahr später eine Rhetorikschule in Karthago, dann in Rom, und schließlich lehrte er Rhetorik am Mailänder Hof des Kaisers.

In Karthago nahm er an einem Dichterwettbewerb teil, wo er vom Prokonsul Vindicianus zum Dichter gekrönt wurde.[47] Nachdem er in Rom die „Deklamations-Prüfung“ bestanden hatte, sandte ihn der Präfekt Symmachus als Lehrer der Redekunst nach Mailand, was für ihn einen Erfolg und die Grundlage für weiteres Fortkommen bedeutete.[48] In dieser Eigenschaft hielt er in Mailand die Lobrede auf das Konsulat von Bauton und wenige Monate später die offizielle Lobrede auf den Kaiser, den vierzehnjährigen Valentinian II.[49] Zwölf Jahre Lehrtätigkeit und intensiver Studien[50] zusammen mit den Jahren seiner Schulausbildung machten ihn in den *Freien Künsten* bewandert und zu einem „äußerst gelehrten und beredten" Mann, was dem Ideal der damaligen Zeit[51] entsprach.

Seine umfassende Bildung erlaubte ihm, nach seiner Bekehrung den Plan zu einer großangelegten Enzyklopädie der *Freien Künste (Disciplinarum libri)* zu entwerfen, in der er den stufenweisen Aufstieg von körperlichen Dingen zu den geistigen und schließlich zu Gott beschreiben wollte. Er vollendete eine — verlorengegangene — Grammatik, begann mit der Arbeit an einer Musiklehre, deren sechs Bücher über die Rhythmik er später in Afrika abschloß. Zu den anderen fünf *Freien Künsten* (Dialektik, Rhetorik, Geometrie, Arithmetik, Philosophie) hinterließ er skizzenhafte Entwürfe, die ebenfalls verlorengegangen sind.[52]

Auch als Bischof noch hegte Augustinus tiefe Bewunderung, Dankbarkeit, man kann schon sagen liebevolle Zuneigung für jene Schriftsteller, die ihn literarisch geformt hatten. So im besonderen für Vergil, bei dessen Lektüre er viele Tränen vergossen[53] hatte; für Cicero, der ihn in seiner Trägheit aufrüttelte und ihn die Weisheit lieben lehrte[54]; für Varro, „den Gelehrtesten unter den Römern"[55], dessen Werke ihm für den *Gottesstaat* von großem Nutzen waren.

Diese Gefühle zeigen sich zum Beispiel in dem folgenden Text, entstanden 415, als Augustinus bereits über 60 Jahre alt und seit fast zwanzig Jahren Bischof war. Sein Freund Evodius hatte ihn gefragt, wie die Worte des Petrus über Christi Höllenfahrt und die Befreiung der dort Verbannten zu verstehen seien (vgl. 1 Petr 3,18; Apg 2,24). Augustinus antwortete darauf:

„Wollten wir behaupten, daß bei jener Gelegenheit unterschiedslos alle befreit wurden, die dort unten vorgefunden wurden, wer würde sich nicht glücklich schätzen? Sollte uns dieser Beweis gelingen, vor allem denen gegenüber, die uns durch ihre literarischen Werke vertraut sind und deren Genie wir bewundern? Ich denke dabei nicht nur an die Dichter und andere Redner, die in ihren Werken vielfach Verachtung und Hohn für ihre eigenen Heidengötter erkennen ließen und zuweilen gar den einen wahren Gott bekannten, obwohl sie wie alle anderen einem abergläubischen Kult frönten, sondern ich denke ebenfalls an jene, die eben diese Wahrheiten nicht nur in Dichtungen und Reden, sondern auch in philosophischen Werken zum Ausdruck brachten. Ich beziehe mich ferner auf die zahlreichen Gelehrten, deren Werke nicht bis zu uns gelangt sind, von deren — unter einem bestimmten Aspekt — lobenswertem Leben wir aber aus den Schriften jener anderen erfahren haben. Abgesehen von ihrem Fehler im Bezug auf die Gott geschuldete Verehrung, da sie falsche Götter anbeteten, wie es die staatliche Gesetzgebung verlangte, und den Geschöpfen anstatt dem Schöpfer dienten, hat man ihrer ganzen sonstigen Lebensführung wegen zu Recht auf sie verwiesen als ein nachahmenswertes Vorbild ... Wir fühlen uns mit solchen Tugenden bedachten Personen so zugeneigt, daß man vor allem sie, aber auch alle anderen aus der Hölle befreit wissen möchte."[56]

Dieser Passus mit seinem Zwiespalt zwischen der natürlichen Neigung und der Glaubenslehre zeigt besser als jeder andere die tiefe Menschlichkeit des Augustinus sowie seine Zugehörigkeit zur griechisch-römischen Welt. Er war nicht nur der Sprache und der Kultur nach ein Römer, sondern auch in seinem Empfinden und Fühlen.

II. Kapitel

Aus Erziehung Christ

Augustinus war vor allem Christ; das blieb er der Gesinnung nach, auch als er dem katholischen Glauben abgesagt hatte. Diesen Sachverhalt muß man sich vor Augen halten, wenn man seinen inneren Werdegang verstehen will; es handelt sich hier um einen wichtigen — vielleicht den bezeichnendsten — Aspekt seiner Persönlichkeit.

Die Umwelt

Die Umwelt, in der er aufwuchs, war christlich geprägt, allerdings nicht ausschließlich; das Heidentum, das sich dem Untergang neigte, war noch lebendig, ja hier und dort noch voller Kraft und Kampfeslust. So in Madauros, wo Augustinus vier Jahre lang — vom 11. bis zum 16. Lebensjahr — die Schule besuchte.

In der Heimat des Apuleius waren die Heiden noch in der Überzahl.[1] Wilde, ungestüme Scharen, die mit lärmenden und zügellosen Trinkgelagen ihre Götter ehrten[2] und die Christen verachteten[3]. Sicherlich bezieht sich Augustinus auch auf sie, wenn er sagt: „Wo immer sie auf einen Christen treffen, pflegen sie diesen zu beschimpfen, zu belästigen, als Dummkopf, als Idioten und herzlosen Menschen zu verlachen, als Nichtsnutz zu schelten.“[4]

Karthago stand dem in nichts nach; in der großen Metropole war es eher schlimmer. Bei seiner Ankunft kann — und wird — der Siebzehnjährige dem sündigen Treiben beigewohnt haben, mit dem man die Göttin Caelestis, die Schutzgöttin der Stadt, auf obszöne Weise verehrte, während ihr Bildnis zum Reinigungszeremoniell ans Meer getragen wurde.[5] Die kaiserlichen Befehle, welche die Schließung des Tempels dieser Göttin anordneten, entfachten einen Aufstand der Heiden.[6]

Tagaste war nicht mit Madauros zu vergleichen und noch weniger mit Karthago; aber auch in Tagaste war die Präsenz des Heidentums spürbar. Die mittlerweile zur Minderheit gewordenen Heiden waren meist von einer feindlichen Haltung zur Gleichgültigkeit übergegangen. Augustinus erlebte das in seinem eigenen Elternhaus: Sein Vater war im Gegensatz zu allen anderen Familienmitgliedern Heide[7] — ein im übrigen guter, zugänglicher und liebevoller Mann, allerdings leicht erregbar und bisweilen sogar jähzornig. Er hatte eine sehr fromme Christin geheiratet und lebte im Frieden mit ihr, jedenfalls ohne tiefgreifendere oder längere Zwistigkeiten (was weniger ihm als seiner tugendhaften Frau zuzuschreiben ist). Er wehrte sich nicht dagegen, daß seine Kinder christlich erzogen wurden, aber war Heide und behielt gewisse heidnische Haltungen und Einstellungen bei.[8] Erst gegen 370 ließ er sich in die Liste der Katechumenen eintragen; die Taufe empfing er erst kurz vor seinem Tod.[9]

Die nachgiebige Haltung vieler Heiden bedeutete aber keineswegs das Ende jedes heidnischen Einflusses. Vielmehr lebte gerade (zur Zeit der Kindheit des Augustinus) unter Kaiser Julian die Christenfeindlichkeit wieder auf. Besagte Nachgiebigkeit beinhaltete zumindest von seiten der Gebildeten die nicht zu unterschätzende Gefahr, daß man im Namen eines falschverstandenen Pluralismus die christliche und die heidnische Religion als zwei gleichwertige Wege betrachtete, um das Göttliche zu verehren. Dieser Meinung begegnet man bei Ammianus Marcellinus, Symmachus und einigen anderen Heiden, mit denen Augustinus korrespondierte, wie etwa Nectarius von Calama und Maximus von Madauros.[10]

Auch wenn es in den Tempeln verstummt war[11], lebte das Heidentum in Bauten, Büchern und Theatern weiter. Im Forum von Madauros, um nur ein Beispiel zu nennen, fand Augustinus einmal „zwei Marsstatuen (eine unbekleidet und eine in voller Rüstung) und gegenüber die Statue eines Mannes mit drei ausgestreckten Fingern, die jene für die Stadt verhängnisvolle Macht eindämmen soll"[12].

Als Lehrbücher dienten immer noch die mit mythologischen Erzählungen gefüllten klassischen Werke, die, wie Cicero erläutert, „menschliche Eigenschaften auf die Götter übertrugen"[13] beziehungsweise, wie Augustinus berichtigt, „lasterhaften Menschen Göttliches beilegten, damit man Schandtaten nicht für Schandtaten halte und jeder, der sie begeht, nicht verkommenen Menschen, sondern himmlischen Göttern es gleichzutun sich schmeichle"[14]. Den Bischof von Hippo schmerzt es, daß so „erwählte und kostbare Gefäße" wie die Worte mit so viel eitlen und unmoralischen Dingen versetzt worden sind. Als Beispiel führt er ein Drama seines Landsmannes Terenz[15] an.

Weiter waren es „die Unflätigkeiten der Theater, das wahnsinnige Treiben im Zirkus, die Greuel des Amphitheaters“, wo das heidnische Ideal Fuß faßte. Die Komödien, die Gladiatorenkämpfe und die Wagenrennen verkörperten es ebenso wie die Wetten, die „auf Schauspieler, Komödianten, Pantomimen, Wagenlenker und Jäger“ abgeschlossen wurden und oft tödliche Schlägereien verursachten. So sah es der Bischof Augustinus; aber in jungen Jahren hatte auch er sich von der Welt, die ihn umgab, verführen lassen. Trotz dieser Umwelt war Augustinus tief vom christlichen Leben geprägt. Und seine Mutter war eine weise Erzieherin.

MONIKA

Monika war eine außergewöhnliche Frau. Von Natur aus besaß sie hervorragende Verstandesgaben, Charakterstärke und große Sensibilität. Sie wurde 331[16] in Tagaste geboren, und zwar in einer traditionell christlichen Familie. Sie wurde vor allem von einer alten Hausmagd erzogen, von der sie lernte, Gott zu ehren, die Menschen zu lieben, Autorität anzuerkennen, Gefühle und natürliche Regungen zu beherrschen. Die Erziehung dieser strengen und klugen Dienerin, deren Obhut die Eltern ihre Tochter anvertraut hatten, verfolgte ein hohes Ziel: Monika sollte nichts angenehm erscheinen, was nicht auch ehrbar war.[17] Und das sollte gelingen. Solch stolzes Ehrgefühl half ihr bei der (wenn auch ungerechtfertigten und verletzenden) Kritik einer Magd, von da an mit der Gepflogenheit zu brechen, heimlich Wein zu trinken.[18]

Wann Monika heiratete, ist unbekannt. Man weiß nur, daß sie mit 23 Jahren Augustinus zur Welt brachte, der ihr erstes Kind gewesen zu sein scheint.[19] Sie war eine umsichtige Ehefrau. Ihre Güte, Geduld und Ehrfurcht brachten ihr „respektvolle Zuneigung und Bewunderung“ des von Natur aus „cholerischen“ Ehemannes ein, dessen Untreue sie ertrug und den sie sogar für den Glauben gewann.[20] Sie wahrte den Familienfrieden trotz des Mißtrauens der Schwiegermutter und des Geredes der Dienerschaft.[21]

Ihre erste Sorge galt der christlichen Erziehung ihrer Kinder. „Schon als Knabe hatte ich von einem ‚ewigen Leben‘ gehört, das uns verheißen ist kraft der Demut des Herrn, unseres Gottes, der sich zu unserem Hochmut herabneigte. Man hatte mich schon mit dem Zeichen des Kreuzes bezeichnet und mit seinem Salz gewürzt, als ich kaum den Leib meiner Mutter verlassen hatte, die all ihr Hoffen auf den Herrn baute.“[22]

Diese Worte des Augustinus führen uns zu den Anfängen des erzieherischen Wirkens der Monika zurück. Es drang, zusammen mit dem Beispiel ihres Lebens aus dem Glauben, der Hingabe und Barmherzigkeit, tief in die Seele ihres Sohnes ein. So schreibt Augustinus von seiner verwitweten Mutter: „Tugendhaft und genügsam, freigiebig mit Almosen, stets bereit, deinen Heiligen zu dienen, ließ sie keinen Tag vorübergehen, ohne deinem Altar zu opfern, ohne zweimal täglich, des Morgens und am Abend, deinen Tempel aufzusuchen, nicht zu Klatsch und Altweibergeschwätz, sondern um deine Worte zu hören und ihre Gebete dir zu Gehör zu bringen."[23]

Auch vor dem Tod ihres Mannes dürfte Monikas Lebensweise nicht anders gewesen sein. Sie war ausdauernd im Gebet und erkannte die Autorität des Bischofs vorbehaltlos an. Zur Verwunderung ihres Sohnes hielt sie sich in Mailand an Ambrosius' Weisungen hinsichtlich des Fastens[24] sowie an das Verbot, Speisen und Getränke zu den Märtyrergräbern zu bringen[25], wie es in Tagaste üblich war[26].

Augustinus, der uns in den *Bekenntnissen* und in den Dialogen von Cassiciacum ein Bild seiner Mutter hinterlassen hat, in dem große Bewunderung zum Ausdruck kommt, macht ihr nur zwei Vorhaltungen: daß sie seine Taufe zu lange aufgeschoben und es versäumt habe, seine hervorbrechende Geschlechtsreife rechtzeitig in die Bahnen der Ehe zu lenken.

Eine Erklärung für den Aufschub der Taufe findet er in der Angst seiner Mutter vor den „Wogen der Versuchungen", die sich nach dem Ende der Kindheit gefährlich „heranwälzten". „Aus diesem Grund wollte meine Mutter lieber den ‚Erdenstoff' (also den ‚alten Menschen'), aus dem ich mich noch entwickeln sollte, dem stürmischen Meer aussetzen, als die vollendete Gestalt (also den ‚neuen Menschen')"[27]. Der Bischof Augustinus hält die Begründung für nicht stichhaltig. Das Beispiel des noch heidnischen Patrizius hatte Monikas Befürchtungen sicherlich verstärkt. Das Verschieben der Taufe bis zum Erwachsenenalter dürfte übrigens in der Kirche von Tagaste nicht ungewöhnlich gewesen sein.[28]

Den Grund, warum Monika ihren Sohn nicht schon früh verheiratet sehen wollte, glaubt Augustinus in ihrem Wunsch — diesmal voll und ganz vom Vater geteilt — zu erkennen, daß er seine Studien zu Ende führe. Monika war der Überzeugung — was einen charakteristischen Zug ihrer Persönlichkeit offenbart —, daß eine gediegene Ausbildung einer tieferen Annäherung des Sohnes an Gott förderlich sein würde. Sie wollte deshalb nicht, daß eine frühzeitige Heirat seine Studien behinderte.[29]

Die Kirche von Tagaste

Für Augustinus' christliche Erziehung war nicht nur Monikas Einfluß maßgebend, sondern auch die Kirche von Tagaste, eine lebendige und blühende, einmütig mit ihrem Bischof verbundene Glaubensgemeinschaft. Über das christliche Tagaste ist uns viel bekannt von dem Moment an, als Augustinus sich nach seiner Bekehrung mit einigen Freunden dort niederließ. Von der Zeit vorher weiß man nur sehr wenig. Mit seiner Rückkehr verbreitete sich in Tagaste das monastische Leben. Im Jahr 394 grüßte Paulinus von Nola eine Gemeinschaft von Brüdern, die sich dem Gebet, der Askese und den Studien verschrieben hatten.[30] Melania die Jüngere ließ sich (410) dort für sieben Jahre unter der geistlichen Führung von Alypius nieder und gründete ein Frauen- und ein Männerkloster, die damals bis zu 130 beziehungsweise 80 Ordensleute zählten.[31] Innerhalb weniger Jahre wurden vier Christen der Kirche von Tagaste Bischöfe in Afrika: Alypius in Tagaste selbst, Augustinus in Hippo, Evodius in Uzalis, Servus in Milev. Innerhalb weniger Jahrzehnte haben vier (von der katholischen Kirche als Heilige Verehrte) mit den Gläubigen in der Basilika von Tagaste gebetet: Monika, Augustinus, Alypius und Melania die Jüngere.

Nachdem die Kirche von Tagaste zu einem gewissen Zeitpunkt völlig zum Donatismus übergetreten war, kehrte sie schließlich kraft der kaiserlichen Verordnung zur Einheit der katholischen Kirche zurück. Von da an wurde Tagaste zur Hochburg des Katholizismus. Ihre Abscheu für das donatistische Schisma wurde derart tief, daß „sie ihm niemals angehört zu haben schien"[32]. Im Jahr 411 galt Tagaste bereits als „von alters her" katholisch, so daß auf der Synode von Karthago[33] der Bischof Alypius Tagaste als Musterbeispiel und hoffnungsvolles Zeichen anführen konnte. Der katholische Bischof hatte keinerlei Rivalen; die Schar der Gläubigen lebte im Frieden der Einheit und Gemeinschaft miteinander.

Die Mauriner setzen diese Rückkehr zum Katholizismus gegen 349 an[34], also wenige Jahre, bevor Augustinus geboren wurde, und zwar anläßlich des Edikts von Konstans und zur Amtszeit des Makarios. Der große Apostel der Einheit wurde somit als Kind in eine Kirchengemeinde aufgenommen, die, im Glauben und in der Liebe vereint, ohne Spaltungen und frei von Streitigkeiten lebte. Dieser Umstand dürfte eine positive Wirkung auf Augustinus gehabt haben und eine Bestätigung und Vertiefung des mütterlichen Einflusses gewesen sein. Er, der im Gebet die Fesseln der Zunge löste[35], betete mit einer betenden Kirche und glaubte mit einer glaubenden Kirche. Die schmerzliche Trennung zwischen den Christen, für deren Überwindung er später viel Zeit und Kraft aufwenden sollte, war ihm unbekannt. Der christliche Glaube wurzelte so tief in ihm, daß er Richtung und Verlauf seines ganzen Lebens bestimmte.

DIE FRÜCHTE CHRISTLICHER ERZIEHUNG

Augustinus glaubte nicht nur an Gott, an die Vorsehung[36], an das zukünftige Leben, an Gottes Ratschlüsse[37], sondern bewahrte auch immer den Namen Jesu im Herzen, den er mit der Muttermilch aufgesogen hatte[38], wie er selbst sich ausdrückt.

In der unruhigsten Phase seines Lebens, im Alter zwischen neunzehn und dreiunddreißig Jahren, lassen sich vier wesentliche Abschnitte unterscheiden: die Lektüre des *Hortensius*, die manichäische Phase, das enttäuschte Sich-Abwenden vom Manichäismus und die Entdeckung der Neuplatoniker. In jeder dieser Phasen war ihm der Name Christi präsent, und zwar nicht als etwas, das in Frage gestellt oder abgelehnt wird, sondern gewissermaßen als Kriterium, um andere Lösungen anzunehmen beziehungsweise zu verwerfen.

Die Lektüre des *Hortensius* führte eine grundlegende Änderung seiner inneren Haltung herbei, obwohl der Text einen entscheidenden Fehler hatte: „Es fehlte jenen Seiten der Name Jesu." Und er erläutert: „Jedes Werk ohne diesen Namen, und sei es auch gelehrt und erlesen und wahrheitsbeflissen, kann mich nicht restlos erobern."[39]

Augustinus schloß sich dem Manichäismus an. Der wichtigste Grund dafür lag darin, daß die Manichäer sich als Nachfolger Christi ausgaben und erklärten, sie lebten im Gegensatz zu den Katholiken ein geistliches und reines Christentum. „So geriet ich unter bis zum Wahn vermessene Menschen, im Übermaß sinnlich und geschwätzig. In ihrem Mund verbargen sich Teufelsschlingen, ein Köder aus einem Gemisch von Silben deines Namens und dem des Herrn Jesus Christus sowie des Parakleten, unseres Trösters. Diese Namen führten sie stets im Munde."[40]

Wenn der Name Christi als Köder für seine Zustimmung zu den Manichäern gedient hat, so war er andererseits ein Hindernis, den Philosophen zu folgen. Nachdem er die Unzulänglichkeit des Manichäismus erkannt hatte, fragte er sich, wohin er sich orientieren sollte. Er hatte die Möglichkeit, einer philosophischen Schule zu folgen. Schon viele Schriften der Philosophen hatte er gelesen, die ihm gut im Gedächtnis geblieben waren.[41] Bei den Philosophen kam jedoch der Name Christi nicht vor. „Ich erkannte, daß ich nicht länger in einer Sekte bleiben durfte, die ich nunmehr als vielen Philosophen unterlegen betrachtete; aber ich wies es erst recht von mir, meine sieche Seele denen zu heilender Behandlung zu überlassen, die den Namen Christi nicht kannten."[42]

So begann der mühevolle „Rückweg", der über die Entdeckung der neuplatonischen Lehre führte. Unsagbar groß war die Begeisterung des Augustinus für diese Entdeckung, aber noch einmal wich die Begeisterung der Enttäuschung. Und wiederum war Christus seine einzige Zuflucht, um die Enttäuschung zu überwinden. „So stürzte ich mich mit wahrer Gier auf die ehrwürdigen Schriften deines Geistes, und vor allem auf den Apostel Paulus."[43] Die Aussage der *Bekenntnisse* stimmt mit einem Wort der Dialoge überein: „In einem Gemisch aus Ratlosigkeit, Begeisterung und Zweifel begann ich mit der Lektüre des Apostels Paulus ... Von Anfang bis Ende las ich alles mit großer Aufmerksamkeit und regem Interesse."

Wenn Augustinus kurz vorher mit Bezug auf seine Bekehrung schreibt: „Ich wandte mich ... jener Religion zu, die mir als Kind eingepflanzt und tief ins Innere gesenkt worden war"[44], bringt er die bleibende Wirkung seiner Erziehung in Erinnerung. Wenn er beim Entwurf eines Weisheitsprogramms für sich selbst äußerte, er wolle sich niemals von der Autorität Christi entfernen: „Ich habe beschlossen, mich wirklich nirgends von der Autorität Christi zu entfernen, denn eine stärkere finde ich nicht"[45], wiederholte er einen Vorsatz, der ihn bereits durch sein ganzes Leben begleitet hatte und ihn bis zu seinem Tod begleiten sollte.

Die tiefe Krise des Neunzehnjährigen bezog sich auf die Kirche und nicht etwa auf den Glauben an Christus. Augustinus wandte sich bewußt von der katholischen Kirche ab, dachte aber niemals auch nur im entferntesten daran, sich von Christus abzukehren.[46]

III. Kapitel

Ein vielversprechender Knabe

Es ist nur natürlich, daß man von bedeutenden Menschen alles kennenlernen möchte, auch die äußere Erscheinung. Ist uns Augustins körperliche Gestalt[1] auch unbekannt geblieben, so weiß man doch etwas über seine physische Verfassung: Er war gesund, aber zart und daher für Krankheiten anfällig. Als Kind hatte er einmal einen Fieberanfall infolge einer Magenverstimmung, an dem er beinahe gestorben wäre.[2] Als Neunundzwanzigjähriger befiel ihn in Rom eine nicht genauer bezeichnete, aber schwere Krankheit.[3] Mit 33 Jahren litt er in Mailand an einer Lungenkrankheit, die ihm starke Schmerzen im Brustkorb sowie Schwierigkeiten beim Atmen verursachte und ihn hinderte, länger und deutlich zu sprechen.[4] Wenig später plagte ihn in Cassiciacum ein so stechender Zahnschmerz, daß es ihm unmöglich war zu sprechen.[5] In Hippo zwang ihn mit 56 Jahren eine Krankheit zu einem Erholungsaufenthalt außerhalb der Stadt, wo er einen Rückfall erlitt.[6] Und als Graf Bonifatius dem Dreiundsiebzigjährigen in Hippo einen Besuch abstattete, litt er an einer solch starken Erkältung, daß er kaum sprechen konnte.[7]

Abgesehen von diesen Erkrankungen, war Augustinus überhaupt sehr anfällig. Kaum aus Italien zurückgekehrt, schreibt er aus Tagaste seinem Freund Nebridius, daß körperliche Leiden ihm nicht erlaubten zu tun, was und wie er möchte, es sei denn, so fügt er scherzend hinzu, daß „ich endlich einmal aufhöre, mehr zu wollen, als ich kann“[8]. Viele Jahre später äußert er, daß er nunmehr auch den Jahren nach alt, seit langem aber schon aufgrund seiner körperlichen Gebrechen alt gewesen sei: *per infirmitatem corporis olim sum senex*[9].

Nicht der „böse Wille“, sondern „die zarte Gesundheit“ hinderten ihn daran, die von Amts wegen erforderlichen Seereisen zu unternehmen, die seine Brüder im Bischofsamt sich auferlegten.[10] Für seine körperliche Verfassung war jede Kälte unerträglich[11]; er war „von Schmerz und Schwellungen und Schrunden“ geplagt, was ihn häufig ans Bett fesselte[12]; beim Sprechen befiel ihn wiederholt Müdigkeit oder Heiserkeit[13].

Dennoch muß seine physische Konstitution im großen und ganzen sehr widerstandsfähig gewesen sein. Anders lassen sich seine zahlreichen Aktivitäten, seine vielen, langen und beschwerlichen Landreisen nicht erklären — noch sein hohes Alter, das er in *bona senectute*[14] erlangte.

Sein Wesen

Seine zarte Natur, sein hellwacher Geist, sein gutes, liebenswürdiges, edles Gemüt, aber auch sein bestimmender und starker Charakter erinnern an seine Mutter. Er liebte die Ordnung, die Ruhe und Stille, die Freundschaft, aber vor allem die Wahrheit. Er war sehr mitfühlend, doch empörte er sich leicht über jede Ungerechtigkeit und war von seinen Entschlüssen nicht abzubringen. Über seine Kindheit schreibt er in den *Bekenntnissen*:

„Ich lebte, fühlte und war besorgt um meine Unversehrtheit, Zeichen der geheimnisvollen Einheit, aus der ich hervorgegangen war. Ich wachte mit meinem inneren Sinn über die Unversehrtheit meiner äußeren Sinne. Schon bei meinen kleinen Gedanken über meine unbedeutenden Dinge erfreute ich mich an der Wahrheit. Ich wollte mich nicht täuschen lassen, konnte mich auf mein Gedächtnis verlassen und war im Sprechen bereits recht gewandt; Freundschaft tat mir wohl, Schmerz, Demütigungen und Ignoranz suchte ich zu entfliehen. Was ist an einem solchen Wesen nicht wunderbar und lobenswert? Das alles aber sind Geschenke meines Gottes, nicht ich habe sie mir gegeben. Gut sind sie, und das alles zusammen bin ich."[15]

In dieser Beschreibung zeigt sich bereits ansatzweise der Augustinus, wie er sich im Lauf der Jahre erweisen und von den Menschen geschätzt werden sollte. Schon früh manifestiert sich seine dichterische und rednerische Begabung wie auch seine philosophische Neigung. Die Geschicke der unglücklichen Dido rühren ihn zu Tränen[16]. Wenn er aus den Versen des Vergil liest — eine der im Lehrplan vorgesehenen Übungen — weiß er seine Mitschüler zu begeistern.[17] In Karthago ist er „der Primus der Rhetorikschule"[18]. Mit etwa zwanzig Jahren liest (und versteht) er die *Kategorien* von Aristoteles — ein Werk, das für sehr schwierig gehalten wurde.[19] Er liest und versteht alle ihm zugänglichen Traktate über die sogenannten *Freien Künste*. „Was lernte ich nicht an

Beredsamkeit und Dialektik, an Geometrie, Musik und Arithmetik bald mühelos und ohne menschliche Belehrung, du weißt es, mein Herr und Gott, denn ein behender Geist und scharfsinniger Verstand sind deine Gaben."[20]

Augustinus war sehr offen und hatte eine rege Phantasie. Er litt nicht darunter, unter der Fuchtel des Lehrers studieren zu müssen[21]; er spielte gerne[22], liebte es auf den Straßen zu lärmen[23], Theaterstücke anzuschauen, die Schauspieler nachzumachen[24] und in den Wäldern auf Vogelfang zu gehen[25]. Seinen Eltern brachte er großen Respekt entgegen. Als die Mutter im Sterben lag, konnte sie sich an kein einziges schroffes oder beleidigendes Wort aus dem Munde des Sohnes erinnern[26], nicht einmal als sie dem zum Manichäer gewordenen Sohn Hausverbot erteilte[27]; nicht einmal als sie sich in Karthago „mit Ungestüm" seiner Abreise nach Rom widersetzte.

Wie man weiß, hat Augustinus in jener Situation zu einem Notbehelf gegriffen, der es ihm erlaubte, ohne laute Worte oder Grobheiten gegen die Mutter doch sein Ziel zu erreichen. Es blieb ihm aber sein Leben lang schmerzlich in Erinnerung: „So belog ich meine Mutter, solch eine Mutter!"[28]

In Karthago fand sich Augustinus unter den *eversores*, einem Studentenbund von friedlosen Unruhestiftern, die es auf die Schutzlosen abgesehen hatten, „die sie mit ihren Streichen erschreckten, um sich in boshafter Weise daran zu weiden"[29], die dreist in die Schulen eindrangen und wie „eine Herde von Rasenden die Ordnung durcheinanderbrachten" — und „mit unbegreiflicher Rohheit Frevel über Frevel" begingen.[30] Zeitweise gefiel ihm ihre Gesellschaft, er nahm jedoch nie an ihren Unternehmungen teil. Ein damaliger Mitschüler und späterer Donatistenbischof von Cartenna (Mauretania Caesariensis) schrieb ihm: „Ich hatte dich schon erkannt, als du noch dem christlichen Glauben fern und den literarischen Studien ergeben warst: ein die Stille und Aufrichtigkeit liebender Mensch"[31].

Was er als Schüler nicht tat noch billigte, war ihm als Lehrer unerträglich. Der „entscheidende, wenn nicht einzige" Grund, der ihn dazu trieb, Karthago zu verlassen und nach Rom zu gehen, war die Versicherung, daß dort „die Jugend ruhiger und dem Zwang einer besser geregelten Disziplin unterworfen sei". Ein Erlaß der Kaiser Valentinian, Valens und Gratian von 370 mit strengen Richtlinien für die römischen Studenten[32] hatte eine positive Wirkung gehabt, während die Studenten in Karthago sich ausgelassen, frech und zügellos verhielten[33]. Augustinus wollte als vornehmer und gut erzogener junger Mann erscheinen: *Elegans* et urbanus esse gestiebam[34].

Wenn man ein vollständiges Bild von Augustinus entwerfen will, muß man auf seinen ausgeprägten Freundschaftssinn eingehen. Er kannte alle Arten von Freundschaft: die „tückische" Freundschaft, die zum Bösen verführt; die rein menschliche Freundschaft, die vor dem „Ärgernis" des Todes in Verzweiflung gerät; die christliche Freundschaft, die tiefer und ausgewogener ist und ewig währt. Er erfuhr selbst die Wahrheit der Worte, die er einst einer römischen Dame schrieb: „In allen menschlichen Dingen erscheint einem Menschen nichts liebenswert ohne einen Freund."[35]

Der „tückischen" Freundschaft begegnete er mit 16 Jahren, als er sich zum Birnendiebstahl verleiten ließ, den er allein niemals begangen hätte: „O Freundschaft voller Tücke, welch unbegreifliche Verführung des Geistes! Aus Spiel und Scherz erwacht eine Begierde zu schaden, die Lust, einem anderen etwas anzutun; ohne eigenen Nutzen, ohne Rachsucht, sondern nur weil einer ruft: ‚Los, wir machen es!', schämt man sich, nicht schamlos zu sein."[36]

Die rein menschliche Freundschaft erlebte er, als er, einundzwanzigjährig, in Tagaste einem Altersgenossen begegnete, mit dem er als Kind gespielt und später die Schule besucht hatte und dem er sich in herzlicher Zuneigung verbunden fühlte. „Wie schön war diese Freundschaft, die durch unser gleiches Streben genährt und herangereift war! ... die Wonne aller Wonnen in jenem Lebensabschnitt."[37] Aber mit dem plötzlichen Tod des Freundes kam die Verzweiflung über Augustinus.

„Von tiefem Kummer ward mein Herz verfinstert. Wohin mein Blick auch fiel, starrte mir der Tod entgegen. Die Heimat war mir zur Qual geworden, das Elternhaus zu einer schlimmen Unglücksstätte. Was wir gemeinschaftlich erlebt hatten, verwandelte sich nun ohne ihn in übergroßes Leid. Mein Blick suchte ihn überall vergebens; die ganze Welt war mir verhaßt, weil er nicht mehr in ihr war und niemand mir sagen konnte: ‚Er wird schon kommen', wie es zu seinen Lebzeiten geschah. Ich war mir selbst ein großes Rätsel geworden ...

Es wunderte mich, daß die anderen Sterblichen lebten, wo doch er gestorben war, den ich geliebt hatte, als könnte er nie sterben. Noch mehr wunderte mich, daß ich, der ich wie sein zweites Selbst geworden war, jetzt noch lebte, da er tot war. Trefflich hat jemand von seinem Freund gesagt, er sei die Hälfte seiner Seele. Auch ich hatte das Gefühl, als wären seine Seele und meine Seele nur eine Seele in zwei Körpern gewesen. Deshalb war mir das Leben verleidet, denn ich wollte nicht als halber Mensch leben, und trotzdem fürchtete ich das Sterben, vielleicht damit der, den ich so geliebt hatte, nicht ganz stürbe ...

Eine verwundete, blutende Seele trug ich in mir, die nicht von mir getragen sein wollte, und ich fand keine Ruhestatt für sie. Weder in lieblichen Wäldern noch bei Spiel und Gesang, nicht in duftenden Gärten, bei üppigem Gelage, bei keiner Wollust in Kammer und Bett, noch in Büchern und Dichtung fand sie Rast. Alles war mir zuwider, sogar das Tageslicht; alles, was nicht so war, wie er gewesen war, schien mir unerträglich und verhaßt, nur meine Seufzer und Tränen nicht."[38]

Dieser Auszug aus den *Bekenntnissen* enthüllt seine tiefe Menschlichkeit, die Aufrichtigkeit seiner Gefühle und seinen Großmut. Dennoch war auch das nicht die wahre Freundschaft gewesen, denn „wahre Freundschaft gibt es nur dann, wenn du sie zwischen Menschen, die dich im Herzen tragen, durch jene Liebe festigst, die ausgegossen ist in unseren Herzen durch den Heiligen Geist, der uns gegeben worden ist"[39]. Diese christliche Freundschaft, welche die andere Freundschaft nicht ausschließt, sondern voraussetzt und vollendet, verstand Augustinus nach seiner Bekehrung in ihrer ganzen Tiefe, lebte sie und erläuterte ihre Forderungen: eine Liebe, die bis zur Zärtlichkeit reicht, ein Vertrauen, das auch durch mögliche Untreue des Freundes nicht erschüttert wird; eine Freiheit, die vom Freund nichts verlangt als die Weisheit, auf dem Weg zu Gott, in der Liebe zu Christus fortzuschreiten.

„Was außer der Treue und gegenseitigen Zuneigung unter wirklich guten Freunden vermag uns zu trösten in diesen menschlichen Beziehungen voller Fehlern und Mühsal?"[40] Und man muß sofort an Alypius, „den Herzensfreund"[41], denken, an Nebridius, „den sanftmütigen Freund"[42], an Severus, „meinen sanftmütigen Mitbürger"[43], an Profuturus, „mein anderes Selbst"[44], und an manch andere, denen er viel gegeben und von denen er viel erhalten hat.[45]

Neben der Freundschaft ist ein weiterer wesentlicher Zug der augustinischen Persönlichkeit hervorzuheben: seine Liebe zur Wahrheit. Darauf werden wir später zu sprechen kommen. Zuvor müssen wir einen kurzen Blick werfen auf eine traurige Erfahrung in seinen jungen Jahren.

IV. Kapitel

Der Sünder

Über die Schwächen des Augustinus ist viel geschrieben und sehr unterschiedlich geurteilt worden.

Das beginnt bei der Bewertung des augustinischen Berichts selbst. Der von Schmerz, Reue und Bitterkeit über die begangenen Sünden sowie von ergriffener Dankbarkeit gegenüber Gott für die erhaltene Befreiung geprägte Ton ist von einigen als Indiz für objektive Schwere der Schuld, von anderen als Übertreibung gedeutet worden. Letztere berufen sich auf die apologetische Zielsetzung der *Bekenntnisse*, die teilweise, wenn auch nicht unbedingt absichtlich, um der Verherrlichung der Gnade willen die Tatsachen verfälscht hätten. In Wirklichkeit sei Augustinus nicht der Sünder gewesen, den er schildert.

Die vernünftigste Lösung scheint wohl zu sein, daß man zwischen erzählten Fakten einerseits und deren Wertung andererseits unterscheidet. Die Fakten gehören der Vergangenheit an. Augustinus beschreibt sie in aller Einfachheit, ohne etwas auszulassen oder hinzuzufügen. Ihre Beurteilung aber ist der Gegenwart zugehörig, das heißt, dem Augenblick, in dem der Autor beim Schreiben die Vergangenheit mit neuem Bewußtsein betrachtet, mit dem Bewußtsein des Asketen und Bischofs, dem auch ein „kleiner Fehl schmerzlichen Gewissensbiß" verursacht.

Die Kindheit

Der kleine Augustinus war nachlässig beim Lernen, manchmal hinterlistig beim Spiel, verübte kleine Diebstähle in der häuslichen Vorratskammer, raufte sich mit Kameraden ... Im Spiel wollte er immer gewinnen. Daß er keinen Betrug leiden konnte, machte ihn zum strengen Richter, der unerbittlich die Täuschungsmanöver der anderen rügte — aber mit ebensolcher Entschiedenheit die eigenen leugnete. Manchmal mußte er sich mit kleinen Geschenken, die er sich durch Stehlereien besorgte, das Wohlwollen der Spielgefährten erwerben.[1]

Offensichtlich nichts, was ihn von irgendeinem lebenslustigen und geselligen Kind unterschieden hätte. Der berühmte Ausspruch: *Tantillus puer et tantus peccator!* (Ein so kleiner Junge und doch ein so großer Sünder!)[2] erwächst aus dem späteren Urteil des Schriftstellers und bedeutet nicht, daß Augustinus sich in jenem Alter für einen großen Sünder gehalten hätte.[3]

„Ist das vielleicht die kindliche Unschuld?" fragt sich Augustinus im Anschluß an die Darlegung der genannten Fakten. „Nein, Herr, das ist sie nicht. Denn solche Nüsse-, Kugel-, Sperlingsdieberei, die nur vor Lehrer und Erzieher getragen wird, verwandelt sich mit heranwachsendem Alter in Gold- und Guts- und Sklavenraub, der nun vor die Statthalter und Könige kommt."[4]

DIE JUGENDZEIT

Von seinem Jugendalter berichtet Augustinus über den Birnendiebstahl im nachbarlichen Obstgarten, über Verstöße gegen die Keuschheit, seine Leidenschaft fürs Schauspiel und die uneheliche Verbindung mit einer jungen Karthagerin.

Über den Birnendiebstahl spricht der Autor der *Bekenntnisse* in langen und bitteren Betrachtungen. Mehr als der Lausbubenstreich aus der unguten Lust, etwas Verbotenes und Riskantes zu tun, interessiert ihn der Beweggrund[5]: Die Lust auf Birnen war es nicht, denn er probierte sie nachher nicht einmal. Bedürftigkeit war es auch nicht, denn er hatte zu Hause genug. Vielleicht war es die Umgebung? Ohne schlechte Gesellschaft hätte er jene Tat sicherlich nicht begangen. Aber kann das Beispiel und die Ermunterung anderer zu solch unmotivierter Handlung verleiten? Was also suchte er in diesem Diebstahl, was erregte sein Gefallen?

Augustinus gelangte zu dem Schluß des *gratuitum facinus* (der grundlos begangenen Schuld). Gerade diese Schlußfolgerung bekümmert ihn zutiefst und läßt ihn unvergeßliche Seiten über die „Psychologie" der Laster und die göttliche Barmherzigkeit schreiben. Sie vergibt uns sogar nicht begangene Sünden, wenn vorbeugende Gnaden sie uns zu tun verwehrten.[6]

Über seine Verfehlungen gegen die Keuschheit schreibt er: „In meinem sechzehnten Lebensjahr, als ich des Geldmangels wegen wieder bei meinen Eltern lebte — nun ein Müßiggänger und aller Schule ledig

— wuchs mir das Dornengestrüpp der Sinnlichkeit über den Kopf; und niemand war da, es auszureißen.[7]

In Wirklichkeit war doch jemand da: die Mutter, die ihrem Sohn zwar nicht zur Ehe riet, um seine Studien nicht zu behindern, ihn aber ermahnte, Unzucht und vor allem Ehebruch zu meiden. Doch Augustinus, der sich mit seinen sechzehn Jahren erwachsen fühlte, gab nichts auf diese Ermahnungen. „Sie bat mich — noch höre ich das besorgte Drängen ihres Mahnens! —, daß ich nicht Unzucht triebe und insbesondere nicht mit anderen Frauen Ehebruch beginge. Doch schien mir dies ein Weibermahnen, dem zu gehorchen mir eine Schande dünkte."[8]

Augustinus begab sich im darauffolgenden Jahr als Siebzehnjähriger nach Karthago, um seine Studien fortzusetzen. Die Großstadt, wegen ihrer Sittenlosigkeit auch *Carthago Veneris* genannt, riß den ebenso unerfahrenen wie überheblichen Provinzler in ihren Strom. „Ich kam nach Karthago, und von allen Seiten erfuhr ich den Abgrund der Unmoral."[9] „Auch die Schauspiele rissen mich hin mit ihren vielen Bildern meines eigenen Elends und all dem Zunder für meine Leidenschaft."[10]

Anfänglich schloß er sich der katholischen Gemeinde an und wohnte deren Gottesdiensten bei. Aber selbst in der Kirche geschah es ihm, daß er „Gelüste verspürte nach dem Genuß der tödlichen Frucht"[11].

Als Bischof offenbarte Augustinus seine verborgene und sündhafte Schande. Er tat es in aller Einfachheit, um anderen den Weg zu weisen; er tat es mit Bestimmtheit und nicht zu verkennendem Schamgefühl. Man darf ihm aber nicht etwas unterstellen, das er nicht getan hat oder jedenfalls nicht bekannt hat.[12]

Die Mutter des Adeodatus

Ein Jahr nach seiner Ankunft in Karthago nahm er eine Frau zu sich; im darauffolgenden Jahr gebar diese ihm einen Sohn, den er Adeodatus nannte. Für uns ist diese Frau namenlos geblieben.

Das Verhältnis zu dieser Frau wird oft falsch beurteilt. Es war kein Ausdruck moralischer Zügellosigkeit, sondern sollte gerade ein Schutzwall gegen diese bieten. Zügellos war die — wahrlich große — Anzahl derer, die ein ausschweifendes Leben führten und sich damit auch noch brüsteten. Karthago hatte dafür einen Namen. Die Theater wie der Kult der Göttin Caelestis gaben den Anstoß dazu. Augustinus wurde sich rechtzeitig bewußt, daß dieser Sog auch ihn zu erfassen drohte, und er wollte dem entkommen, indem er zu einem ehrbaren Leben zurückkehrte. Er band sich daher an eine Frau und lebte mit ihr in einem eheähnlichen Verhältnis zusammen. Das entsprach nicht den Geboten der Kirche, und der Verfasser der *Bekenntnisse* mißbilligt es deshalb; es wurde aber den Maßstäben der guten Gesellschaft jener Zeit gerecht. In ihr sucht Augustinus in der Tat *cum bona fama voluptatem*[13], die Befriedigung der Sinne ohne Verlust des guten Rufs. Es handelte sich in seinen Augen zunächst um ein verantwortliches und ausgewogenes Verhalten, das dem Feuer der Leidenschaft und dem moralischen Ehrgefühl entsprang.

Dieses tief empfundene Ehrgefühl ließ ihn jener Frau 14 Jahre lang die Treue halten. „In jenen Jahren lebte ich mit einer Frau zusammen, nicht in sogenannter gesetzlicher Ehe, sondern meine ausschweifende Begierde hatte sie aufgespürt; immerhin war es nur eine, und überdies blieb ich ihr treu."[14] Ein Bild der Moral in seiner Zeit. Salvianus bemerkt, daß in Afrika eine solche Treue auch unter Verheirateten fast unbekannt war.[15] Die Predigten des Augustinus scheinen diese Aussage zu bestätigen.[16] Beispiele ehelicher Untreue hatte er selbst in der eigenen Familie erlebt.

Diese Treue ist um so bemerkenswerter, wenn man bedenkt, daß Augustinus noch nicht getauft war. Auch hatte er, der nicht reich war und wegen seiner Lehrtätigkeit von einer Stadt zur anderen ziehen mußte, nicht wenige Sorgen für jene Frau und seinen Sohn. Diese überwand er dank der finanziellen Unterstützung des Romanianus; er behielt die Frau bei sich und blieb ihr treu. Er litt sehr, als er sich von ihr trennen mußte.

Der lange Streit um die Ausschweifungen sexueller Leidenschaft, den er als Bischof gegen die Pelagianer führte, war philosophisch-theologischer Natur und nichts Autobiographisches.[17] Die schwersten Sünden des jungen Augustinus entsprangen nicht seiner Sinnlichkeit, sondern seinem Hochmut.

V. Kapitel

Seine Liebe zur Weisheit

Ein Aspekt der Persönlichkeit des Augustinus, der ebenso bezeichnend für ihn ist wie sein Freundschaftssinn, ist seine Liebe zur Weisheit. Sie wurde in der Seele des Neunzehnjährigen geweckt, als er in Karthago im dritten Jahr Rhetorik studierte. Von jenem Moment an beherrschte sie seine Gedanken, bestimmte sein Wollen, war gewissermaßen sein Lebenszweck.

Die Lektüre des „Hortensius"

Der Lehrplan sah in jenem Jahr die Lektüre von Ciceros *Hortensius* vor, einem philosophischen Zwiegespräch, das eindringlich zum Studium der Philosophie einlädt. Augustinus blieb nicht beim rein Sprachlichen stehen, sondern vertiefte sich in den Inhalt, der ihn überzeugte. Er fühlte in seinem Herzen eine unsagbare Liebe zur Philosophie aufkeimen, nicht nur im Sinne von Wahrheitserkenntnis, sondern auch als moralische Verpflichtung, als Lebenseinstellung, als Liebe zur Suche nach der Weisheit.

„In meinem neunzehnten Lebensjahr fiel mir in der Rhetorikschule ein Buch Ciceros in die Hände: der *Hortensius.* Seitdem empfinde ich in mir eine solch große Liebe zur Philosophie, daß ich mich sofort auf den Weg zu ihr machte."[1] So schreibt er in *De beata vita* während seines Aufenthalts in Cassiciacum vor seiner Taufe. Über zwanzig Jahre später beschreibt er dieselbe Begebenheit in den *Bekenntnissen:*

„Dieses Buch gab meinem Herzen eine andere Richtung, meinen Gebeten die Richtung auf dich selbst, Herr; es veränderte mein Wünschen und Sehnen. Es schwand mir mit einem Schlag alle Hoffnung auf Nichtiges; mit ungemeiner Bewegung des Herzens verlangte ich nach dem Unvergänglichen der Weisheit, und ich begann aufzustehen, um zu dir zurückzukehren. ... Wie sehnte ich mich, mein Gott, wie sehnte ich mich danach, mich wieder aufzuschwingen, weg vom Irdischen, zu dir, und wußte doch nicht, was du von mir wolltest. Denn ‚ihren Sitz hat die Weisheit bei dir'; ‚Liebe zur Weisheit' aber besagt das griechische Wort Philosophie; und diese Liebe erweckte jene Schrift in mir."[2]

Jene Lektüre bewirkte in Augustinus eine einschneidende und anhaltende Wende zum Glauben. Das Werk ist verlorengegangen, aber aus den uns — zum größten Teil durch Augustinus selbst[3] — erhaltenen Fragmenten können wir uns durchaus ein Bild von seinem Inhalt machen.

Der Inhalt des „Hortensius"

Cicero lobte darin die wahre Philosophie und wiederlegte die vermeintlichen „Philosophen", die den Irrtum lehrten. Der junge Augustinus ließ sich stark beeindrucken von diesem Werk, das nicht dazu aufrief, dieser oder jener philosophischen Strömung zu folgen, sondern der Philosophie als solcher.

„Es gibt Menschen, die durch die Philosophie andere irreführen, Leute die mit hehren, glanz- und ehrenvollen Namen ihre eigenen Irrtümer verdecken oder maskieren. Fast alle derartigen Zeitgenossen des Cicero und andere, die vor ihm gelebt haben, werden darin aufgeführt und dargestellt. ... Mir gefiel diese Aufforderung Ciceros allein schon aus dem Grund, weil ihr Wort mich aufforderte und begeisterte, mich nicht für diese oder jene Philosophenschule zu entscheiden, sondern für die Weisheit selbst, wo auch immer sie sich finde, sie zu erstreben, sie zu erlangen und festzuhalten mit aller Kraft."[4]

Von der Tatsache ausgehend, daß alle, selbst die Skeptiker, selig sein wollen[5], argumentiert Cicero, daß die Voraussetzung der Glückseligkeit, zu der die wahre Philosophie führt, die Sittlichkeit sei; denn das Schlechte zu wollen sei schon in sich ein großes Elend. „Nicht so sehr die Philosophen, als vielmehr jene, die stets zu reden bereit sind, halten all die für selig, die so leben, wie sie wollen. ... Denn das zu wollen, was sich nicht ziemt, bedeutet größtes Elend. Es ist nämlich kein so großes Unglück, nicht zu erreichen, was man will, als das erreichen zu wollen, was sich nicht gebührt. Ausschweifende Begierde bringt dem Menschen wahrlich mehr Schlechtes ein, als das Glück ihm Gutes bringt." Diese

Sätze, die Augustinus in *De Trinitate* anführt, kommentiert er so: „Eine großartige Aussage und absolut wahr.“[6] Dieses Wort gibt Zeugnis davon, zu welchen Höhen der Intuition die heidnische Philosophie auch auf sittlichem Niveau gelangt war.

Deswegen, so fährt Cicero fort, ist es das Ideal des Weisen, eine unsterbliche Seele in sich anzuerkennen, sich ganz der Suche nach der Wahrheit zu verschreiben, die Laster zu meiden und sich in der Tugend zu üben.

„Wenn wir, wie die alten Philosophen — und unter ihnen die größten und weisesten — meinen, eine unsterbliche und göttliche Seele zu haben, dann müssen wir glauben, daß, je mehr ein Mensch gehandelt hat ohne von seinem Weg abzukommen, das heißt gemäß der Vernunft und dem Verlangen nach Erkenntnis, und je weniger er sich menschlichen Lastern und Irrtümern genähert und verschrieben hat, ihm um so leichter der Aufstieg und die Rückkehr zum Himmel fallen werden. ... Aus diesem Grund müssen wir ..., wenn wir ohne jeden Zeitverlust aus dieser Welt in eine unendlich bessere eingehen wollen, diesen Studien all unser Bemühen und all unsere Aufmerksamkeit widmen.“[7]

Entsprechend diesem offenbar stark religiös gefärbten Ideal dringt Cicero auf die Einübung der vier Kardinaltugenden, die wir in diesem Leben brauchen, während im jenseitigen die Glückseligkeit in der „Erkenntnis“ und im „Wissen“ um den Urheber aller Dinge bestehen wird. „So kommt dieser große Redner im Lob der Verdienste der Philosophie, in der Gesamtschau der philosophischen Tradition, die er mit köstlich erhabenem Stil darlegt, zu dem Ergebnis, daß wir die vier Kardinaltugenden nur in unserem Leben voller Leid und Irrtum brauchen. Keine von ihnen wird mehr nötig sein, wenn wir aus dem Leben gehen und es uns gewährt wird, dort zu leben, wo man glücklich lebt. Zur Seligkeit genügen da den guten Seelen Erkenntnis und Wissen, das heißt die Betrachtung der Natur, in der es nichts Höheres und Würdigeres gibt, als geliebt zu sein von jener Natur, die alle anderen Naturen geschaffen und geordnet hat.“[8]

Ebenso dringt er darauf, die irdischen Güter — Reichtum, Freuden, Ehren — zu meiden, die den Menschen von der Suche nach der Weisheit abhalten. Hinsichtlich der Freuden fragte er sich: „Soll man die Freuden des Leibes suchen, die Platon in Wahrheit und mit vollem Ernst als die ‚Falle und Quelle allen Übels‘ bezeichnet?“ Die Antwort ist naheliegend: „Je stärker die Stachel der Sinnlichkeit sind, desto abträglicher sind sie der Philosophie. Die Tiefe des Denkens läßt sich nicht mit der Wollust des Körpers vereinbaren ... Welcher von der Sinnlichkeit, der heftigsten aller Gefühlserregungen, beherrschte Mensch kann seinen Geist zum Denken zwingen, zu Verstand kommen oder sich überhaupt auf etwas konzentrieren?"[9]

Der Entschluss

Dieses philosophische Ideal hat den jungen Augustinus begeistert und einen tiefgreifenden religiösen Wandel in ihm bewirkt. Dabei ist zu beachten, daß er den *Hortensius* aus christlicher Gesinnung heraus gelesen bzw. dessen Lehren in den Rahmen des Glaubens stellte, in dem er aufgewachsen war. Das einzige, was er an diesen Schriften kritisierte, war, daß der Name Jesu Christi darin nicht vorkam.

Zwischen Ciceros Gedanken und den Lehren der katholischen Kirche sah er keinerlei Gegensatz und leitete ganz spontan und unbewußt von einem zum anderen über, wie zum Beispiel beim Gespräch mit seiner Mutter in Cassiciacum. Da ging es um den Begriff der Glückseligkeit. Augustinus fragt: Also ist glücklich, wer hat, was er will? „Da ergriff meine Mutter das Wort: Wenn er das Gute will und verfolgt, ist er glücklich; wenn er aber das Böse will, ist er unglücklich, selbst wenn er es erreicht. Worauf ich freudig lächelnd zu ihr sagte: Mutter, du hast die Gipfel der Philosophie erreicht! Dir hat es nur an der Ausdrucksfähigkeit eines Tullius gefehlt, der das in folgenden Worten ausdrückt ..." Und nach dem oben angeführten Zitat aus dem *Hortensius* fährt er fort: „Dazu paßten die Worte meiner Mutter so genau, daß wir sie, ohne ihr Geschlecht zu vergessen, als einen illustren Mann in unserer Mitte betrachteten."[10]

Zweifellos hatte Monika diese Antwort aus christlicher Weisheit geschöpft. Gewiß hatte sie die Philosophen nicht gelesen und scheint sie auch nicht übermäßig geschätzt zu haben.[11]

Die Lektüre des *Hortensius* aus christlicher Warte und die Begeisterung, die ihn ergriffen hatte, ließen Augustinus die tiefe Skepsis Ciceros übersehen. Nichts läßt darauf schließen, daß er bemerkt hat — was er später kritisieren wird[12] —, daß Cicero für das Schicksal zwei Möglichkeiten offen läßt: Tod oder Unsterblichkeit. Jedenfalls ließ Augustinus sich von der ersten Möglichkeit (Tod der Seele) keineswegs verwirren, gegen die ja auch sein Glaube sprach.

Er nahm es ernst mit dem vorgeschlagenen Ideal und machte sich mit unglaublichem Eifer auf diesen Weg. Die irdischen Ziele, die bisher sein Denken bestimmt hatten, wandelten sich. Es bahnte sich jene allmähliche Loslösung von den „Verlockungen" der Welt an, die auf den Spuren des Evangeliums in eine Weihe des Lebens an Gott münden sollte. Er strebte nicht mehr nach Reichtum[13], betrachtete die Rhetorik als ein leeres Ding, der es einzig und allein um die Pflege der Sprache ging[14]; und schließlich schien ihm sogar die Enthaltsamkeit ein begehrenswertes Gut zu sein.[15] Er faßte den Entschluß, nachdem er einmal die Wahrheit entdeckt hatte, "der nichtigen Begierde eitler Hoffnung und trügerischen Wahns zu entsagen"[16].

Die Lektüre des *Hortensius* offenbarte dem bewundernden Blick des Augustinus die Größe der menschlichen Berufung. Es wird in ihm der Philosoph geboren, der dann im Lichte und durch die Kraft des Evangeliums Asket, Kontemplativer, Mystiker wird. Aber bevor er auf den Weg des Evangeliums gelangt, muß er noch einen langen, beschwerlichen Weg zurücklegen. „Ich geriet in Nebel, die mich vom Kurs abbrachten, und lange — ich bekenne es — achtete ich auf das, was mich in die Irre führte: Sterne, die im Ozean versanken."[17]

Gehen wir diesem langen Irrweg nun anhand der *Bekenntnisse* und der Dialoge von Cassiciacum nach.

VI. Kapitel

Der Rationalist

„Ein gewisser kindlicher Aberglaube schreckte mich von der eigentlichen Suche ab. Sobald ich mich aber wieder mehr gefaßt, jene Finsternis überwunden und mich davon überzeugt hatte, daß man sich eher den Lehrenden als den Befehlenden fügen solle, fiel ich auf Leute herein, die glaubten, das sichtbare Licht als eine der höchsten Gottheiten verehren zu müssen."[1]

Diese Worte sind der erste Anhaltspunkt für den langen Irrweg des Augustinus fern der Kirche. Er geht das grundlegende Problem des Verhältnisses von Verstand und Glaube von einem falschen Ansatz her an. Eine gewisse dunkle Ahnung — er nennt sie *superstitio puerilis* (der Furcht eines Kindes gleich, das im Dunkeln Angst hat, ohne eigentlich zu wissen, warum) — brachte ihn auf den Gedanken, daß die Suche nach der Wahrheit einen Angriff gegen den Glauben bedeuten könnte. Mit anderen Worten: Der Glaube schien ihm etwas Geheimnisvolles und Heiliges, dem gegenüber der Verstand nichts ausrichten könne, sondern sich nur zu beugen habe. Das würde bedeuten, entweder auf den Verstand oder auf den Glauben zu verzichten. Diese unbegründete Angst war das Ergebnis einer unzureichenden religiösen Bildung. Augustinus war inzwischen im Studium fortgeschritten — im dritten Universitätsjahr — und glänzte unter seinen Altersgenossen durch seinen brillanten Geist; in Sachen Religion aber war er nicht über das hinausgekommen, was er von seiner Mutter gelernt und in der Kirche von Tagaste beziehungsweise in Karthago gehört hatte. Eine systematische religiösen Unterweisung, die falsche und gefährliche Anschauungen leicht hätte verhindern können, ging ihm gänzlich ab.

Die Lektüre des *Hortensius* half ihm, sich von jener falschen Befürchtung zu befreien, impfte ihm aber den zersetzenden Keim des Rationalismus ein. Er kam zu der Überzeugung, daß er nicht denen nachfolgen dürfe, die zu glauben gebieten, sondern denen, die die Wahrheit lehren. Das bedeutet: nicht der Autorität, die den Glauben fordert, sondern dem Verstand, der zum Wissen führt. Verstand und Glaube boten sich dem neunzehnjährigen Augustinus nicht, wie es sein sollte, als Miteinander, sondern als Gegeneinander. Da die Frage vom Ansatz her falsch gestellt war, war sie auch nicht lösbar. Ein Student seines Schlags, der sich der eigenen Möglichkeiten voll bewußt war, mußte den Verstand über den Glauben setzen, wie Augustinus es auch getan hat. In der Hoffnung, die Weisheit zu finden, wandte er sich dem Studium der Heiligen Schrift zu. Das zeigt, daß er sich bereits wieder dem Christentum zuwandte. Aber wer die Schrift nicht mit der richtigen Einstellung liest, den wird sie kaum positiv überraschen. Das erfuhr Augustinus. Besonders zwei Dinge störten ihn: der — für einen in den Sprachfinessen eines Cicero Bewanderten — allzu simple Stil und der — für einen, der die Dinge sofort klar und ohne Verschleierung zu sehen wünscht — viel zu geheimnisvolle Inhalt.[2]

Die erste der beiden Schwierigkeiten war eher oberflächlich, die zweite ernsthafterer Natur. In der Schrift fehlt es nicht an dunklen Punkten, an scheinbaren Widersprüchen, an zutiefst Geheimnisvollem. Aber Augustinus hätte vielleicht versuchen können, sich einiges erklären zu lassen. Auch wenn es in der Kirche Karthagos schon seit langem keinen Cyprian mehr gab und ein Aurelius erst noch kommen mußte, hätte er sicherlich jemanden finden können, der dazu fähig war. Augustinus sagt selbst in den *Bekenntnissen*, daß es so jemanden gab, einen gewissen Helpidius, der erfolgreich gegen die Manichäer stritt.[3] Aber sich etwas erklären zu lassen — daran dachte er gar nicht. Und so ging er weiter seinen Weg, über den er viele Jahre später berichtet:

„Ich, der hier zu euch spricht, ward einst getäuscht, als ich mich in jungen Jahren erstmals der Heiligen Schrift zuwandte. Ich näherte mich ihr nicht mit der Ehrfurcht des einfach Suchenden, sondern mit der Anmaßung dessen, der debattieren will ... Mit Überheblichkeit wollte ich suchen, was nur der Einfache finden kann. Wieviel glücklicher seid nun ihr, ... wie Kindlein hockt ihr im Nest des Glaubens und erhaltet die geistliche Nahrung! Ich Elender glaubte mich dagegen flügge, verließ das Nest und fiel, noch bevor ich auffliegen konnte! Aber in seiner Barmherzigkeit nahm der Herr sich meiner an und setzte mich ins Nest zurück, bevor mich die Vorübergehenden zertreten konnten."[4]

Hier bezieht sich Augustinus auf die voneinander abweichende Darstellung des Stammbaums Christi bei den Evangelisten Matthäus und Lukas. Das war für ihn eine Schwierigkeit, aber nicht die einzige. Da sie aber am Anfang des Evangeliums stand, schien sie dem nach Wahrheit Suchenden den Eintritt zu verwehren.

In jenen Tagen der inneren Unruhe — zwischen sehnsüchtigem Verlangen und Enttäuschung — begegnete er Menschen, die mit einem Schlag seine Erwartungen erfüllten: die Manichäer. Er hörte ihnen aufmerksam zu, ließ sich überzeugen, gab den Glauben seiner Kindheit auf und schloß sich ihnen an. Und das alles innerhalb weniger Tage.[5] Ein merkwürdiges Verhalten, das sich nur durch das Zusammenwirken mehrerer Gründe erklären läßt. Der erste war die innere Verfassung Augustins, die vom brennenden Verlangen, die Wahrheit zu finden, und von der Enttäuschung über die Heilige Schrift geprägt war.

Die Manichäer lösten die Probleme, die die Schrift aufwarf, indem sie einfach das ganze Alte Testament verwarfen. Das Neue Testament erkannten sie zwar an, verwarfen aber alle Stellen, die sich auf das Alte Testament beziehen, als spätere Einfügungen. Der Stammbaum Christi beispielsweise war für sie solch ein späterer Zusatz. Im übrigen sagten sie, Christus hätte keinen wirklichen Körper angenommen, sondern nur einen Scheinkörper. Darum könne er auch keinen Stammbaum haben. Im übrigen propagierten sie einen ausgeprägten Kult der Wahrheit. „Wahrheit war immer wieder ihr Losungswort, und lange Reden hielten sie darüber."[6]

Das war genau das, was sich der junge Augustinus wünschte. Auf die erste Begegnung mit den Manichäern beziehen sich die berühmt gewordenen Worte aus den *Bekenntnissen*: „O Wahrheit, Wahrheit, wie innig sehnte sich das Innerste meines Herzens schon damals nach dir, wenn diese Menschen immer wieder und auf vielerlei Art mit bloßem Schwall der Worte und in vielen umfangreichen Büchern von dir sprachen."[7]

Zwar versprachen die Manichäer, niemandem den Glauben aufzuzwingen, aber sie wollten doch alle vom Irrtum befreien, indem sie die Menschen zur „wahren und unverschleierten Wahrheit"[8] hinführten. Vor allem diese verlockende Verheißung ließ Augustinus zu einem Anhänger des „persischen Propheten" werden.

„Du weißt, Honoratus" — einer von Augustinus' Freunden, die dieser für den Manichäismus gewonnen hatte —, „wir fielen diesen Männern aus einem einzigen Grund in die Hände: Sie behaupteten, daß sie, wenn erst einmal die schreckliche Autorität überwunden sei, ihre Jünger zu Gott führen und von allen Irrtümern befreien würden, einfach vom Verstand her. Was anderes führte mich dazu, neun Jahr lang unter

Aufgabe der Religion, in der mich als Knaben die Verwandten aufgezogen hatten, jenen Männern zu folgen, ihnen aufmerksam zuzuhören, wenn nicht ihre Behauptungen, wir seien unnütz eingeschüchtert und gezwungen worden zu glauben, ohne vorher nachgedacht zu haben? Sie hingegen hielten uns an, niemandem zu glauben, bevor nicht die Wahrheit erörtert und klar bestimmt worden sei. Wer hätte sich nicht von solchen Versprechungen betören lassen? Um so mehr ein Jüngling, der sich nach der Wahrheit sehnt, überheblich und redegewandt aufgrund der Diskussionen gelehrter Männer, denen er in der Schule gelauscht hatte."[9]

Die Überordnung des Verstandes über den Glauben war zweifellos der eigentliche Beweggrund für Augustinus' Abkehr von der Kirche und seinen Übertritt zum Manichäismus.

VII. Kapitel

Gegner der katholischen Kirche

Augustinus schloß sich den Manichäern unter Vorbehalt an; er schenkte ihnen Gehör, glaubte ihren Versprechungen und brachte ihnen viel Sympathie entgegen. Er wartete darauf, daß sie ihm das Licht der Weisheit zeigen würden, wenn einmal der geheimnisvolle Schleier gelüftet würde, mit dem sie ihre Lehren umgaben. „Ich stimmte nicht zu, glaubte allerdings, daß sie unter ihrem Schleier irgend etwas Großes verborgen hielten, das sie irgendwann einmal offenbaren würden."[1] Diese Haltung vorsichtigen Abwartens hatte ihren Grund darin, daß die manichäischen Missionare „mehr Beredsamkeit und Weitschweifigkeit im Widerlegen der Lehren anderer bewiesen als Sicherheit und Festigkeit im Erläutern der eigenen"[2].

Das blieb Augustinus nicht verborgen, der wohl ihr Anhänger war, aber stets auf der Stufe des „Hörers", der niedrigsten Stufe in Manis Jüngerstand. Es wäre sein Wunsch gewesen, bis zum höchsten Grad der Manichäer aufzusteigen, zu den „Auserwählten". Allein die „Auserwählten" entsagten „jeder weltlichen Hoffnung und Beschäftigung" und gelobten Armut und vollkommene Enthaltsamkeit.[3]

Diese wertvolle biographische Anmerkung aus *De utilitate credendi*, die in den *Bekenntnissen* bestätigt wird[4], erlaubt uns, zwei wichtige Schlüsse zu ziehen: Augustinus hing dem Manichäismus nicht uneingeschränkt an. Und er war schon damals bereit, sich der Wahrheit ganz hinzugeben, sobald er gewußt hätte, welchen Weg er einzuschlagen hätte.

Die Gewißheit, daß der Manichäismus dieser Weg sei, erlangte er nie. In der katholischen Kirche die Wahrheit zu finden — daran glaubte er auch nicht mehr: Er war überzeugt, daß sie „Ammenmärchen" lehrte. Er war Manichäer mit Vorbehalt, aber überzeugter Antikatholik. Ja er übte scharfe Kritik an der Religion, der er bis dahin angehört hatte und die weiterhin die seiner Mutter war.

Dieser entschiedene Bruch mit dem katholischen Glauben war ein beachtlicher Sieg der geschickten manichäischen Propaganda. Die Manichäer hatten gehandelt wie „die listigen Jäger, die dürstenden Vögeln in Wassernähe Leimruten legen; dann stauen sie die naheliegenden Gewässer, decken sie ab, schrecken die Vögel durch Lärm auf und vertreiben sie von dort, bis sie sich aus Not und nicht aus freien Stücken in ihren Schlichen verfangen"[5]. So geschah es mit Augustinus: Er schloß sich dem Manichäismus nicht aus wirklicher Überzeugung an, sondern weil er der Ansicht war, vernünftigerweise nicht länger Katholik bleiben zu können.[6]

Er warf der katholischen Kirche vor, daß sie den Glauben gebiete, ohne die Wahrheit zu erläutern. Diese — wie er meinte — entwürdigende Methode, gehe gegen alle Vernunft und sei unerträglich. Nicht der Glaube, sondern das Wissen, die Einsicht sei des Weisen würdig.[7] Eben diese Einsicht, und nicht den Glauben, wiesen Cicero und die Manichäer als anzustrebendes Ziel und einzuschlagenden Weg. Ferner warf Augustinus der Kirche die anthropomorphe Gottesvorstellung vor, die nicht überzeugend gelöste Frage des Bösen, den materialistischen Begriff der Inkarnation und den Glauben an das Alte Testament.

Ist der Mensch, wie die Genesis lehrt, nach dem Bild Gottes geschaffen, dann muß Gott eine menschenähnliche Gestalt haben. So stellten die Manichäer[8] die kirchliche Lehre dar. Für Augustinus war es selbstverständlich, eine solche Ansicht im Namen der Ehrfurcht vor Gott zu verwerfen. „Es schien mir ehrfurchtsvoller zu sein, dich, meinen Gott, nach allen Seiten hin unbegrenzt vorzustellen, ausgenommen in dem, wo sich dir die Masse des Bösen entgegenstellte ..., als dich allseits gleich menschlicher Gestalt begrenzt zu denken."[9]

Auch konnte er nicht glauben, daß Gott, der Schöpfer aller Dinge, auch die Substanz des Bösen geschaffen habe. Das verbot ihm die Gottesfurcht sowie die Einsicht, daß Gott absolut gut ist. „Würdiger schien mir zu glauben, du habest nicht das Böse geschaffen, und dessen Natur, so wie ich sie mir vorstellte, nicht als von dir kommend zu betrachten; denn in meiner Unwissenheit sah ich sie nicht nur als eine Substanz, sondern als etwas Körperliches."[10]

Ebenso unannehmbar war für ihn der Begriff der Inkarnation. Wenn der Sohn Gottes wahrhaftig menschliche Gestalt angenommen habe, dann müßte er sich unweigerlich mit dem Fleischlichen vermischt und dessen Verunreinigung mit übernommen haben. Es erwiese sich somit als weiser und frömmer, wie die Manichäer den Doketismus zu vertreten. „Ich fürchtete mich also davor, an einen im Fleisch Geborenen zu glauben, um nicht an einen im Fleisch Verunreinigten glauben zu müssen." An diesem Punkt fügt Augustinus noch hinzu: „Hier werden mich deines Geistes Kinder, Herr, milde nachsichtig belächeln, wenn sie meine Bekenntnisse lesen. Aber so war ich.“[11]

Schließlich bedeutete die Anerkennung des Alten Testaments eine Billigung der Kriege, der Opfer, der Lebensweise der Stammväter — alles Dinge, die einem Menschen zuwider sein mußten, der behauptete, christlicher Spiritualität und Reinheit folgen zu wollen. Dieses Thema war sozusagen das „Steckenpferd“ der Manichäer, wobei sie auf der Frage beharrten, „ob die als gerecht zu betrachten seien, die Vielweiberei trieben, Menschen töteten, Tiere opferten“[12]. Nach ihrer Meinung gebot sich die Antwort von selbst.

Aufgrund dieser Propaganda erschien Augustinus die Kirche als ein Hindernis auf dem Weg zu authentischer christlicher Spiritualität. In einem Brief, mit dem ein römischer Manichäer ihn wieder zu der Sekte zurückführen wollte, erinnerte dieser ihn an seine damalige Gesinnung, zitierte einige beanstandete Forderungen des Alten Testaments und äußerte: „Ich wußte, daß dir diese Dinge von jeher verhaßt waren. Ich wußte, daß du ein Liebhaber alles Sublimen bist, aller Dinge, die nicht auf das Irdische gerichtet sind, sondern auf die Dinge des Himmels, die den Körper abtöten und die Seele beleben.“[13]

Er hielt also die Kritik der Manichäer an der katholischen Kirche für gerechtfertigt und kehrte ihr verächtlich den Rücken. Aber hatte er vor solch einem schweren und bedeutungsvollen Schritt das römische *audiatur et altera pars* (man muß auch die andere Seite hören) angewendet? Leider müssen wir das verneinen. Ein großer Apologet aus Karthago hatte knapp zwei Jahrhunderte zuvor geschrieben, daß die katholische Kirche oft nur eines verlange: *ne ignorata damnetur* (das, was man nicht weiß, soll nicht verworfen werden). Augustinus dagegen verdammte sie, ohne sie anzuhören. Obwohl er sich von der Wahrheit entfernte, glaubte er, der Wahrheit entgegenzustreben.[14]

VIII. Kapitel

„Hörer" bei den Manichäern

„Ich suchte nach ihnen aus Wißbegier, hörte ihnen mit Aufmerksamkeit zu und glaubte ohne Vorbehalte, voreilig an ihre Reden; eindringlich überzeugte ich so viele wie möglich von ihrer Lehre und verteidigte sie mit beharrlichem Kampfesmut."[1] So umschreibt Augustinus gegen 397 sein Verhältnis zu den Manichäern, denen er von seinem neunzehnten bis zu seinem achtundzwanzigsten Lebensjahr anhing.[2]

Dank vieler Funde[3] und zahlreicher Studien[4] sind wir heute recht genau über die Geschichte und Lehre dieser Religionsbewegung informiert, die sowohl im Morgen- als auch im Abendland schnelle Verbreitung fand. Über das afrikanische Manichäertum, das mit dem ursprünglich von Mani gegründeten zweifelsfrei identisch ist[5], wissen wir vor allem durch die Werke des Augustinus, von dem 388 in Rom geschriebenen *Von den Sitten der katholischen Kirche und der Manichäer* bis zu dem aus dem Jahr 426 stammenden *Über die Häresien.* Wegen des polemischen Charakters der augustinischen Schriften sagen diese Stellen jedoch nicht alles für einen Historiker Wissenswerte über den Manichäismus. In den neun Jahren, in denen Augustinus ihre Lehrer anhörte und ihre Bücher las, verschaffte er sich eine vertiefte Kenntnis der manichäischen Doktrin. Bei den Streitgesprächen, die er, nachdem er zum katholischen Glauben zurückgekehrt war, mit ihren Lehrern führte, ließ er die Aussage jeder Partei schriftlich festhalten; wenn er auf ihre Schriften antwortete, führte er zunächst deren Text wörtlich an. Dieser wissenschaftlichen Redlichkeit und — sagen wir es ehrlich — seinem polemischen Interesse verdanken wir die Fülle und Genauigkeit der Informationen über das afrikanische Manichäertum.

Über den Manichäismus wollen wir hier nur wenig sagen. Sein Begründer Mani (von den Griechen und Lateinern auch Manes, Manichaios, Manichaeus genannt) war persischer Herkunft. Er wurde am 14. April 216 in Babylonien geboren. Aufgrund von zwei Visionen, die er mit etwa zwölf beziehungsweise vierundzwanzig Jahren hatte, reiste er nach Indien, kehrte nach Persien zurück, erhielt vom König Schapur I.

St. Bonifatius

(Melodie: Wohl denen, die da wandeln)

2. Er kam vom hohen Norden, / zog bis an Petri Grab; / hat Gott ein Volk erworben, / den Göttern schwor es ab. / „Durch dich Sankt Bonifatius fiel auch die Götzen-Eiche. / Gott war dir Kraft und Schutz''.

3. Hoch ragen deine Dome / zum Segen unserm Land / und die Bekennerkrone / ist deiner Treue Pfand. / Bischof Sankt Bonifatius, / daß wir getauft zum Leben, / jeder dir danken muß.

T: R. Zehetbauer 1981 / M: Heinrich Schütz 1661

Bonifatius „Apostel der Deutschen".
Wessex um 672/734 (erschlagen) bei Dokkum 734.
Standbild 18. Jh. Mainz, Domplatz, Foto: AKG Berlin

die Erlaubnis, seine Religion zu verkünden, fiel in Ungnade bei dessen Nachfolger Bahram I., wurde in den Kerker geworfen und gefoltert und starb nach 26tägiger Gefangenschaft am 26. Februar 277. Er wollte eine universale Religion verkünden, die vollkommenste aller Religionen, eine Religion der Hoffnung, des Lichtes und des Lebens. Zu diesem Zweck orientierte er sich an einer selbstgefertigten Zusammenschau der damaligen Religionen. Er betrachtete Christus, Zarathustra und Buddha als seine Vorgänger und „Brüder", meinte jedoch, seine eigene Religion sei denen der anderen überlegen: „Alle früheren Religionen flossen in meiner Religion, in der von mir offenbarten Weisheit zusammen. Von Anfang an übertrifft meine Religion alle vor ihr dagewesenen Religionen." Und ohne Zögern prophezeit er, sie werde sich über die ganze Welt verbreiten. „Die Hoffnung, die ich predige, wird das Abendland wie das Morgenland erobern; in allen Sprachen und an allen Orten wird man sie predigen."[6] Mani bezeichnete sich insbesondere als den „Apostel Christi", ja als den verheißenen Parakleten, den Heiligen Geist. „Der Paraklet offenbarte mir alles, was geschehen ist und was geschehen wird ...; durch ihn habe ich gelernt, alles zu erkennen; durch ihn habe ich alles geschaut; bin ein einziger Körper und zu einem einzigen Geist geworden."[7] Dieser Anspruch erinnert an Montanus, wie Manis mythologische Kosmologie an die des Gnostizismus erinnert. Der Manichäismus setzte zwar das Christentum voraus, strebte aber dennoch dessen Überwindung an. Die manichäische Gnosis, die letzte der vielen gnostischen Richtungen, war die erfolgreichste und langlebigste von allen. Obwohl sie von allen Seiten verfolgt wurde, überdauerte sie zehn Jahrhunderte und kämpfte noch im 12. Jahrhundert in Italien und Frankreich gegen das Christentum. In seinem Werk *Über die Häresien* faßt Augustinus die manichäistische Lehre folgendermaßen zusammen:

„Er (Mani) vertrat zwei Prinzipien, die sich voneinander unterschieden, die einander entgegengesetzt wären und von Ewigkeit her zugleich bestanden, die also von jeher wären; im Gefolge der alten Häretiker ging er von der Existenz zweier Naturen und Substanzen aus, des Guten und des Bösen. Im übrigen erzählen die Manichäer lauter erfundene Sachen, reden von Kampf und gegenseitiger Vermischung, von einer Läuterung des Guten aus dem Bösen. ... Sie erkennen zwar an, daß die Welt aus der Natur Gottes geschaffen ist, behaupten aber, daß sie ihren Ursprung in jenem Gemenge aus Gut und Böse habe, das zustande gekommen sei, als die beiden Naturen in Widerstreit gerieten. In ihren Erklärungen über das Wie der Läuterung und der Befreiung des Guten vom Bösen sagen sie, es geschehe durch die Gottesmächte, aber auch durch ihre ‚Auserwählten' mittels der Nahrung, die sie zu sich nehmen. ... Der Gott, der durch Mose das Gesetz gab und durch die jüdischen Propheten sprach, sei nicht der wahre Gott, sondern einer der Fürsten der Finsternis. Auch die Schriften des Neuen Testaments lesen sie verfälscht, indem sie davon übernehmen, was ihnen beliebt, und verwerfen, was ihnen nicht beliebt. ... Die Taufe mit Wasser bringt ihrer Anschauung nach keinerlei Heil, für niemanden. ... Des Tages erheben sie ihre Gebete dorthin gewandt, wo die Sonne ihren Lauf nimmt; des Nachts dem Monde zugewandt, wenn er scheint; scheint er nicht, so beten sie zum Norden gewandt. ... Den Ursprung der Sünde schreiben sie nicht der Willensfreiheit zu, sondern der Substanz der bösen Kraft, wobei sie das Dogma aufstellen, der Mensch sei mit dieser bösen Substanz vermengt, und so zu der Behauptung gelangen, daß alles Fleisch nicht das Werk Gottes, sondern eines bösen Geistes sei ..."[8]

Wer diesen Abriß der manichäischen Lehre liest, wird sich vielleicht fragen, wie ein Mann wie Augustinus sich ein derartiges Glaubenssystem zu eigen machen konnte; aber es gibt auch Anhaltspunkte für eine Erklärung.

Augustinus findet im Manichäismus zwar Materialismus, metaphysischen Dualismus und Pantheismus in Verbindung mit einer mythologischen Auffassung vom Kampf zwischen Gut und Böse; aber er findet auch ein hohes Vollkommenheitsideal, um den Menschen von der Finsternis zu befreien und zum Licht zu führen, eine gut funktionierende kirchliche Organisation, eine strenge und verbindliche religiöse Lebensführung, feierliche Gottesdienste, lange und sehr poetische Gebete. Sieht man diese Faktoren im Zusammenhang mit den bereits genannten — „spirituelles" Christentum und gnostischer Rationalismus —, so versteht man eher, wie ein intelligenter, aber sehr von sich selbst überzeugter junger Mann, der aus einem mittelmäßigen Leben ausbrechen will, einem solchen System Glauben schenken konnte.

Daß Augustinus den manichäischen Materialismus und Pantheismus übernommen hat, steht außer Zweifel. Der Materialismus war für ihn zu jener Zeit die einzig mögliche Weise, die Weisheit zu verstehen. „Mir schien, es gäbe nichts, was nicht eine körperliche Masse sei."[9] Der Pantheismus stellte seiner Meinung nach den höchsten Ausdruck menschlicher Würde dar und die Antwort auf die Aussage des *Hortensius*, daß die menschliche Seele „ewig und göttlich" sei. „Ich glaubte, du, o Herr und Gott der Wahrheit, seist ein unermeßlich großer Leuchtkörper und ich ein Teilchen davon."[10] Im übrigen schien ihm der metaphysische Dualismus, Angelpunkt des manichäischen Systems, die einzig mögliche Lösung für das ihn bedrängende Problem des Bösen. Das ist nicht verwunderlich, da er das Böse nicht als die Abwesenheit des Guten betrachtete, sondern als eine positive Substanz. Deshalb fand er die bohrende Frage nach dem Ursprung des Bösen einzig und allein im Dualismus beantwortet. Diese Frage „plagte mich nicht wenig in meiner Jugendzeit und — der Suche nach einer Lösung müde — trieb sie mich in die Arme der Häretiker"[11]. Darüber hinaus erlöste der manichäische Dualismus vom schmerzlichen Bewußtsein der Schuld; denn diese wurde nicht dem Menschen zur Last gelegt, sondern der Substanz des Bösen in ihm, die die Substanz des Guten bekämpft. Eine solche Lösung mußte einem Menschen entgegenkommen, der die Erfahrung der Sünde kannte und zugleich das brennende Verlangen nach Vollkommenheit erfahren hatte. „Mir schien, nicht wir sündigten, sondern irgendeine andere Natur in uns; in meinem Hochmut wollte es mir behagen, schuldlos zu sein und, wenn ich etwas Böses tat, mich nicht zu der Tat bekennen zu müssen. ... Ich war gewohnt, mich freizusprechen und etwas Unbekanntes anderes schuldig zu sprechen, das in mir steckte und gar nicht ich sei."[12]

Zu dieser Lehre, die eine Lösung für so viele menschliche und kosmologische Fragen bot, kam noch die strenge Lebensführung der „Auserwählten" — der wahren Manichäer — hinzu, die „ein Vorbild an tugendhaftem Wandel und bewundernswerter Enthaltsamkeit gaben"[13] in ihrer völligen Hingabe für den Sieg des „Reiches des Lichts" in ihnen und der ganzen Welt, wie sie sagten. Dieser strengen Lebensführung, die konkreter Christus-Nachfolge in Armut, Keuschheit und Geduld entsprach, rühmte sich Faustus, das Haupt der afrikanischen Manichäer[14]; er gab vor, nicht nur die Gebote, sondern auch die Ratschläge des Evangeliums zu befolgen.

Augustinus glaubte letztlich im Manichäismus das zu finden, was er suchte: Weisheit ohne den Glauben, das sittliche Gesetz ohne die Schuld, ein christliches Leben ohne Mittelmäßigkeit und Schwächen.

Noch ein anderer Aspekt brachte ihn den Manichäern nahe: der vertraute Umgang, der sie miteinander verband wie die Mitglieder eines Geheimbundes, der wenigen bekannt war und von vielen angefeindet wurde, sich aber als Hüter einer großen universalen Heilsbotschaft fühlte. Fügt man dem noch seine leicht errungenen rhetorischen Siege über unerfahrene Christen hinzu, die — so gut sie konnten — ihren

Glauben verteidigten, so vervollständigt sich das Bild der Beweggründe, die Augustinus zum Manichäismus geführt haben.

„Insbesondere zwei Dinge — die leicht jenes unbedachte Alter (der Jugendzeit) verblenden — brachten mich auf absonderliche Irrpfade. Zum einen der vertrauliche Umgang, der sich als Zeichen der Güte einschmeichelt und zu einer gleichsam mehrmals um den Hals sich schlingenden Fessel wird; zum anderen winkte mir fast immer ein leichter Sieg, wenn ich mit unerfahrenen Christen disputierte, die — jeder nach seinem Vermögen — den eigenen Glauben im Wettstreit verteidigten. Diese rasche Folge von „Erfolgen" verwandelte die jugendliche Leidenschaftlichkeit in Starrsinn. Was die Technik des Argumentierens anbelangt, so führte ich — ich beschäftigte mich ja damit, seitdem ich ‚Hörer' unter den Manichäern war — gerne alles auf eine Wirkung ihrer Unterweisung zurück, was ich entweder aus eigenem Verstand oder durch das Lesen von Büchern erlernt hatte. Aus ihren Reden erwuchs mir die Leidenschaft für das Streitgespräch, und mit dem Erfolg im Streitgespräch erneuerte sich täglich meine Liebe zu ihnen. So geschah es schließlich, daß ich in überraschendem Maß allem zustimmte, was sie sagten; nicht etwa, weil ich es als wahr einsah, sondern weil ich wollte, daß es so sei. So geschah es, daß ich wohl mit Vorsicht und Bedachtsamkeit, aber doch über lange Zeit jenen Menschen folgte."[15]

Er nahm an ihren Zusammenkünften teil, feierte mit ihnen das jährliche Fest des *Bema*, sprach die Gebete der Sonne zugewandt, brachte den Auserwählten Speisen dar, damit diese in der Werkstatt ihres Magens die göttliche Substanz freisetzten.[16] Tatsächlich glaubte er, „wenn man eine Feige pflücke, so weine sie und ihr Mutterbaum milchige Tränen; äße aber ein ‚Heiliger' der Sekte die Feige, die natürlich durch fremdes, nicht durch eigenes Verschulden gepflückt sein mußte, so werde sie mit seinem Inneren vermischt, und er hauche beim Seufzen im Gebet und beim Rülpsen Engel oder sogar Teilchen Gottes aus, die ohne diese ‚Befreiung' an diese Frucht gebunden geblieben wären"[17].

Auch glaubte er, „daß man den Früchten mehr Barmherzigkeit zollen müsse als den Menschen, denen sie zugedacht sind", denn „hätte ein Nicht-Manichäer hungernd nach Speise verlangt, schien mir der ihm gereichte Bissen der Verdammnis preisgegeben"[18].

IX. Kapitel

Die Enttäuschung

Als strenger Manichäer befolgte Augustinus die Praktiken der Sekte, aber von der Wahrheit des Manichäismus war er im letzten nie ganz überzeugt. Nach außen gab er sich selbstsicher bis zur Anmaßung: Er gewann Anhänger[1] und sagte seiner Mutter, daß auch sie eines Tages Manichäerin werden würde[2]; in seinem Innern aber lagen die Dinge anders. Schon bald machten sich innere Unruhe, Zweifel, Schwierigkeiten bemerkbar, und zwar auf wissenschaftlicher Ebene (im Blick auf die Auslegung der Schrift) und auf metaphysischer Ebene. Nach Abschluß seiner Universitätsstudien kehrte er nach Tagaste zurück.[3] Bereits ein gutes Jahr später — sowohl vom plötzlichen Tod eines teuren Freundes[4] veranlaßt, als auch um einer angesehenen Stellung willen — eröffnete er in Karthago eine Rhetorikschule. In der Zwischenzeit widmete er sich mit Begeisterung dem Studium der *Freien Künste.* Er las alle ihm zugänglichen Traktate.[5] Darunter vor allem die neun Abhandlungen *Über die Disziplinen* von Varro, die wohl die folgenden Gebiete behandelten: Grammatik, Dialektik, Rhetorik, Geometrie, Arithmetik, Astronomie, Musik, Medizin und Architektur. Er studierte vor allem Philosophie, zeigte besonderes Interesse für die Astronomie und dehnte seine Neugier sogar auf die Astrologie aus.[6]

„Ich hatte viele Werke der Philosophen gelesen und gut im Gedächtnis behalten ..."[7] Welche Werke hatte er gelesen? Wahrscheinlich die bereits genannten Bücher *Über die Disziplinen* und andere Schriften von Varro, etwa den Traktat über die Philosophie; die philosophischen Werke Ciceros; die Handbücher des Celsus (Celsinus?[8]), der „in sechs großen Bänden die Anschauung von etwa hundert Philosophen darstellte"[9]; die von Aulus Gellius *(Die attischen Nächte)*, ein „wortgewandter Mann, von großem und fruchtbarem Wissen"[10]; möglicherweise die des Nikomachos von Gerasa, dessen Einführung in die Arithmetik von Apuleius ins Lateinische übersetzt worden war[11], und viele andere. Auch dürfte er die Werke der Vertreter des römischen Stoizismus, zumindest Seneca[12], gelesen haben.

Aufgrund dieser „nicht gewöhnlichen Bildung“[13] beeindruckte ihn ein Aspekt, der der manichäischen Lehre widersprach, allerdings nichts mit Religion zu tun hatte. Er betraf die Astronomie. „Vieles Richtige, das sie über die Schöpfung ausgesagt hatten, blieb mir gegenwärtig. Ich traf hier eine Methode an, die sich an Zahlen hielt, an die tatsächliche Ordnung der Zeitabläufe und das augenfällige Zeugnis der Gestirne. Ich verglich sie mit Manis Aussagen, der viel darüber geschrieben hatte ...“ Und da stimmte einiges nicht überein. „Die Erklärungen von Sonnenwende, Tag- und Nachtgleiche, von Sonnen- und Mondfinsternis sowie von anderem, das ich aus Büchern weltlicher Philosophie gelernt hatte, leuchteten mir nicht ein.“ „Dennoch“, heißt es in den *Bekenntnissen* weiter, „hieß es einfach glauben; aber es stimmte nicht mit jenen Einsichten zusammen, die auf eigenen Berechnungen und Beobachtungen beruhten.“[14]

Solch wissenschaftliche Wahrheiten sind nicht Bestandteil des religiösen Glaubens: Man braucht sie nicht zu wissen, ja kann sogar falsche Ansichten dazu äußern, ohne der Frömmigkeit Abbruch zu tun. Mani hätte kein Wort darüber zu verlieren brauchen. Trotzdem sprach und schrieb er darüber und vertrat diese Lehren mit der gleichen Autorität, mit der er seine im engeren Sinn religiösen Aussagen machte — mit der Autorität des Apostels Christi, ja mit der Autorität des Heiligen Geistes selbst. „Denn erkannte man erst offenkundige Fehler in seiner Theorie vom Himmel und den Gestirnen sowie über die Bahnen der Sonne und des Mondes“, dann mußte das einen Schatten auf seine ganze religiöse Lehre werfen.[15] Eine einleuchtende Argumentation. Aber der Ruf der Heiligkeit, in dem Mani stand, zerstreute die Zweifel. Er glaubte, daß eine intensive Prüfung der manichäischen Lehren diese offensichtlichen Widersprüche schließlich doch ins rechte Licht rücken würden. Deshalb wartete er auf das Kommen des Faustus, an den ihn die Glaubensgenossen verwiesen, weil er ein gelehrter Mann und Bischof sei.[16]

Aber auch von anderer Seite kamen Schwierigkeiten auf. Ein gewisser Helpidius pflegte in Karthago öffentlich gegen die Manichäer zu sprechen, wobei er sich auf bestimmte Schriftstellen stützte, die eine Übereinstimmung zwischen Altem und Neuem Testament nahelegten und denen die Manichäer nicht leicht etwas entgegensetzen konnten. Vielleicht waren es im Kern die gleichen Stellen, die Augustinus in seinem Werk *Die Sitten der katholischen Kirche und die Sitten der Manichäer* anführt. Was die Manichäer darauf erwiderten, schien ihm äußerst schwach, was auch wirklich so war. Außerdem äußerten sie sich dazu nicht in der Öffentlichkeit, als wären sie selbst sich ihrer Schwäche bewußt. Ihrer Meinung nach waren „die Schriften von unbekannter Hand verfälscht worden in der Absicht, das Gesetz der Juden dem christlichen Glauben aufzupropfen". Für diese Behauptung gab es aber keinerlei Beweise; sie konnten nicht ein einziges „unverfälschtes" Exemplar vorweisen.[17] Selbst gegenüber diesen Fragen, die sich auf die Schrift bezogen, nahm Augustinus eine abwartende Haltung ein.

Gegen die Manichäer sprach schließlich noch das Problem seines Freundes Nebridius. Der fragte sich, was das Reich der Finsternis, das die Manichäer als feindliche Macht Gott entgegensetzten, hätte ausrichten können, wenn dieser sich einer solchen Auseinandersetzung verweigert hätte. Entweder antworteten sie — so folgerte Nebridius —, er wäre nicht schadlos davongekommen. Dann wären sie gezwungen zu behaupten, was sie nicht behaupten wollen[18], nämlich daß Gott nicht unversehrbar, nicht unvergänglich sei. Oder aber sie antworteten, er hätte keinerlei Schaden genommen. Aus welchem Grund aber hätte dann Gott den Kampf aufnehmen sollen, einen so tragischen, so verhängnisvollen Kampf, in dem ein Teil der Gottheit sich mit den widrigen Mächten vermischt haben sollte, so daß er in dieser äußersten Notlage nun auf Hilfe angewiesen sei, befreit und errettet werden müsse? Also entweder glaubten sie an die Unvergänglichkeit Gottes, womit alle ihre Behauptungen hinfällig wären. Oder sie nahmen an, Gott sei vergänglich, was eine falsche, eine so blasphemische Aussage war, daß niemand ihr Glauben schenken würde. Diese Überlegung machte Augustinus, der noch ganz im Materialismus verstrickt war, nachdenklich, aber er gab sich noch nicht geschlagen. Er betrachtete Gott als „eine körperliche Masse"[19] und das Böse als eine Substanz. Daher konnte er für die Erklärung des Bösen keine andere Lösung finden als den metaphysischen Dualismus. Aus dieser Lehre resultierten, gleichsam wie aus einer vergifteten Quelle, alle anderen Fehler.[20]

So blieb er in der Sekte, in der Hoffnung, daß sich diese Schwierigkeiten eines Tages von selbst lösen würden. Er wartete auf Faustus wie auf ein großes Orakel. In der Zwischenzeit schrieb er einen Traktat *Über das Schöne und das Angemessene*, den er dem Hierius, einem Redner der Stadt Rom, widmete.[21]

Im Jahr 383 kam Faustus nach Karthago. Augustinus hörte ihn an, sprach mit ihm, fand ihn redegewandt, liebenswert, sympathisch, aber so ungeeignet, seine Zweifel zu zerstreuen, daß er sich erst gar nicht auf eine Diskussion einlassen wollte. Augustinus war von der Bescheidenheit des Faustus angetan, schloß Freundschaft mit ihm und stellte sich ihm als Rhetoriklehrer zur Verfügung, sein Vertrauen in die Sekte wurde aber immer mehr untergraben.

„Mein Ehrgeiz und mein Bemühen, es in der Sekte zu etwas zu bringen, sind nach der Bekanntschaft mit diesem Mann völlig erloschen, auch wenn ich mich nicht gänzlich von den Manichäern trennte. ... Ich beschloß, mich vorläufig mit der von mir erlangten Position zufrieden zu geben, bis vielleicht irgendein Licht erschiene, das besser für mich wäre."[22]

Dieses Licht sollte auf sich warten lassen. Der Enttäuschung über Faustus folgten bald weitere, bis er am menschlichen Verstand verzweifelte. Nicht lange nach der Begegnung mit Faustus verließ er Karthago und machte sich auf den Weg nach Rom. Die Gründe hierfür kennen wir bereits: Er wollte der Atmosphäre der Schule entfliehen, die ihm wegen der *eversores* unerträglich geworden war[23], und strebte nach größeren Erfolgen. Rom war für ihn ein fernes Traumziel, seit er dem Hierius seine Abhandlung *Über das Schöne und das Angemessene* gewidmet hatte.[24] Wir kennen auch die Umstände seiner Abreise. „Der Wind war günstig und blähte unsere Segel, das Ufer entzog sich unserem Blick", wo Monika allein zurückblieb, „fassungslos vor Schmerz" und ungläubig über die „Falschheit" und die „Grausamkeit" des Sohnes.[25]

Rom versagte diesem Römer aus Afrika, der dazu bestimmt war, die Ruhmestaten dieser Stadt zu besingen, seine Gunst.[26] Bei seiner Ankunft erwarteten ihn eine schwere Krankheit[27] und zwei bittere Enttäuschungen: die Schüler, die davonliefen, wenn der Moment gekommen war, dem Lehrer das vereinbarte Honorar zu zahlen[28], wobei Augustinus auf diese Gelder angewiesen war; und die Erkenntnis, daß der Manichäismus für die konkrete Lebensgestaltung völlig unzulänglich war.

In der ewigen Stadt war er Gast bei den Manichäern, von denen es dort viele gab, die aber aufgrund der gegen sie erlassenen kaiserlichen Dekrete im Untergrund leben mußten.[29] Die Kaiser waren wiederholt gegen sie vorgegangen.[30] „Auch in Rom hatte ich engen Kontakt mit jenen betrogenen und verlogenen Heiligen, und nicht nur mit den sogenannten ‚Hörern', zu denen auch der zählte, in dessen Haus ich als Kranker und Genesender Aufnahme fand, sondern auch mit denen, die sie ‚Auserwählte' nennen."[31]

Sein Gastgeber, ein Mann namens Konstans, der später katholisch wurde[32], war ein von der Sekte begeisterter ‚Hörer' und versuchte, das von Mani vertretene Vollkommenheitsideal zu verwirklichen. Zu diesem Zweck hatte er den Plan gefaßt, all jene in sein Haus aufzunehmen und auf eigene Kosten zu verpflegen, die bereit waren, vorbehaltlos die Weisungen des Religionsstifters zu befolgen. Er machte keine leeren Versprechungen; er war ein wohlhabender Mann und konnte viele Personen unterhalten. Diesem Vorhaben einer Art manichäischen Klosters widersetzen sich ausgerechnet jene, die es hätten fördern sollen: die Bischöfe. Schließlich fand Konstans doch einen, und zwar einen Bischof vom Lande, der als erster in das Haus einzog und dort die in Rom lebenden ‚Auserwählten' versammelte. Dieser stellte in Anlehnung an Manis *Stiftungsbrief* Lebensregeln auf. Vielen der Interessenten waren diese Regeln zu streng, und sie gingen wieder fort; andere blieben aus Scham. Sie begannen, nach diesen Regeln zu leben. Der Gastgeber drängte darauf, daß die Vorschriften genauestens eingehalten wurden.

Im Laufe der Zeit entwickelten sich Streitereien unter den ‚Auserwählten', die sich gegenseitig ihre Verfehlungen vorwarfen. Schließlich erklärten auch diejenigen, die bereit gewesen waren, die manichäischen Weisungen aufs strengste zu befolgen, daß sie in der Praxis nicht durchführbar sind. Es entstand ein Aufruhr, der in einem allgemeinen Durcheinander endete: Jeder ging seines Weges. Zum Schluß gab auch der Bischof auf und flüchtete. Nachträglich stellte sich heraus, daß er selbst gegen die Regeln der Gemeinschaft verstoßen hatte, indem er eigenes Geld besaß und sich heimlich zu essen bringen ließ.[33]

Dieser Vorfall bestätigte Augustinus erneut, was er schon in Karthago gehört und erlebt hatte.[34] Die Enttäuschung war groß; der Manichäismus war für ihn nunmehr praktisch tot. Die Suche nach der Weisheit aber blieb; ja, sie stellte sich drängender und dringlicher denn je.

X. Kapitel

Auf dem Weg zur Skepsis

Für Augustinus begann nun eine psychologisch schwierige Phase. Alles war erneut in Zweifel gestellt und ins Wanken geraten. Eine Rückkehr zur katholischen Kirche kam ihm überhaupt nicht in den Sinn. Wohl hatte er den „manichäischen Rausch“ überwunden, aber noch nicht seine antikatholische Haltung. „Ich hatte die Hoffnung aufgegeben, in deiner Kirche, von der sie (die Anhänger Manis) mich entfremdet hatten, die Wahrheit zu finden.“[1] Er zweifelte vielmehr grundsätzlich, sie je dort finden zu können[2], da er nach wie vor überzeugt war, „daß man den Angriffen der Manichäer keinerlei Argument entgegensetzen könne“[3]. Somit waren ihm beide Wege versperrt: der des Manichäismus und der des Christentums. Es hätte einen dritten gegeben, aber auch dieser war für ihn nicht akzeptabel, da dort der Name Christi nicht vorkam: die reine Philosophie. So blieb nur der Weg hoffnungsloser Resignation. Augustinus hatte vieles gelesen, was die lateinische Literatur an Gelehrtem und philosophischer Erkenntnis zu bieten hatte. Aber bei keinem der Philosophen hatte er die Lösung für sein inneres Problem gefunden.

„Während ich nach dem Grundsatz der Akademiker, wie man sie sich gemeinhin vorstellt, an allem zweifelte und zwischen allem schwankte, beschloß ich, auf jeden Fall die Manichäer zu verlassen, weil ich davon überzeugt war, in der Zeit des Zweifelns nicht in einer Sekte bleiben zu dürfen, der ich nunmehr viele Philosophen vorziehen mußte. Aber ich weigerte mich auch strikt, denen meine sieche Seele anzuvertrauen, weil sie den Namen Christi nicht kannten.“[4]

Welche Philosophen er im einzelnen meinte, ist nicht leicht zu sagen; gewiß nicht die Epikureer, die er nicht leiden konnte. Nur ein einziges Mal, und zwar in einem Moment der Verzagtheit, spielt er auf sie an; allerdings nur um zu bemerken, daß er vor allen Epikur den Vorrang gegeben hätte, wenn dieser nicht abgelehnt hätte, „an das Überleben der

Seele und Weiterwirken unserer Handlungen über das Grab hinaus"[5] zu glauben. Ähnliches gilt für die Stoiker: Ihre ganz auf Verherrlichung der Tugendhaftigkeit, auf Beherrschung der Leidenschaften, auf tapferes und gelassenes Erdulden der Schicksalsschläge („Enthalte dich und dulde"), auf die Wahrung der individuellen Freiheit, auf Innerlichkeit und auf allgemeine Brüderlichkeit ausgerichtete Moral war ihm vielleicht nicht unsympathisch; ihre Lehre über Gott und die Seele jedoch konnte er nicht akzeptieren. „Zeno gefiel sich in seiner These hinsichtlich der Welt und insbesondere der Seele, über welche die wahre Philosophie wache. Seiner Aussage nach ist sie sterblich, wie es weiter nichts gebe als diese Sinnenwelt, in der jegliches Tun nur mittels des Körperlichen geschehe. Er glaubte sogar, daß auch Gott Feuer sei."[6] Dieser stoischen Auffassung von einem Gott, der das Universum durchdringt, der von innen her die Materie lenkt und jedes Lebewesen durchströmt, näherte sich Augustinus selbst, als er vergeblich versuchte, sich vom Materialismus zu befreien. In jener Zeit stellte er sich Gott vor „als eine ausgedehnte Wesenheit, die durch unendliche Räume hindurch allseits die gesamte Weltmasse durchdringt und sich über diese hinaus in jeder Richtung endlos ins Unermeßliche erstreckt"[7].

Bei den Philosophen, die er als dem Manichäismus überlegen betrachtete, dürfte er wohl an die Philosophen der Antike gedacht haben: an Pythagoras, der „nach Gesprächen mit einem gewissen Pherekydes von Syros zu dem Glauben gekommen war, daß die Seele unsterblich sei"[8]; an Platon und Aristoteles, die auch in seiner kleinen Abhandlung *Über die Unsterblichkeit der Seele* präsent sind. Über die Philosophie seiner Zeit äußert er sich in *Contra Academicos* wie folgt:

„Heute haben wir keine Philosophen mehr, sieht man von den Kynikern, Peripatetikern und Platonikern ab; die Kyniker deshalb, weil sie eine gewisse Freiheit und Ungebundenheit in der Lebensführung schätzen. Was aber Bildung und Lehre angeht sowie die Ethik, die dem Heil der Seele dient, so hat es nicht an sehr scharfsinnigen und gewandten Männern gefehlt, die in ihren Erörterungen die Lehre vertraten, Platon und Aristoteles stimmten derartig miteinander überein, daß nur Unerfahrenen und weniger Aufmerksamen scheine, sie seien verschiedener Meinung. Und daher hat sich im Verlauf vieler Jahrhunderte und vieler Auseinandersetzungen endlich doch eine einzige Lehre als Lehre der Philosophie herauskristallisiert."[9]

Als er diese Worte schrieb, konnte er zu den „ungemein scharfsinnigen und gewandten Männern" auch Plotin und Porphyrios zählen, deren

Werke er im zweiten Jahr seines Mailänder Aufenthalts gelesen hat. Aber schon mit 19 Jahren wußte er durch den *Hortensius*, daß die ältesten — und darunter die größten — Philosophen die menschliche Seele für ewig und göttlich halten. An sie also dachte er wohl, als er die oben angeführte Stelle in den *Bekenntnissen* schrieb.

Trotz seiner Bewunderung für diese großen Philosophen will er sich ihnen nicht anvertrauen; denn sie sprechen nicht von Christus. Da kam ihm die Idee — der verzweifelte Versuch, eine Lösung für ein unlösbares Problem zu finden —, die Philosophen seien weiser als jene, die die Weisheit in der „hoffnungslosen" Wahrheitssuche sahen. Diese Überzeugung vertrat er einige Zeit: „Eben hatte ich die manichäischen Nebel beiseite geschoben, mich befreit und das Meer schon fast ganz überquert, da steuerten lange Zeit die Akademiker mein Schiff auf hoher See gegen den Wind."[10] So schreibt Augustinus in *De beata vita*, seinem ersten autobiographischen Bericht (November 386). Und die *Bekenntnisse* bestätigen das. Sie berichten, wie sich in Rom Skepsis in ihm festsetzt. „Auch war mir der Gedanke gekommen, die klügsten aller Philosophen seien die sogenannten Akademiker mit ihrer Behauptung, man müsse an allem zweifeln, sowie mit ihrer Annahme, die Wahrheit sei für den Menschen gänzlich unerkennbar."[11]

„Sie (die Akademiker) waren der Auffassung, der Mensch könne kein Wissen erlangen, wenigstens nicht von den Dingen, die zur Philosophie gehören ... und doch könne der Mensch weise sein."[12]

Aufgrund seiner hohen Achtung vor diesen Philosophen konnte Augustinus nicht glauben, daß dies wirklich ihre Lehre sei. Die Argumente gegen den Skeptizismus waren zu zahlreich und schwerwiegend — in *Contra Academicos* sind sie ausführlich dargelegt —, als daß sie Augustinus nicht eingeleuchtet hätten. Er kam zu dem Schluß, ihre vermeintliche Skepsis sei lediglich eine Methode, um den platonischen Spiritualismus zu bemänteln und gegen die Angriffe des stoischen wie epikureischen Materialismus zu verteidigen.[13]

Damals teilte er diese Anschauung und fand in jenen Philosophen seinen eigenen Gemütszustand wieder. Auch nach seinem Aufbruch von Rom nach Mailand wirkt die Versuchung der Skepsis weiter. In Mailand hörte er Ambrosius nur zu, um dessen Beredsamkeit zu beurteilen beziehungsweise um festzustellen, ob sie wirklich ihrem Ruf entsprach. Für die Lehre, die Ambrosius darlegte, hatte er keinerlei Interesse. Er „zweifelte nunmehr daran, daß dem Menschen überhaupt ein

Weg zu Gott offenstehe“[14]. Einige Monate später — wahrscheinlich im Juni 385 — traf seine Mutter in Mailand ein. „Sie fand mich in schwerer Bedrängnis vor“, schreibt Augustinus. „Ich hatte alle Hoffnung aufgegeben, die Wahrheit zu finden.“[15]

Als Ambrosius, der Monikas Frömmigkeit wohl bemerkt hatte, sich bei einer Begegnung mit Augustinus lobend über seine Mutter äußerte, bemerkt Augustinus: „Er ahnte nicht, was sie für einen Sohn hatte, der an allem zweifelte und nicht mehr glaubte, daß sich ‚ein Weg des Lebens‘ finden lasse.“[16] Nach ihrer Ankunft in Mailand sagte er der Mutter, daß er zwar noch kein katholischer Christ, wohl aber kein Manichäer mehr sei.[17]

Die neue Situation stellte die letzte logische Konsequenz eines langen Irrwegs dar. Er nannte diesen seinen Gemütszustand einen gefährlichen, aber unvermeidlichen Übergang, ähnlich den von den Ärzten als Krisen bezeichneten Anfällen, die bei positivem Ausgang die Wende der Krankheit zur Genesung ankündigen.[18]

XI. Kapitel

„Und ich kam nach Mailand zum Bischof Ambrosius“

Trotz seiner schwierigen Gemütsverfassung bemühte sich Augustinus, seine beruflichen Probleme zu lösen, die nicht zuletzt durch das Verhalten seiner Schüler entstanden waren. Das gelang ihm auch hervorragend, indem er sich bei der heidnischen Oberschicht Protektion verschaffte. Wir wissen nicht, ob er mit dem Rhetor Hierius, einem gebürtigen Syrer, zusammentraf, dem er von Karthago aus seine erste Schrift gewidmet hatte[1], noch ob er Ammianus Marcellinus begegnete, der gerade seine *Rerum gestarum libri* verfaßte. Allerdings weiß man, daß er Symmachus, dem Präfekten der Stadt, vorgestellt wurde und dessen Zuneigung gewann.

Symmachus, Literat und Politiker, war eine der bedeutendsten Persönlichkeiten des römischen Heidentums. 382 hatte er im Namen des Senats vergeblich versucht, die Sache des Heidentums zu verteidigen, und den Kaiser Gratian gebeten, man möge den Siegesaltar, der vom Eingang der Kurie entfernt worden war, auf seinen Platz zurückstellen. Aber der Kaiser hatte ihn nicht einmal empfangen. Im darauffolgenden Jahr reichte er ein neues Gesuch bei Valentinian II. ein, der seinem Bruder auf den Thron gefolgt war. Er wurde empfangen, vertrat eindringlich die Sache des alten Rom der Heiden und forderte religiöse Toleranz und Pluralismus mit dem Argument: „Es kann nicht nur ein einziger Weg zu einem so großen Geheimnis führen.“[2] Der Kaiser aber war von Ambrosius, der mittlerweile eine Antwort verfaßt hatte[3], überzeugt worden, und gab keine Erlaubnis.

Es war kaum ein Jahr vergangen, als Symmachus, der inzwischen zum Präfekten von Rom ernannt worden war, den Auftrag erhielt, einen Rhetor für die Stadt Mailand zu suchen. Das erfuhr Augustinus, er bemühte sich um das Amt und erhielt es dank der Hilfe der Manichäer.

„Als nun von Mailand aus an den Stadtpräfekten nach Rom das Ansuchen erging, für diese Stadt einen Lehrer der Rhetorik zu besorgen, dem auch schon die Reise mit der kaiserlichen Post zugesagt war, da bewarb ich mich und zwar mit Unterstützung der Manichäer. ... Als Symmachus, der damalige Stadtpräfekt, die mir auferlegte Proberede beifällig angehört hatte, schickte er mich nach Mailand."[4]

Symmachus war sich bewußt, daß er diesem afrikanischen Rhetor einen großen Gefallen tat. In Mailand residierte der Kaiserhof, und zu den Aufgaben eines Rhetoriklehrers gehörte auch das Vortragen der offiziellen Lobreden auf den Kaiser und den Konsul des jeweiligen Jahres. Eine wichtige Aufgabe, die dem damit Betrauten Zutritt zum Kreis der höchsten Staatsbeamten verschaffte und zur Hoffnung auf weitere Beförderung berechtigte. Augustinus glaubte tatsächlich, ein öffentliches Amt erhalten zu können, vielleicht das eines Richters.[5] Symmachus hatte damals gute Gründe, einen selbstbewußten Nichtchristen als offiziellen Rhektorik-Lehrer nach Mailand zu schicken. Es ist anzunehmen, daß diese Überlegung seine Wahl über die rednerischen Qualitäten des Kandidaten hinaus beeinflußte.[6] Augustinus verließ im Herbst 384 Rom. Sehr wahrscheinlich überquerte er den Furlus auf der Via Flaminia und gelangte über die Via Emilia[7] in die lombardische Metropole, wo er rechtzeitig ankam, um — am ersten Januar des neuen Jahres — die Lobrede auf das Konsulat des Bauton, ein Freund des Symmachus[8], zu halten.

Das katholische Rom hatte das Herz des Augustinus nicht besonders angesprochen. Vielleicht war er bei einem Spaziergang auf dem Aventin Hieronymus begegnet, der vom Haus der Marcella[9] wieder in die Stadt hinabstieg, hatte aber nicht auf ihn geachtet. Vielleicht traf er beim Spazierengehen auf dem Caeliushügel zufällig den alten Papst Damasus mit Gefolge, wird ihm aber kaum einen neugierigen, höchstens einen verächtlichen Blick zugeworfen haben. Alles, was mit der katholischen Kirche zu tun hatte, interessierte ihn schon seit vielen Jahren nicht mehr.

Ganz anders in Mailand. Hier lebte Ambrosius, ein zu berühmter und einflußreicher Mann, als daß man ihn hätte ignorieren können. Zudem war Augustinus nun kein Privatlehrer mehr. Er suchte Ambrosius auf: ein Höflichkeitsbesuch, der bei dem jungen Lehrer einen tiefen Eindruck hinterließ.

„So kam ich nach Mailand zum Bischof Ambrosius, der aller Welt als einer der Besten bekannt war. ... Dieser Mann Gottes empfing mich väterlich, und in wahrhaft bischöflicher Güte zeigte er sich über mein Kommen erfreut. Ich gewann ihn lieb, natürlich nicht gleich als Lehrer der Wahrheit — die hoffte ich wirklich nicht in deiner Kirche zu finden —, sondern wie jemanden, der mir wohlgesonnen war."[10]

In Mailand hatte sich um Ambrosius auf intellektueller Ebene wie auf der Ebene christlichen Handelns ein reges Leben entfaltet. Diese beiden Eigenschaften der mailändischen Gemeinde entsprachen den Grundzügen der Religiösität des Augustinus: ein hoher intellektueller Anspruch und Konsequenz im Verhalten. Und das sollte ihn schließlich für die katholische Kirche überzeugen.

Ambrosius, etwa 14 Jahre älter als Augustinus, war ein Asket und Gelehrter: Seit 10 Jahren war er Bischof und hatte sich völlig Gott und seinem Hirtenamt hingegeben. Der dreißigjährige Professor der Rhetorik hielt Ambrosius „nach menschlichem Maßstab für einen glücklichen Mann, weil dieser von so vielen bedeutenden Menschen geachtet war". Die Ehelosigkeit, die Ambrosius lebte, schien ihm allerdings „wahrlich beschwerlich"[11]. Er urteilte aus seiner Sicht; er sah die Fakten, aber ohne ihre Hintergründe zu verstehen. Ambrosius Beredsamkeit überzeugte ihn dagegen völlig: „Die Anmut seiner Rede schlug mich in ihren Bann. Sie war gehaltvoller, wenngleich weniger erheiternd und einschmeichelnd als die des Faustus."[12] Bis zu jenem Moment hatte er als einzigen bedeutenden religiösen Redner Faustus gehört. In den *Soliloquia* bemerkte er, daß in Ambrosius „erneut und in sublimer Weise jene Beredsamkeit aufgelebt ist, deren Aussterben wir betrauerten"[13].

Als Angehöriger der *gens Aurelia* und Sohn einer Senatorenfamilie hatte Ambrosius die Erziehung eines römischen Adligen genossen, der in Grammatik, lateinischer und griechischer Literatur, Rhetorik und Recht gebildet war.[14] Als Bischof las er die griechischen Kirchenväter[15], die neuplatonischen Philosophen[16] und die antiken heidnischen Schriftsteller[17].

An seiner Seite hatte er den Simplicianus, einen gottesfürchtigen, gelehrten Geistlichen. An Gott gewandt, sagt Augustinus von ihm: „Er schien mir dein getreuer Knecht, in dem sich deine Gnade widerspiegelte; auch hatte ich gehört, daß er von Jugend auf ein ganz dir geweihtes Leben führte. Damals war er schon ein Greis, und mir schien, nach einem langen Leben müsse er in der Kunst, den Weg deiner Nachfolge zu gehen, reiche Erfahrungen gesammelt haben und ein sehr weiser Mann sein. Und ich irrte mich nicht."[18] Simplicianus hatte viele Reisen unternommen, war ein gebildeter Theologe, ein guter Kenner der neuplatonischen Philosophie. Er hatte Anteil an der Bekehrung des Marius Victorinus, mit dem er eng befreundet war. Als Augustinus ihn aufsuchte und erwähnte, daß er einige Werke der Neuplatoniker gelesen hätte, beglückwünschte Simplicianus ihn, weil „in diesen Schriften immer und überall Gott und sein Wort nahegebracht werde“[19]. Ferner erzählte er ihm ausführlich von der Bekehrung des Victorinus.[20]

Ambrosius war von Simplicianus getauft worden, „den er wie einen Vater zärtlich liebte“[21]. Um die beiden hatte sich ein Gelehrtenkreis gebildet, der die Pflege der Philosophie mit der Praxis christlichen Lebens verband[22] und aus dem uns Manlius Theodorus[23], Zenobius[24], Hermogenianus[25] bekannt sind. Manlius Theodorus — der berühmteste unter ihnen — war „ein leidenschaftlicher Anhänger“ der Neuplatoniker. Er hatte sich einige Jahre zuvor ins Privatleben zurückgezogen und widmete sich nun in seinem Landhaus dem Schreiben von philosophischen Werken und Traktaten über klassische Metrik. Später wurde er nochmals politisch aktiv und erhielt 399 das Konsulamt.[26]

Neben dem Eifer für die philosophischen Studien herrschte in der Mailänder Kirche große Begeisterung für die asketischen Forderungen des Christentums. Unermüdlich befürwortete Ambrosius die gottgeweihte Jungfräulichkeit und ließ sich keine Gelegenheit entgehen, sie zu loben und entsprechende Vorbilder anzuführen. Sprach er von der Jungfrau Maria, wurde seine Rede poetisch. Aus diesen Predigten entstanden seine vielen Schriften, die ihn zum ergiebigsten Autor für das Thema der christlichen Jungfräulichkeit machen. Seine Begeisterung für das evangelische Ideal wirkte auch über Mailand hinaus, und so bildete sich bald eine große geistliche Bewegung. Zahlreiche junge Mädchen wurden Ordensschwestern; und vor der Stadt gab es ein Kloster „frommer Brüder“, das Ambrosius gegründet hatte und das unter seiner Leitung stand.[27]

Als Augustinus diese Kirchengemeinde erlebte, stellte er voller Staunen fest, wie die Gläubigen, „die einen auf diesem Weg, die anderen auf jenem“[28], voranschritten. Und während er in Mailand weilte, gab die Gemeinde zwei besondere Zeugnisse ihrer Frömmigkeit und der Treue zu ihrem Bischof.

Ein erster Anlaß war die Kampagne gegen die Arianer. Gegen Ende des Jahres 384 kam ein gewisser Mercurinus, ein arianischer Bischof, nach Mailand. Im Frühjahr 385 erhob Justina, die Mutter des jungen Kaisers Valentinian II., eine Arianerin, für ihren Sohn Anspruch auf die Basilika Portiana. Ambrosius wurde an den Hof beordert. Nachdem der Grund dafür bekannt geworden war, liefen die Gläubigen in großen Scharen zum kaiserlichen Palast. Der Bischof wurde gebeten, die Menge zu beruhigen. Ambrosius kam der Bitte nach, verlangte aber von

Justina, ihre Forderung zurückzunehmen, womit er auch Erfolg hatte. Im darauffolgenden Jahr wurde die Forderung erneut vorgebracht. Zusammen mit den Bischöfen und den Gläubigen der Umgebung zog Ambrosius sich daraufhin in die umstrittene Basilika und deren Nebengebäude zurück und gab dem Hof eine entschiedene Absage. Alle Versuche, einen Kompromiß zu finden, wies er zurück. Selbst die Belagerung der Basilika konnte den Hirten und die Menge der Gläubigen nicht einschüchtern. Um die Begeisterung im Volk aufrechtzuerhalten, richtete Ambrosius immer wieder das Wort an die Versammelten und führte den im Osten bekannten Brauch ein, Hymnen — die er selbst gedichtet hatte — und Psalmen zu singen. Der mutige Widerstand brachte das erhoffte Ergebnis. Am Karfreitag des Jahres 386 wurden die Truppen zurückgezogen.[29]

Unter den Gläubigen, die sich um den Bischof geschart hatten, befand sich auch Monika. Augustinus hatte sich nicht von der allgemeinen Begeisterung ergreifen lassen, war aber auch nicht gleichgültig geblieben. Er erinnert sich an die Geschehnisse:

„Es war gerade ein Jahr oder nicht viel mehr vergangen, seit Justina, die Mutter des jungen Kaisers Valentinian begonnen hatte, deinen treuen Diener Ambrosius zu verfolgen, wegen der Irrlehre, zu der sie von den Arianern verleitet worden war. Das gläubige Volk wachte nachts in der Kirche, in der Bereitschaft, mit seinem Bischof, deinem Diener, zu sterben. Meine Mutter, deine Dienerin, war in banger Sorge eine der ersten unter den Wachenden; sie lebte nur noch im Gebet. Obgleich wir selbst seinerzeit noch nicht von der Glut deines Geistes erfaßt waren, waren auch wir vom ängstlichen Bangen der Stadt ergriffen. Damals wurde das Singen von Hymnen und Psalmen nach orientalischem Ritus eingeführt, damit sich das Volk nicht in überlanger Trauer verzehre. Eine Neuerung, die sich bis zum heutigen Tage erhalten und viele Nachahmer, ja in fast allen Gemeinden des Erdkreises Verbreitung gefunden hat."[30]

Die zweite Begebenheit hängt zusammen mit der Auffindung und Überführung der Gebeine der Märtyrer Protasius und Gervasius, die, wie Augustinus schreibt, der Herr in der Schatzkammer seines Geheimnisses unversehrt erhalten hatte, um sie zur rechten Zeit hervorzuheben und so „die Wut einer Frau — und mochte es eine Kaiserin sein — zu bändigen". Dabei geschahen viele Wunder. Augustinus erinnerte sich im besonderen an die Heilung eines „seit vielen Jahren blinden, stadtbekannten Mannes". Über den Glaubenseifer jener Tage und dessen segensreiche Wirkung für den Kampf der Mailänder Kirche gegen den Arianismus schreibt er: „Die Kunde von diesem Wunder verbreitete sich rasch, und allerorten sang man dir Lob und Preis. Und wenn jener Frau feindlicher Sinn auch nicht zum Heil des Glaubens gelangte, so bändigte es doch die Wut, mit der sie uns verfolgte."[31]

Augustinus erzählt diese beiden Episoden nicht ohne einen Hinweis auf seine innere Entwicklung. Mit zwei biblischen Ausdrücken läßt er uns wissen, daß er „noch nicht von der Glut des Geistes erfaßt" war und noch nicht „dem Duft seiner Salben" nachspürte. Diese beiden Metaphern machen deutlich, daß er in jener Zeit noch nicht „den Hafen der Philosophie erreicht hatte, von dem aus man in Richtung Festland der Gückseligkeit auslaufen kann"[32]; sie besagen aber nicht, daß er noch weit entfernt war.

XII. Kapitel

Auf dem Weg zur Bekehrung

Der Weg der Bekehrung des Augustinus ist länger und beschwerlicher als der Weg, der ihn von der Kirche weggeführt hatte. Abgewendet hatte er sich in wenigen Tagen; um den Glauben wiederzufinden, mußte er lange Jahre schmerzvollen Suchens durchleben. Der Weg, der ihn vom Glauben abbrachte, war auf philosophischer Ebene von den Etappen des Rationalismus, des Materialismus und Skeptizismus gekennzeichnet. Der Weg der Umkehr bestand darin, einen Irrtum nach dem anderen zu überwinden. Es ist die Geschichte der Bekehrung eines großen Denkers. Diesen Weg hätte er nie beschritten, wären nicht durch die Predigten des Ambrosius die von den Manichäern angehäuften Vorurteile gegen die Kirche hinfällig geworden, im besonderen die anthropomorphe Gottesvorstellung und die Unglaubwürdigkeit des Alten Testaments.

Nie setzte sich Augustinus mit dem Bischof von Mailand zu Diskussionen über die Religion zusammen, wie er es mit dem Priester Simplicianus getan hat.[1] Dabei wünschte er sich das sehnlichst, aber Ambrosius hatte dazu keine Zeit oder — da er wußte, wo der Rhetor aus Afrika geistig stand — keine Lust. Tatsache ist, daß Augustinus vor seiner Bekehrung nur wenige und kurze Gespräche mit ihm führte. Seine Werke erzählen uns von einem Höflichkeitsbesuch nach seiner Ankunft in Mailand[2], von der Ambrosius im Namen der Mutter vorgelegten Fastenfrage[3], von zufälligen Begegnungen in der Kirche oder auf der Straße, bei denen Ambrosius sich lobend über Monika äußerte.[4]

Gern hätte Augustinus ihm die „Stürme" in seinem Inneren, seine „Fährnisse" mitgeteilt, fand aber keine Gelegenheit dazu. „Wiederholt" suchte er seine Wohnung auf, trat ein, wartete „lange Zeit", sah ihn im Lesen vertieft, traute sich nicht zu stören.

„Ich konnte ihn nicht fragen, was und wie ich wollte. Scharen geschäftiger Menschen, denen er in ihrer Not half, gaben mir keine Gelegenheit zu einer Unterredung mit ihm. Die wenigen Momente, in denen er nicht von jenen aufgehalten war, nutzte er, seinen Körper mit Nahrung oder seine Seele durch Lektüre zu stärken. Beim Lesen glitt sein Blick über die Seiten und sein Geist erforschte deren Sinn, während die Stimme sich ausruhen konnte. Beim Hereinkommen — denn jeder hatte Zutritt, und niemand pflegte angemeldet zu werden — sahen wir ihn immer still lesend. Schweigend saßen wir lange Zeit da — wer hätte es gewagt, ihn in solcher Vertiefung zu stören? Dann gingen wir, weil wir dachten, daß er gerne unbehelligt bliebe in der kurzen Zeit, die ihm frei von der Last fremder Angelegenheiten zur geistigen Stärkung vergönnt war."[5]

Sogar seine Bekehrung kündigte Augustinus brieflich an, wobei er Ambrosius um Rat bat, welches Buch der Schrift er am besten lesen sollte. Ambrosius antwortete und gab ihm den gewünschten Rat, der sich allerdings als wenig geeignet erwies.[6] Wäre in jener Zeit jemand zu seiner Unterweisung dagewesen, so hätte er Augustinus guten Willens und äußerst gelehrig erlebt.[7] Ambrosius war wohl da, aber an ihn konnte er sich nur mit Fragen wenden, die eine kurze Antwort erforderten. „Der Aufruhr in meiner Seele verlangte nach einer längeren Aussprache mit ihm; doch vergeblich."[8]

Trotz seines äußerlich distanzierten Verhaltens trug Ambrosius entscheidend zur Bekehrung des Augustinus bei, vor allem durch seine Predigten, die das schwerste Hindernis, nämlich das Mißtrauen, ja die Verachtung für die Lehre der Kirche überwanden.

Augustinus ging jeden Sonntag, ihn zu hören; anfangs, wie gesagt, nur aus Interesse für die äußere Form der Rede und in keiner Weise wegen des Inhalts. Nur allmählich wuchs seine Aufmerksamkeit für die Aussagen.[9]

Welche Predigten er gehört hat, ist uns unbekannt, da die Chronologie der ambrosianischen Schriften noch nicht endgültig geklärt werden konnte; vielleicht sind auch viele der von Augustinus gehörten Predigten verlorengegangen. Wir wissen jedoch, was in jenen Reden seine Aufmerksamkeit erweckte: die „geistliche" Auslegung der Heiligen Schrift und die Tatsache, daß Ambrosius die geistige Natur Gottes und der Seele nachdrücklich hervorhob.

Die geistliche oder allegorische Auslegung der Schrift machte die umstrittenen Stellen des Alten Testaments annehmbar. Ambrosius hielt sehr viel von dem paulinischen Grundsatz: Der Buchstabe tötet, der Geist aber macht lebendig (vgl. 2 Kor 3,6) und richtete sich danach. Die ambrosianische Exegese zeigte, wie viele Stellen des Alten Testaments unter dem „tötenden" Buchstaben einen tieferen Sinn verbargen. „Da nun viele Stellen der alttestamentlichen Bücher eine Auslegung im geistlichen Sinne erfuhren, nahm ich vorerst meine frühere Meinung zurück, die mir keine Hoffnung mehr gelassen hatte, man könne denen, die das Gesetz und die Propheten verwarfen und verlachten, überhaupt etwas entgegensetzen."[10]

Während die Manichäer die Kirche eines unerträglichen Anthropomorphismus anklagten, betonte Ambrosius die absolute Geistigkeit Gottes und der Seele. „Ich merkte häufig bei den Predigten unseres Bischofs, manchmal auch bei Gesprächen mit dir (Augustinus wendet sich hier an Manlius Theodorus), daß man sich ganz und gar nichts Körperliches denken darf, wenn man über Gott oder die Seele nachdenkt."[11] Demgemäß bezog Ambrosius die Worte aus der Genesis (1,26), der Mensch sei nach dem Ebenbild Gottes geschaffen, auf die Seele und nicht auf die physische Gestalt des Menschen. Gott habe nicht einen Körper wie der Mensch, der Mensch habe eher einen Geist wie Gott. Denn seiner mit Vernunft und Freiheit begabten Seele nach ist der Mensch Geist — in Gedanken kann er die größten Entfernungen durchqueren. Wir sind hier in Italien, so erläuterte Ambrosius, und sehen in Gedanken in Afrika lebende Menschen, sofern wir solche kennen.

Solche Beispiele wirkten anziehend auf den aufmerksamen und interessierten Zuhörer Augustinus. Allein die Seele, fuhr Ambrosius fort, kann sich mit Gott vereinen; und sie wird in dieser ihrer Suche um so freier sein, je mehr sie sich den Bedürfnissen des Leibes und dem fleischlichen Begehren entzieht.[12]

Die Worte des Ambrosius verfehlten ihre Wirkung auf Augustinus nicht. Mit Freuden vernahm er, daß die Lehre der Kirche nicht die war, die er ihr zugeschrieben hatte; er war beschämt, daß er sich von den Manichäern hatte irreführen lassen, und fühlte sich schuldig, weil er Falsches behauptet hatte, ohne sich vorher zu informieren.

„Als ich dann erfuhr, daß das Wort ‚der Mensch sei nach deinem Ebenbild geschaffen' von deinen geistigen Kindern, denen, die aus dem Mutterschoß der Kirche durch deine Gnade neu geboren wurden, gar nicht so aufgefaßt wird, daß sie glaubten und sich vorstellten, du seiest von der Gestalt eines menschlichen Leibes, da überkam mich ein lebhaftes Gefühl der Freude und der Scham zugleich, daß es ja gar nicht der katholische Glaube gewesen war, gegen den ich so viele Jahre zu Felde gezogen war, sondern die Einbildungen, die aus falschen fleischlichen Vorstellungen entstanden waren. Es war leichtfertig und vermessen gewesen, daß ich Beschuldigungen erhoben hatte, wo ich erst einmal hätte nachfragen müssen, um zu lernen und zu verstehen.“[13]

Wenn Ambrosius über die Schöpfung[14] und über die Freiheit des Menschen sprach, den Ursprung der geistigen und materiellen Welt erklärte, war jeder Gedanke an Dualismus und Pantheismus überwunden. Durch die Freiheit wurde der Ursprung des Bösen, das wir tun, in den Menschen verlegt, und nicht, wie die Manichäer lehrten, in eine von ihm verschiedene Natur, während der Ursprung des Bösen, das wir erleiden, in der Gerechtigkeit der göttlichen Ratschlüsse zu suchen sei.

“Eine große Hoffnung ist erwacht: Der katholische Glaube lehrt ja gar nicht, was wir annahmen und ihm grundlos zur Last legten.“[15]

Diese Worte weisen auf ein leidvolles Ringen, ein tiefes Mißtrauen: Der unruhig Forschende fürchtete, weiter in die Irre geführt zu werden. Wie ein Kranker, der seine Erfahrungen mit einem schlechten Arzt gemacht hat und sich nun auch einem guten nicht mehr anvertrauen will.[16]

Der christliche Glaube war — so schien es Augustinus damals — „nicht besiegt, aber doch auch noch nicht siegreich“[17]. Seine Lehren schienen ihm nicht mehr unhaltbar wie früher; doch deshalb mußten sie noch nicht wahr sein. Er wollte sicher sein; er wollte von der Wahrheit des Glaubens so fest überzeugt sein wie von der Tatsache, „daß sieben und drei zehn ist“. In der Tat war sein Skeptizismus nie so weit gegangen, die Evidenz mathematischer Prinzipien abzustreiten. „So verrückt war ich nicht zu behaupten, nicht einmal das könne man verstehen.“

Er wollte also die Evidenz mathematischer Wahrheiten auf die Glaubenswahrheiten anwenden. „Auf die gleiche Weise wollte ich auch die anderen Wahrheiten begreifen, und zwar die sinnlichen wie die geistigen.“[18]

Unstet und unschlüssig, wollte er „so lange noch Katechumene in der von den Eltern mir ans Herz gelegten katholischen Kirche bleiben, bis mir das Licht einer Gewißheit aufginge, wohin ich meinen Weg zu nehmen hätte“[19].

XIII. Kapitel

„Da fand ich einen Leitstern, dem ich mich anvertrauen konnte“

Wir wissen nicht wann, aber wir wissen wie Augustinus seine Zweifel überwand. Er selbst berichtet davon in einem autobiographischen Passus seiner Schrift *Vom Nutzen des Glaubens:*

„Oft schien mir, man könne die Wahrheit nicht finden, und so dachte ich wie die Akademiker. Dann wieder meinte ich, wenn ich mit aller mir möglichen Aufmerksamkeit die Lebendigkeit, Klugheit und Scharfsinnigkeit des menschlichen Geistes beobachtete, er könne die Wahrheit nicht verkennen, sondern wisse nur nicht, wie sie zu suchen sei. Sie geht nämlich von einer göttlichen Autorität aus. So blieb nur zu erforschen, welche diese Autorität ist.“[1]

Nachdem er die Vorurteile gegen die Kirche überwunden hatte, reifte in Augustinus nach und nach aufgrund seiner schmerzlichen Erfahrungen mit den Manichäern und durch aufmerksames Nachdenken über die Natur des Menschen ein neues Verständnis des Verhältnisses von Vernunft und Glaube. Das bewirkte eine völlige Umkehr in seinen Ausgangspositionen. Mit 19 Jahren schien ihm der Glaube im Gegensatz zur Vernunft zu stehen; da optierte er für die Vernunft, für die Einsicht. Jetzt schien es ihm eher ein Zusammenwirken zu sein: Er mußte sich nicht für eines von beiden entscheiden, sondern beide in Einklang bringen. Es ging also nicht mehr um Vernunft *oder* Glauben, sondern um Vernunft *und* Glauben. Einen Beweis für dieses Zusammenwirken hatten die Manichäer ihm mit der Kraft der Gegensätze geliefert. Sie versprachen Einsicht und verlachten den Glauben. Dann aber vergaßen sie ihre Versprechungen und geboten einfach Glauben „an eine Vielzahl völlig absurder, weil unbeweisbarer Flausen“. Demgegenüber war die katholische Lehre doch vorzuziehen, „die bescheidener und ohne Trug den Glauben an unbewiesene Wahrheiten fordert, die entweder zu beweisen sein könnten, aber nicht für jedermann einsichtig, oder aber nicht beweisbar sind“[2]. Im übrigen ist der Glaube eine aus dem Leben des Menschen nicht wegzudenkende Haltung, denn ohne Glauben gäbe es weder Geschichte noch Freundschaft, weder Familie noch irgendeine Art der Gemeinschaft.

„Du gabst mir zu bedenken, wie vieles ich glaubte, ohne es zu sehen oder dabeigewesen zu sein, wie viele geschichtliche Ereignisse, wie vieles über nie gesehene Länder und Städte, wie vieles ich meinen Freunden geglaubt habe, den Ärzten, allen möglichen Leuten; denn es ließe sich ohne einen solchen Glauben gar nicht leben; und nicht zuletzt war da mein unverbrüchlicher Glaube, von diesen Eltern zu stammen, was ich ja nicht wissen konnte."[3]

Hier kommt eine These zum Tragen, die in den Werken des Augustinus einen breiten Raum einnimmt. Im ersten dieser Werke kommt das allgemeine Prinzip zum Ausdruck, das der Philosophie der Antike entstammt, aber auch zeitlose Philosophie ist: „Wie alle wissen, werden wir zum Lernen vom zweifachen Drängen der Autorität und der Vernunft angespornt."[4] In seiner dritten Schrift — *Die Ordnung* — bestimmt er die Beziehungen zwischen Vernunft und Glauben hinsichtlich ihrer Bedeutung und der zeitlichen Reihenfolge. Der Wichtigkeit nach hat die Vernunft den Vorrang, denn es ist besser, zu sehen — das heißt, Wissen zu haben — als zu glauben; aber der zeitlichen Reihenfolge nach gebührt der Vorrang dem Glauben, denn der führt zur Einsicht. Daher ist es besser, zu glauben in der Erwartung zu sehen, als irrezugehen oder in der Dunkelheit der Unwissenheit zu verharren. In dieser Auffassung wird der Leser das sich durchhaltende intellektualistische Moment wiederfinden, das im augustinischen Denken niemals fehlt, wenngleich das andere, das affektive Moment, vorherrschend bleibt.

„In zeitlicher Hinsicht nimmt die Autorität die erste Stelle ein, in sachlicher Hinsicht aber die Vernunft. Man muß nämlich das, was tatsächlich als erstes zu Wort kommt, unterscheiden von dem, was man höher einschätzt. Zwar scheint sich der Weg über die Autorität des Guten mehr für die ungebildete Masse zu empfehlen, während für die Gebildeten der Weg über die Einsicht der Vernunft angemessener erscheint. Da aber jeder Mensch unerfahren ist, bevor er erfahren wird, und ein Unerfahrener nicht weiß, wie er den Lehren begegnen soll und aufgrund welchen Lebenswandels er überhaupt fähig wird zu lernen, läuft es darauf hinaus, daß denen, die die großen und verborgenen Güter kennenlernen wollen, nur die Autorität das Tor öffnet."[5]

In einem anderen, in Rom verfaßten Werk kommt er wiederholt auf diese Auffassung zurück.[6] So auch in der Schrift *Vom Nutzen des Glaubens,* wo er seinem Freund Honoratus beweisen will, „daß sich die Manichäer in gotteslästerlicher Unbesonnenheit gegen jene ereifern, die der Autorität des katholischen Glaubens folgen, bevor sie die Wahrheit erkennen — was nur kann, wer eine reine Seele hat —, und sich mit dem Glauben bewaffnen, um sich auf die göttliche Erleuchtung vorzubereiten".[7]

Für Augustinus ist der Glaube Heilmittel[8], Festung[9], Nest[10], Weg zum Ziel[11], Schirm und Schutz[12]. Er läutert und kräftigt das innere Auge; er beschützt die Schwachen vor den Angriffen der Ungläubigen; er nährt und wärmt die Gläubigen, bis sie flügge geworden sind; er läßt die zum Heil erforderlichen Wahrheiten mühelos erkennen, auch solche, zu denen die Vernunft von sich aus nur schwer gelangen könnte; er mildert das Gleißen des göttlichen Lichtglanzes und erlaubt, sich gewissermaßen darin zu bergen. Über die eine oder andere dieser bildhaften Vorstellungen meditierte er in Mailand, während er sich innerlich von seinen Zweifeln löste und sich allmählich dem katholischen Glauben näherte.

Aber beim Nachdenken während der Abfassung der Schrift *Vom Nutzen des Glaubens* konzentrierten sich seine Gedanken mehr auf einen anderen Aspekt: auf die Autorität. Der Glauben braucht eine Autorität, auf die er sich stützen kann. Um allgemeingültig und sicher zu sein, kann diese nur göttlicher Natur sein. Augustinus fand diese Autorität in der Heiligen Schrift. „Du überzeugtest mich, daß nicht denen Tadel gebührt, die an deine Schrift glauben, deren Autorität du in fast allen Völkern tief verwurzelt hast, sondern vielmehr denen, die nicht an sie glauben."[13] Dieses Vertrauen gründet in der Gewißheit über die göttliche Vorsehung, eine Gewißheit, die Monikas Sohn niemals verloren hatte und die ihm später im *Gottesstaat* bei der Erhellung der Rätsel der Menschheitsgeschichte behilflich sein wird.

„Da wir Menschen zu schwach sind, die Wahrheit allein durch die Vernunft zu finden, und somit der Autorität der Heiligen Schrift bedürfen, drängte sich mir nun der Gedanke auf, du hättest dieser Schrift nicht so außerordentliche Autorität unter allen Völkern der Erde verliehen, wenn es nicht dein Wille gewesen wäre, daß durch sie der Mensch an dich glaube und durch sie dich suche."[14]

Der Stil und die Geheimnisse der Schrift bedeuteten für Augustinus nun keine Schwierigkeit mehr. Er war inzwischen zu der Überzeugung gelangt, die von nun an häufig in seinen Werken[15] zum Ausdruck kommt: Der einfache Stil und die geheimnisvolle Tiefe des Inhalts der Schrift mindern nicht deren Autorität, sondern geben ihr gerade Gewicht. Zum einen ermöglichen sie allen den Zugang, zum anderen nur wenigen ein wirklich verstehendes Durchdringen. Die klare Ausdrucksweise und der schlichte Stil laden die gesamte Menschheit ein, bei ihr Zuflucht zu suchen, während die Tiefe der Geheimnisse die Fähigsten und Willigsten dazu anhält, in ihr verborgene Wahrheiten zu entdecken. „Ihre Autorität (die der heiligen Bücher) erschien mir um so verehrenswerter und glaubenswürdiger, als sie einerseits jedermann zugänglich ist, andererseits die Würde ihres Geheimnisses vor einem vollständigen Zugriff bewahrt.“[16]

All die schönen Gedankengebäude des Neunzehnjährigen stürzten nacheinander ein. In Augustinus wuchs jenes wertvolle Gefühl für das Geheimnis heran, das ihn ein Leben lang begleiten wird.[17] Beinahe den Umsturz seiner Positionen offenbarend, schließt er diesen Teil seiner Erzählung, indem er zu Gott spricht: „So dachte ich, und du standest mir bei; ich seufzte, und du hörtest mich; ich schwankte, und du lenktest mich; noch ging ich den breiten Pfad der Welt, doch du hast mich nicht verlassen.“[18]

Solch demütiges Vertrauen blieb nicht fruchtlos. Er machte einen weiteren entscheidenden Schritt in Richtung Glauben. Es wurde ihm klar, daß die Autorität der heiligen Bücher, die Quelle, aus der er nach seiner jetzigen Überzeugung Erkenntnis schöpfen mußte, eine weitere Autorität voraussetzt, die sie bewahrt und garantiert. Durch einen langen Denkprozeß überzeugte sich Augustinus, daß diese Autorität die katholische Kirche ist.[19]

Das hohe Ansehen, in dem der christliche Glaube in aller Welt stand, hatte ihn tief beeindruckt. Als bei einer Diskussion mit Freunden über die endgültige Bestimmung des Menschen die materialistische Idee auftauchte, wonach alles mit dem Tod zu Ende gehe, meinte er ergriffen: „Nein, ferne sei dieser Gedanke mir, daß dem so sei. Nicht zufällig und ohne Grund verbreitet sich die erhabene Autorität des christlichen Glaubens über den ganzen Erdkreis.“[20] Dieses *tam eminens culmen auctoritatis*, das an anderer Stelle mit *totum culmen auctoritatis* wiedergegeben wird, das heißt der absolute Gipfel der Autorität, beruht — so denkt auch Augustinus[21] — auf den Eigenschaften der Kirche, der einen katholischen, apostolischen, beständigen und fruchtbringenden Kirche.

Diese Einsicht klärt einen weiteren seiner früheren Fehlschlüsse, der ihn als Studenten dazu bewogen hatte, im Namen eines charismatischen

Christentums Christus der Kirche entgegenzustellen. Ferner ist sie Voraussetzung für eine der grundlegenden Thesen der augustinischen Apologetik, wonach das Leben der Kirche in sich schon einen Beweis ihrer Glaubwürdigkeit darstellt. Diese These entwickelte Augustinus insbesondere gegen seine ehemaligen manichäischen Glaubensbrüder.[22] In einer gegen sie gerichteten Schrift prägt er den bekannten Aphorismus: „Ich würde nicht ans Evangelium glauben, wenn ich nicht durch die Autorität der katholischen Kirche dazu veranlaßt wäre."[23]

Von jenem Zeitpunkt an, den wir nicht genau bestimmen können, der mit Sicherheit aber vor der Lektüre der Platoniker anzusetzen ist, trennte er die Kirche nicht mehr von Christus und erkannte nun auch wieder die Autorität der Kirche an, wie er immer die Autorität Christi anerkannt hatte. Nun hatte er jeden Zweifel hinter sich gelassen und eine sichere Orientierung gefunden. Kann man nun bereits von einer Wiedererlangung des verlorenen Glaubens sprechen?

Zur Beantwortung dieser Frage, die Anlaß zu ebenso zahlreichen Studien wie unterschiedlichen Meinungen gegeben hat[24], muß man meines Erachtens grundsätzlich zwischen dem formalen Motiv für den Glauben und seinem Inhalt unterscheiden. Formal hatte er den Glauben zwar wieder angenommen, bezüglich seines Inhalts hatte er jedoch noch keine klaren Vorstellungen. Er erkannte zwar das Autoritätsprinzip in Glaubensfragen an beziehungsweise hatte, so seine eigenen Worte, den „Leitstern, dem er sich anvertrauen konnte"[25], gefunden; die nötige Klarheit über einige grundlegende Aussagen des Glaubens hatte er allerdings noch nicht erreicht.

„Solche Gedanken bewegte ich in meinem armen Herzen, bedrängt von nagender Sorge, ich könnte sterben, bevor ich die Wahrheit gefunden hätte. Doch fest haftete in meinem Herzen der Glaube der katholischen Kirche, ... wenn auch vorerst ein noch vielfach unbestimmter Glaube, der die Grenzen der rechten Lehre überschritt; mein Geist aber ließ nicht ab davon, sondern Tag für Tag nahm er ihn tiefer in sich auf."[26]

Auf philosophischer Ebene war er noch immer in den Kategorien des Materialismus und Dualismus verfangen. Er hielt Gott für „unvergänglich, unantastbar und unwandelbar", und war fest überzeugt, daß man sich Gott und die Seele nicht als etwas Körperliches vorstellen darf; aber so sehr er sich auch bemühte, es gelang ihm nicht, sich ein unkörperliches Sein vorzustellen. Ein Sein ohne räumliche Ausdehnung schien ihm ein Nichts, ein absolutes Nichts.[27] Dieses Problem machte ihm ebenso zu schaffen wie die Frage nach dem Ursprung des Bösen. Dieses Problem, das schon den Neunzehnjährigen beschäftigt hatte und mit ausschlaggebend war für seinen Übertritt zum Manichäismus, stand immer noch ungelöst vor ihm.

Auch in theologischer Hinsicht waren noch viele Fragen offen; im besonderen eine, die den Kern des christlichen Glaubens berührt: die Inkarnation. Augustinus — es mag befremdlich wirken bei einem, der katholisch erzogen worden ist — verehrte in Christus „einen außergewöhnlich weisen Mann, der keinem anderen vergleichbar war. Daß er auf wunderbare Weise von einer Jungfrau geboren wurde und ein Vorbild war, wie man zeitliche Güter verachten müsse, um die Unsterblichkeit zu erlangen, verstand ich vor allem so, daß ihm die Vorsehung diese große Autorität des Lehramtes verliehen hatte. Welches Geheimnis die Worte: ‚Das Wort ist Fleisch geworden', in sich schlossen, konnte ich nicht einmal ahnen."[28] Doch diese Unwissenheit hinderte ihn nicht, sich im ganzen zu Christus und zur Kirche zu bekennen[29]; auch nicht das schmerzliche Bewußtsein seiner Unfähigkeit, sich ein geistiges Sein vorzustellen und die Frage nach dem Ursprung des Bösen zu lösen. Letzteres geht deutlich aus den *Bekenntnissen* hervor:

„Ich forschte nach dem Urgrund des Bösen, doch vergeblich. Du aber ließest nicht zu, daß mich die Flut der Gedanken dem Glauben entrissen. Ich glaubte an deine Existenz, an die Unwandelbarkeit deiner Substanz, an dein Sorgen für die Menschen, an deine Gerechtigkeit; ich glaubte, daß du in Christus, deinem Sohn und unserem Herrn, sowie in den von der Autorität deiner katholischen Kirche verbürgten Schriften der Menschheit den Weg zum Heil bereitet hast, hin zu jenem Leben, das nach dem Tod beginnen wird. Dies alles war fest in meiner Seele verankert, während ich mit leidenschaftlichem Eifer nach dem Urgrund des Bösen forschte."[30]

Kann man im theologischen Sinn des Wortes noch nicht von einer Bekehrung sprechen, so ist doch seine Anerkennung der Autorität der katholischen Kirche bereits ein entscheidender Schritt zu dieser Bekehrung.

XIV. Kapitel

Die Platoniker

Augustinus' Umkehr zum Glauben stand im Zeichen ausgeprägter intellektueller Ansprüche eines Denkers, der, wie sehr ihn auch danach verlangte, den letzten Schritt zur Hingabe an Gott nicht tun konnte, ohne erst eine Lösung für seine denkerischen Probleme zu finden.

Im besonderen mit dem Problem des Bösen war er nicht fertig und litt darunter. „Welche Qualen stand mein Herz in diesen Geburtswehen aus, welches Seufzen, mein Gott! Aber du warst da und hörtest es, ohne daß ich es wußte. Und während ich in der Stille unerschrocken forschte, wandelte sich die schweigende Not meines Herzens zu einem lauten Schrei nach deiner Barmherzigkeit. Du allein wußtest um mein Leid, und keiner von den Menschen."[1]

Solch schmerzliche Finsternis umgab ihn, als ihm im Frühjahr 386 die neuplatonischen Philosophen zu Hilfe kamen. „Du verschafftest mir durch Vermittlung eines von maßlosem Stolz beherrschten Mannes einige vom Griechischen ins Lateinische übersetzte Bücher der Platoniker."[2] „Von diesen Schriften ermahnt, wieder zu mir zu finden, ging ich in mich. In mir sah ich mit dem Auge meiner Seele, über meinen Verstand hinaus, ein unwandelbares Licht."[3]

Diese für die Entwicklung des augustinischen Denkens zweifellos entscheidende Lektüre und Erfahrung hat die Aufmerksamkeit zahlreicher Forscher gefunden, die zu klären versucht haben, wer der Ungenannte gewesen sei, der ihm die Bücher der Platoniker verschaffte[4], um welche Platoniker es sich gehandelt[5], welche Bücher er gelesen hat[6] und welchen Einfluß diese Bücher auf seine Bekehrung hatten[7].

Die neuplatonischen Philosophen, auf die Augustinus am häufigsten zu sprechen kommt, sind zweifellos Plotin und Porphyrios. Uns interessiert vor allem, was er in ihren Schriften fand, was er nicht darin fand und was er ablehnte. Gefunden hat er darin vor allem den Aufruf zur Innerlichkeit. Jene Schriften sprechen immer wieder davon: „Die Seele muß sich in Abkehr von allem Äußerlichen gänzlich nach innen wenden."[8] — „Geh in dich und finde zur Beschaulichkeit"[9], betrachte das unwandelbare Licht der Wahrheit. Das wurde zu einer großen Entdeckung für Augustinus. Bis zu jenem Moment war er bei den äußerlich wahrnehmbaren Wirklichkeiten stehengeblieben. Nun wurde ihm nahegelegt, sie zu überwinden und höher aufzusteigen, sich im Licht der Wahrheit zu verankern, das den Geist erleuchtet, damit er das Wahre vom Falschen unterscheiden kann.

„Wenn ich also fragte, wovon mein bestimmtes Urteil eigentlich bestimmt sei, so stieß ich jenseits meines doch selbst auch wandelbaren Verstandes auf eine unwandelbare und in sich ewig feste Wahrheit. So stieg ich Stufe um Stufe empor, von der Körperwelt zu der durch den Körper empfindenden Seele, weiter zu ihrer inneren Auffassungsgabe, an die sich die körperlichen Sinne mit ihren Wahrnehmungen über die Außenwelt wenden und die auch noch dem Erkennen des Tieres eigen ist. Und ich gelangte noch weiter zur Kraft der Vernunft, bei der das Urteil über die sinnlichen Wahrnehmungen liegt. Indem sich nun auch diese Urteilskraft noch als wandelbar in mir erfuhr, erhob sie sich zur rein geistig schauenden Selbstdurchdringung; sie befreite ihr Denken aus den Bahnen der Gewohnheit und entzog sich dem widersinnigen Wirrwarr der Trugbilder, um das Licht zu finden, das sie überstrahlt, sobald sie bestimmt erklärt hatte, das Unveränderliche sei höher zu stellen als das Veränderliche.“[10]

Nun erahnte er zu seinem größten Staunen eine Realität, die sich zutiefst von der durch die Sinne wahrgenommenen oder dargestellten Wirklichkeit unterschied, aber deshalb nicht weniger wirklich, ja vielmehr gerade aus diesem Grund gänzlich wahr erschien: die von der Vernunft her erfaßbare Wirklichkeit.[11] „Ich fragte: Ist etwa die Wahrheit ein Nichts, weil sie sich weder im endlichen noch im unendlichen Raum erstreckt? Da riefst du mir aus der Ferne zu: Mehr noch, ich bin es, der ich bin!“[12] Denn *id vere est, quod incommutabiliter manet* (das ist wahrhaftig, was unveränderlich bestehen bleibt), eben die Wahrheit. Somit war die materialistische Anschauung, die seinen Geist lange Zeit beherrscht hatte, endgültig überwunden.

Außer dem Innerlichkeitsprinzip fand er bei den Neuplatonikern das Prinzip der Teilhabe, wonach alle Dinge aus Gott hervorgehen und zugleich Teilhabe und Nachahmung Gottes sind. Im Menschen, der nicht nur existiert, sondern auch denkt und liebt, ist Gott gegenwärtig als derjenige, der Erleuchtung und Glück schenkt. Denn Gott — so faßt der Autor des *Gottesstaates* diese Lehre der Neuplatoniker zusammen —

„ist der Urgrund des geschaffenen Alls, das Licht der erfaßten Wahrheit, der Quell der zu erlangenden Glückseligkeit“[13].

Schließlich fand er bei den Neuplatonikern den wahren Begriff des Bösen. Jene Philosophen vermittelten Augustinus die Einsicht, daß das Böse keine Substanz, sondern eine Privation ist; daß daher das Böse nur im Guten bestehen kann, dem es Schaden und Verderben bringt. Das Gute kann also ohne das Böse bestehen — und dieses Gute ist das höchste Gut —, während das Böse nicht ohne das Gute existieren kann: Es wäre das Nichts. „Auch offenbarte sich mir folgendes klar: Da es Güter gibt, die vergänglich sind, können es nicht höchste Güter sein; und Dinge, die keine Güter sind, können nicht verderben. Als höchste Güter wären sie unverderblich; wären es keine Güter, so hätten sie in sich selbst nichts Verderbliches. Die Verderbnis aber ist ein Schaden; doch es gibt keinen Schaden ohne Verringerung des Guten. Demnach ist entweder die Verderbnis kein Schaden, was nicht sein kann, oder — und das ist gewiß wahr — alle verderblichen Dinge erleiden eine Privation des Guten. ... Somit ist alles Bestehende gut, und das Böse, nach dessen Ursprung ich forschte, ist keine Substanz. ... So wurde mir deutlich offenbar, daß du alle Dinge gut geschaffen hast und es keine Substanz gibt, die du nicht geschaffen hast.“[14] Die Abwegigkeit des manichäischen Dualismus war nun ein für allemal stichhaltig bewiesen. Augustinus sollte viele Jahre seines Lebens und viel Mühe auf die Erläuterung und Verfechtung dieser Argumentation wider die Manichäer verwenden. Es erübrigt sich zu erläutern, auf wie meisterhafte und unvergleichlich schöpferische Art er die Wahrheiten, die er beim Lesen der Neuplatoniker erahnte, später vertieft und zum Stützpfeiler seines philosophischen Systems machte. Augustinus glaubte in den Büchern der Platoniker auch den ersten Teil des Prologs des Johannesevangeliums zu finden: die göttliche Natur des *Wortes*, die Schöpfung der Welt, der Kampf zwischen Licht und Finsternis, die Erleuchtung der Seele, die Zeugnis für das Licht ablegt, aber nicht das Licht selbst ist, die Glückseligkeit derer, die sich durch Teilhabe an der Fülle des *Wortes* täglich erneuern und Weisheit erlangen.

In jenen Büchern fand er hingegen nicht den zweiten Teil des Johannes-Prologs, der für das Christentum nicht weniger grundlegend ist als der erste. „Aber daß das Wort Fleisch wurde und unter uns gewohnt hat, das fand ich in jenen Büchern nicht beschrieben.“[15] Die oberflächliche Lektüre erlaubte ihm damals nicht die Einsicht, daß diese Grundwahrheit in jenen Schriften nicht nur fehlte, sondern als barbarische Mythologie verworfen und offen als unmöglich erklärt wird. Demnach hatte er weder Plotins *Gegen die Gnostiker*[16] noch des Porphyrios *Gegen die Christen*[17] gelesen. Dieser tiefe Gegensatz zwischen Hellenismus und Christentum wurde ihm erst später bewußt.[18]

Doch Augustinus erkannte sofort den Polytheismus jener Philosophen, den er entschieden zurückwies. Wohl erkannten letztere den einzigen Gott an. Jedoch ohne den Kult niederer Gottheiten auszuschließen: Der herkömmliche Götzenkult wurde also praktisch geduldet und theoretisch gerechtfertigt.[19] Wie Augustinus selbst es in einem Vergleich zum Ausdruck bringt, war sein Verhalten dem der Juden ähnlich, die beim Auszug aus Ägypten das Gold der Ägypter mit sich forttrugen[20]: Er eignete sich an, was er an Wahrem in jenen Büchern fand, und ließ die Irrtümer beiseite.[21] Was er da aber gefunden hatte, war so klar und großartig, daß er meinte, das ersehnte Ziel erreicht zu haben. Doch es lag noch fern!

XV. Kapitel

„So griff ich nach dem Apostel Paulus“

Es stellte sich ihm nun ein weiteres Hindernis entgegen, mit dem er nicht gerechnet hatte: der Naturalismus. Bisher galt seine Sorge stets der Weisheit und nicht dem Weg, auf dem man zu ihr gelangen kann. Der *Hortensius* weckte in ihm die Liebe zur Weisheit; mit dem Manichäismus verlor er den rechten Begriff davon, fand ihn jedoch dank der Neuplatoniker wieder. Auf welchem Wege und mit welchen Mitteln er in den Besitz der Weisheit gelangen könne, das fragte er sich nicht. Für diese Frage geben weder Cicero noch die Manichäer noch die Neuplatoniker eine Lösung, nicht einmal im Ansatz. Die Manichäer hielten sich selbst für die göttlichen „Heilsbringer“. Der Grundanschauung des Heidentums entsprechend vertraten die Neuplatoniker einen mit Hilfe der Vernunft und aus eigener Kraft bewerkstelligten „Aufstieg“ zum Reich der Ideen, daß man also die Glückseligkeit nicht mittelbar, sondern direkt, nicht durch Gottes Hilfe, sondern kraft der eigenen Natur erlangen kann. „Ich kämpfe“, soll der sterbende Plotin geäußert haben, „ich kämpfe, um das Göttliche, das in mir ist, wieder dem Göttlichen, das in dem Alles ist, zuzuführen.“[1]

Als Augustinus mit Hilfe der Platoniker das wahre Antlitz der Weisheit erkannte, glaubte er, er brauche sich ihr nur zuzuwenden, sie aus ganzer Seele zu erstreben und von ihr Besitz zu ergreifen. Das versuchte er auch, doch vergeblich. So wurde seine Überschwenglichkeit in die Grenzen gewiesen; er begab sich erneut auf die Suche, und da stellte sich ihm ein neues Problem. In seinem ersten Werk beschreibt er selbst die Phasen dieser neuen Erfahrung:

„Einige Bücher entfachten ein unsagbares Feuer in mir. Eilig kehrte ich in mein Inneres zurück. Da warf ich einen Blick auf die Religion, die ich als Kind kennengelernt hatte und die tief in meine Seele gesenkt worden war; in Wirklichkeit aber zog sie mich, ohne daß ich es merkte, zu sich. Und so griff ich ... nach dem Apostel Paulus ... und las ihn mit großer

Aufmerksamkeit und Hingabe ganz durch ...; da erst enthüllte sich mir das Antlitz der Philosophie in seiner ganzen Größe."[2]

Die *Bekenntnisse* helfen uns, dieses Feuer in der Seele des Augustinus besser zu verstehen, und berichten, daß es in den Versuch einer „ekstasis" einmündete. Stufe um Stufe stieg er von den Körpern zur Seele auf; innerhalb der Seele dann von der Empfindungsfähigkeit, die auch die Tiere haben, hin zur Verstandestätigkeit und von dieser zur vom unwandelbaren Licht erleuchteten Vernunft. „So gelangte ich in einem Augenblick bangen Schauens hin zum Sein selbst; doch ich vermochte nicht den Blick daran festzumachen. In meiner Schwäche glitt mein Auge ab, und ich kehrte ins Gewohnte zurück; was ich davon noch in mir trug, war nur eine schöne Erinnerung daran, bei der ich ein Verlangen verspürte, als hätte ich von einer Speise gekostet, die zu essen ich noch nicht fähig war."[3]

Auch wenn sie mit einem Mißerfolg endete, war dies eine sehr wertvolle Erfahrung. Sie führte zu zwei Einsichten: einmal zu der Erkenntnis, daß Gott unwandelbares Licht und für sich selbst bestehende Wahrheit ist; dann zur Einsicht, daß der schwache und sündige Mensch allein aus eigener Kraft nicht zu Gott gelangen kann. Die letztere war nicht weniger bedeutsam als die erstere. Augustinus beginnt den Unterschied zu begreifen „zwischen denen, die das zu erreichende Ziel, aber nicht den Weg sehen, und jenen, die den Weg kennen, der zum seligen Vaterland führt, um es nicht nur zu schauen, sondern auch darin zu wohnen"[4]. So ging es also vor allem darum, diesen Weg zu suchen.[5] „In heißem Begehren stürzte ich mich auf die ehrwürdige Schrift deines Geistes und allem voran auf den Apostel Paulus."[6]

Mit 19 Jahren schon hatte er, angeregt durch die Lektüre des *Hortensius*, nach der Heiligen Schrift gegriffen.[7] Mit 32 Jahren tat er dasselbe. Nachdem er die Neuplatoniker gelesen hatte, die seine Begeisterung für das Ziel weckten, indem sie ihm dessen Schönheit zeigten, doch keinen Weg wiesen außer jenem unzulänglichen und trügerischen der Vernunft und einer sich selbst überlassenen menschlichen Natur, wandte er sich erneut der Heiligen Schrift zu. Und diesmal mit Erfolg: Seine innere Bereitschaft hatte sich gewandelt.[8]

Beim Lesen bemerkte er, daß sich bei Paulus das fand, was er in den Büchern der Platoniker gelesen hatte — oder gelesen zu haben meinte
te
das unsagbare Geheimnis Christi, dessen Tiefe ihm noch nicht bewußt war.[9] Durch die Schriften des Apostels findet Augustinus zur Begeg-

nung mit Christus. Nicht nur mit Christus als Meister, wie er ihn seit jeher sah, sondern mit Christus als dem fleischgewordenen *Wort*, dem Erlöser der Menschen, dem Quell aller Gnaden. Im übrigen lernte er die Demut kennen, die die eigene Unzulänglichkeit bekennt und Gnade erfleht, das Opfer des Lobes, mit dem man Dank sagt für die göttlichen Gaben und für das Unterpfand des Heiligen Geistes, auf dem unsere Hoffnung gründet, daß wir das Ziel erreichen.

"Ich suchte den Weg, auf dem ich genügend Kraft gewänne, in dir meine Freude zu finden. Ich sollte ihn aber erst finden, als ich mich an den Mittler zwischen Gott und den Menschen, den Menschen Jesus Christus klammerte ..., denn das Wort ist Fleisch geworden, auf daß deine Weisheit, durch die du die Welt geschaffen hast, zur Milch für uns schwache Kinder werde."[10] — „Jene Schriften (der Neuplatoniker) enthalten diese Wahrheiten nicht; aus ihnen sprechen nicht die Züge solcher Frömmigkeit, nicht die Tränen des Bekenntnisses, und sie sprechen nicht von deinem Opfer, dem zerknirschten Geist und dem erniedrigten Herzen; sie wissen nichts vom Heil deines Volkes, der bräutlichen Stadt, dem Unterpfand des Heiligen Geistes und vom Kelch unserer Erlösung."[11]

Am Ende dieses langen und mühevollen Wegs, der nach und nach zur Beseitigung so vieler Irrtümer führte, zeigte sich ihm endlich das Antlitz der „Philosophie" — die „Philosophie" des heiligen Paulus, die „Philosophie" des Schöpfergottes, dessen „unsichtbare Wirklichkeit von der Vernunft erfaßt wird in den Werken der Schöpfung, seine ewige Macht und Gottheit" (Röm 1,20); die „Philosophie" Christi, „Gottes Kraft und Gottes Weisheit" (1 Kor 1,24), „das Ebenbild des unsichtbaren Gottes, der Erstgeborene der ganzen Schöpfung" (Kol 1,15), der „sich entäußerte und wurde wie ein Sklave" (Phil 2,7), damit er „uns zur Weisheit und Gerechtigkeit, Heiligung und Erlösung" (vgl. 1 Kor 1,30) gereiche; die „Philosophie" des Kreuzes und der christlichen Demut. Augustinus warf sich vor, diese „Philosophie" der Demut nicht schon vor der Lektüre des heiligen Paulus erkannt zu haben: „Mein Mangel an Demut ließ mich nicht die Demut meines Gottes Jesus Christus begreifen, noch verstand ich, was seine Schwachheit hätte lehren sollen."[12] Er rügte die Neuplatoniker, genau dies nicht annehmen zu wollen. „Weshalb ... sträubt ihr euch gegen das Christsein, wenn nicht deswegen, weil Christus in Demut gekommen ist, während ihr anmaßend seid?"[13]

Skepsis, Materialismus, Naturalismus sind für Augustinus nun überwunden; er hat zu Christus, dem Erlöser, gefunden. Jetzt kennt er das zu erreichende Ziel und den Weg dorthin.

XVI. Kapitel

Antonius — ein Vorbild

Eine Bekehrung, zumal bei einem Menschen wie Augustinus mit hohen geistigen Ansprüchen und moralischen Vorstellungen, ist eine tiefgreifende Wirklichkeit; sie hängt von verschiedenen Elementen ab. Wäre es um ein dem Evangelium gemäßes christliches Leben gegangen, hätte er keine Probleme gehabt. Bei seiner Strenge und seinem Großmut, bei seiner Treue der Lebensgefährtin gegenüber und seiner Fürsorglichkeit als Vater hätte er die Taufe empfangen und die Ehe schließen können. Er wäre ein guter Christ, ein guter Verwalter und in seiner Freizeit Philosoph gewesen; einer von vielen, deren Namen und Taten uns die Geschichte überliefert hat.

Augustinus aber strebte nach Höherem, er wollte allen irdischen Hoffnungen absagen, um sich in großer Freiheit der Weisheit zu widmen.

Nachdem er erneut und aufmerksam die Heilige Schrift gelesen hatte, lebte in ihm der Drang wieder auf, der dem Neunzehnjährigen jenen edlen Vorsatz eingab. „Ich konnte mich nicht länger auf die einstige Entschuldigung berufen, mit der ich mich sonst gern beschwichtigte, daß ich nur deshalb noch nicht der Welt den Rücken gekehrt hatte und dir diente, weil ich die Wahrheit noch nicht mit Gewißheit erkannt hätte. Nunmehr war auch die Wahrheit zur Gewißheit geworden.“[1]

Augustinus hatte vor allem drei Hürden zu überwinden: Reichtum, äußeres Ansehen und die Bindung an eine Frau.

Durch die Lektüre des *Hortensius* lernte er schon in jungen Jahren, nicht dem Reichtum nachzustreben und diesen zu nichts anderem als „zum Lebensunterhalt und für wohltätige Zwecke“[2] zu verwenden. Das Trachten nach äußerer Anerkennung blieb länger in ihm lebendig und ließ ihn von Tagaste nach Karthago, von Karthago nach Rom und von Rom nach Mailand ziehen. Jetzt wich auch das Erfolgsstreben der Liebe zur Weisheit. Die Lehrtätigkeit wurde ihm zur Last. Als ihm Simplicianus von Victorinus erzählte, wie dieser sich dem Gesetz des Kaisers Julian, das den Christen verbot, Grammatik und Rhetorik zu unterrichten, gebeugt und nach seiner Bekehrung das Lehramt niedergelegt hatte, sah Augustinus dies eher als ein Glück an denn als mutigen Akt. Das habe ihm die Möglichkeit gegeben, sich gänzlich Gott zu widmen. „Auch ich strebte sehnlich danach", kommentiert er, „aber ich fühlte mich gebunden, nicht von den Fesseln des Willens anderer, sondern von den Fesseln meines eigenen Willens."[3] Diese Bindung war die Liebe zu einer Frau.

Augustinus war entschlossen zu heiraten. In langen Gesprächen mit Alypius versuchte er, den Freund davon zu überzeugen, daß sie auch als Verheiratete gemeinsam der Weisheit nachspüren könnten. Der Freund bestritt das, aber Augustinus widerstand ihm beharrlich mit „dem Beispiel all derer, die als Verheiratete die Weisheit gepflegt, sich vor Gott verdient gemacht und in treuer Liebe an ihren Freunden festgehalten hatten"[4]. Der Plan eines Philosophen-„Klosters" scheiterte an der Gegenwart der Frauen, was Alypius recht gab, Augustinus aber nicht entwaffnen konnte.[5] Seine Mutter Monika drängte ihn zur Heirat. Für sie, eine kluge und praktisch denkende Frau, konnte der Sohn nur in der Ehe jenes christliche Ideal verwirklichen, dem er sich immer mehr näherte.

Ja, sie war es — so lassen die *Bekenntnisse* vermuten —, die sich auf die Suche nach einer Frau für Augustinus machte. Warum dachte man nicht daran, die Verbindung mit der Mutter des Adeodatus zu legitimieren? Unserem heutigen Empfinden nach scheint das die logischste, ja die einzig rechte Lösung. Aber dazu kam es nicht. Nicht aus Mangel an Liebe; Augustinus liebte jene Frau, die 14 Jahre lang an seiner Seite gelebt hatte und der er stets treu gewesen war. Er litt sehr unter der Trennung von ihr, was aus den *Bekenntnissen* hervorgeht. Der Grund war ein anderer: Jene Frau bedeutete ein Ehehindernis. Die *Bekenntnisse* klären uns nicht darüber auf, warum sie ein Hindernis darstellte. Somit müssen wir Vermutungen anstellen — mit der damit verbundenen Unsicherheit und Gefahr. Weswegen ein „Hindernis für die Heirat"? Aus geistigen, wirtschaftlichen oder gesellschaftlichen Gründen? Alle drei Annahmen sind möglich und ins Feld geführt worden. Der wahre Grund wird wohl der dritte gewesen sein. Wenn die Mutter des Adeodatus — wie anzunehmen ist — von niederer Herkunft war, dann verwehrte das Zivilrecht eine vollgültige Ehe. Jedenfalls kann weder von Gefühllosigkeit noch von Schuld die Rede sein: Das Ganze, wenngleich schmerzlich, muß allen als unumgänglich erschienen sein, sogar dem gestrengen Alypius; auch der Betroffenen selbst, die sich dessen von Anfang an bewußt gewesen sein dürfte. Es gebietet Achtung für die

Mutter des Adeodatus, die Augustinus alles gab und nichts forderte. Als ihr klar wurde, daß sie ein Hindernis für die Neuorientierung seines Lebens war, kehrte sie nach Afrika zurück, überließ ihm den Sohn und „gelobte Gott, nie mehr einem anderen Mann zu gehören“[6].

Mittlerweile bahnten sich neue Entwicklungen an, die das Leben des Augustinus in eine neue Richtung weisen sollten. Der Kontrast zwischen seinem inneren Streben und dem Alltag vertiefte sich immer mehr. Zur Stimme der Philosophie, die ihm um der eigenen Seele Freiheit willen nahelcgte, der Heirat zu entsagen[7], hatte sich die Stimme des heiligen Paulus und des Evangeliums gesellt, die, ohne den Ehestand zu untersagen, mit geheimnisvollen Worten zu einem anderen Stand einlädt, zur vollkommenen Enthaltsamkeit[8]. In jugendlichen Jahren hatte Augustinus zu Gott gebetet: „Gewähre mir Keuschheit und Enthaltsamkeit, aber nicht sogleich.“[9] Jetzt empfindet er die Notwendigkeit zu beten, daß ihm das sogleich gewährt wird. Es festigt sich immer mehr in ihm die Überzeugung, es sei besser, sich der Gottesliebe zu weihen, als der eigenen Leidenschaft nachzugeben. Zur Befreiung von den Fesseln der Leidenschaft tragen zwei Begebenheiten bei: die Erzählung des Ponticianus und die Stimme, die spricht: *Tolle, legge!* (Nimm und lies!).

Ponticianus, ein Afrikaner, der eine hohe Stellung am kaiserlichen Hof innehatte, besuchte Augustinus. Als er mit Staunen auf dem Tisch die Paulusbriefe entdeckte, brachte er das Gespräch auf die (von Athanasius verfaßte und seit einigen Jahrzehnten im Abendland verbreitete) Biographie des Antonius. Er erzählte die Geschichte, wie in Trier zwei Militärbedienstete beim Lesen dieser Lebensbeschreibung ihre Verlobten verließen und sich Gott weihten. Ferner erwähnte er das vor den Toren von Mailand gelegene, von Ambrosius geleitete Kloster.[10] Das waren für Augustinus wunderbare und neue Dinge. Er hatte keine Ahnung davon, daß es in der katholischen Kirche eine solche Blüte gottgeweihten Lebens unter Männern gab. Diese Entdeckung bewegte ihn sehr und bereitete die Lösung seines innerlichen Dramas vor. Angesichts all dieser Vorbilder schämte er sich seiner selbst, wurde sich seiner Engherzigkeit bewußt. Er fühlte ein nie verspürtes Bedürfnis nach Einsamkeit. Kaum war Ponticianus fortgegangen, zog sich Augustinus, vom unzertrennlichen Alypius gefolgt, in den ans Haus grenzenden Garten zurück und ließ seinen Tränen freien Lauf.[11]

Wie lange Augustinus diesen Kampf mit sich selbst zu führen hatte, wissen wir nicht. Seine Entscheidung wurde beschleunigt durch eine Stimme, die mehrmals wiederholte: „Nimm und lies, nimm und lies!“ Da er sich nicht daran erinnern konnte, beim Spielen eine solche Stimme gehört zu haben, nahm er sie als eine himmlische Weisung, erhob sich und kehrte zu Alypius zurück. Augustinus öffnete die Paulus-Briefe und las den Vers, der ihm als erster unter die Augen kam: „Laßt uns ehrenhaft leben wie am Tag, ohne maßloses Essen und Trinken, ohne Unzucht und Ausschweifung, ohne Streit und Eifersucht“ (Röm 13,13). Seine Zweifel waren zerstreut[12], die Entscheidung gefallen. „Du hast mich zu dir bekehrt, daß ich weder eine Frau suchte noch irgendeine Hoffnung dieser Welt.“[13]

XVII. Kapitel

Von *Contra Academicos* zu *De vera religione*

Die Bekehrung war für Augustinus gleichzeitig Ziel und Ausgangspunkt. Er war zum Glauben gekommen, brannte aber vor Ungeduld, tiefere Kenntnis von ihm zu gewinnen. Er hatte sich aus Liebe zur Weisheit von den irdischen Dingen losgesagt. Er widmete Manlius Theodorus den Dialog *Über die Glückseligkeit*, wo er in großen Zügen den Weg seiner inneren Entwicklung nachzeichnete und folgendermaßen schloß:

„Du siehst, in welche Philosophie ich gleichsam wie in einen Hafen eingemündet bin. Doch auch dieser Hafen hat beachtliche Ausmaße, und seine Größe, wenngleich schon weniger gefahrvoll, schließt eine Irrfahrt nicht völlig aus. Denn ich weiß nicht, welcher Gegend des Festlandes ich mich zuwenden und wo ich anlegen soll; in einer einzigen nur findet sich wirklich das Glück. Was habe ich denn Festes, ich, für den das Problem der Seele noch immer in Bewegung ist? Deshalb beschwöre ich dich bei deiner Tugend, bei deiner Güte, bei deiner Verbundenheit und bei der Gemeinschaft unserer Seelen: Reiche mir deine Rechte... Ist dies mir erst sicher, dann werde ich mit wenig Mühe, ja mit Leichtigkeit zum Glück selbst gelangen, an dem du, wie ich annehme, schon teilhast.“[1]

Im Dialog *Über die Ordnung* sagt er über die gleiche Zeit zu seiner Mutter:

„In dich, Mutter, setzen wir Vertrauen, daß unsere Bestrebungen sich erfüllen möchten durch den Glauben. Ich glaube mit aller Gewißheit und behaupte: Gott hat mir dank deiner Gebete die Gesinnung gewährt, nichts anderem den Vorzug zu geben, auf nichts anderes mein Wollen, mein Denken und meine Liebe zu richten als auf die Wahrheit. Im übrigen glaube ich, daß wir kraft deines Gebetes solch großes Gut auch erreichen werden, nach dem wir dank deiner Verdienste streben.“[2]

Augustinus sah eine zweifache Aufgabe vor sich: eine intellektuelle und eine asketische. Er fühlt sich nun, wie ihn die sterbende Mutter[3] bezeichnet: als ein Diener Gottes, doch er bleibt auch stets, was er von jeher gewesen ist: ein Philosoph. Ihm schien, daß seine Entscheidung ihm sogar größere Möglichkeiten eröffnete für das philosophische Arbeiten, das er von jetzt ab in den Dienst des Glaubens stellen wollte. Der Denker wurde zum Apostel.

Seine gedankliche Ausgangsposition hat er auf den letzten Seiten der Schrift *Contra Academicos* dargelegt:

„Niemand zweifelt daran, daß wir durch das doppelte Gewicht von Autorität und Vernunft zum Lernen gedrängt werden. Bei mir nun steht der Entschluß fest, mich in keiner Weise von der Autorität Christi zu entfernen; denn eine stärkere finde ich nicht. Was aber durch subtile Vernunft erforscht werden muß: ich bin bereits so eingestellt, daß ich voller Ungeduld mich danach sehne, die Wahrheit nicht nur vom Glauben her, sondern auch mit dem Verstand zu erfassen."[4]

Sein asketisch-mystisches Konzept läßt sich mit den Worten der *Alleingespräche* zusammenfassen. Um Gott zu schauen, „benötigt die Seele dreierlei: Sie muß Augen haben, die sie gut einsetzen kann, sie muß hinsehen und wahrnehmen. Gesunde Augen heißt soviel wie eine Geisteskraft, die frei ist von allem Körperlichen, das heißt frei und rein von jeder Begierde nach vergänglichen Dingen." Das asketische Bemühen vollzieht sich im Hinblick auf die mystische Erfahrung.

Sein apostolisches Konzept — ein geistig ausgerichtetes Apostolat — geht aus seinem ersten Brief hervor. Es hat das hochgesteckte Ziel, den Menschen die Hoffnung zu vermitteln, daß sie die Wahrheit finden werden. „In unserer Zeit, in der es keine Philosophen mehr gibt außer jenen, die sich abgeschirmt haben (und solchen kann nach meiner Auffassung eine so ehrwürdige Bezeichnung wahrlich nicht gebühren), scheint mir die Notwendigkeit geboten, die Menschen zur Hoffnung, die Wahrheit zu finden, zurückzuführen, für den Fall, daß die Ansichten der Akademiker durch subtile Argumentation jemanden davon abgebracht haben, nach dem Verständnis der Dinge zu streben."[5]

Er machte sich gleich ans Werk. Augustinus unterrichtete noch bis zu den nächsten Ferien und gab dann seinen Lehrstuhl ab. Er zog sich in die Einsamkeit der Brianza zurück und bereitete sich mit einem intensiven inneren Leben — gleichermaßen intellektuell wie asketisch — auf die Taufe vor.

Von nun an ist das Leben des Augustinus ganz und gar von diesem zweifachen Aspekt geprägt, bis die Vorsehung es in neue Bahnen lenkt; in Cassiciacum, in Mailand, in Rom und in Tagaste. Nur im Licht dieses Miteinanders von intellektuellem Bemühen und Askese kann man die wahre Persönlichkeit des Bekehrten verstehen.

CASSICIACUM

In den ersten Novembertagen des Jahres 386 traf Augustinus in dem Haus in Cassiciacum ein, das ihm sein Freund Verecundus zur Verfügung gestellt hatte. Mit ihm waren seine Mutter, sein Bruder Navigius, sein Freund Alypius, die Mitbürger und Schüler Trigetius und Licentius, die Vettern Lastidianus und Rusticus und sein Sohn Adeodatus. Bereits am 9. oder 10. November nahm man die philosophischen Gespräche auf.

Die 15 im November stattgefundenen Diskussionen kreisten um drei Grundthemen: die Gewißheit der Erkenntnis, die Glückseligkeit und das Böse. Ferner dachte Augustinus über die Notwendigkeit der Läuterung und die Unsterblichkeit der Seele nach. Vier Werke waren das Ergebnis dieser Gespräche: *Gegen die Akademiker*, *Über die Glückseligkeit*, *Über die Ordnung* und die *Selbstgespräche.* Die behandelten Themen — vier metaphysische und ein moralisches — gehörten in den Rahmen eines umfassenden Programms der christlichen Philosophie, das sich Augustinus vorgenommen hatte.

Er begann mit der Erkenntnistheorie, die der Grund aller Philosophie ist. Gegen den um sich greifenden Skeptizismus mußten die Menschen die Hoffnung, die Wahrheit zu finden, zurückgewinnen. Deshalb verfaßte er die Schrift *Gegen die Akademiker*, und zwar nicht, weil er — wie behauptet wird — selbst noch dem Skeptizismus mehr oder minder verhaftet war, sondern weil er sich und anderen den Weg des Forschens von allen Hindernissen freiräumen wollte.

Gewiß, die Argumente der Akademiker verwirrten ihn auch, aber nicht wegen ihrer Aussagekraft, sondern aufgrund des Respekts, den er jenen Philosophen entgegenbrachte. Die Argumentation der Akademiker ließen Augustinus zu dem Schluß kommen, daß die Skepsis nicht Bestandteil ihrer Lehre ist, sondern eher ihrer Methodik.

Neben dem Thema der Gewißheit stellte sich das nicht weniger grundlegende der Seligkeit, nämlich die Fragen nach deren Bedingungen, Wesen und Gegenstand. Augustinus kam zu dem Schluß: Das

Glück besteht einzig und allein in der vollkommenen Gotteserkenntnis.[6] Ferner wurde das Thema des Bösen in Angriff genommen. Gehören die guten wie die bösen Dinge der Ordnung der Vorsehung an? Augustinus tendierte zu einer positiven Beantwortung. Als er aber bemerkte, daß die Erörterung die Kräfte seiner Gesprächspartner (und vielleicht auch die eigenen) überstieg, verlieh er der Diskussion Unterrichtscharakter, indem er auf die Methode verwies, von den körperlichen zu den geistigen Dingen aufzusteigen.[7] Bei der Frage nach Tod und Unsterblichkeit aber brach die Leidenschaft für die Wahrheit am stärksten hervor. Hier bestanden keine Schwierigkeiten von seiten der Gesprächspartner, und er konnte zu den Gedankengängen der Metaphysik fortschreiten.

Wer nur die Grundlinien dieser Diskussion[8] betrachtet, könnte im Augustinus von Cassiciacum lediglich einen Philosophen sehen, ja, wie sogar behauptet wurde, einen noch nicht ganz christlichen Philosophen. Vertieft man sich hingegen in alle Einzelheiten, begegnet man nicht nur dem Christen, der an die Trinität, an die Gottheit Christi, an die Geheimnisse der Kirche glaubt, sondern auch dem Asketen, der eine einfache, strenge Lebensführung und den Gipfel der Kontemplation anstrebt. In den *Bekenntnissen* werden diese Gesichtspunkte bekräftigt und erweitert.

Sein Tag begann[9] und schloß[10] mit dem Gebet. Die halbe Nacht verbrachte er mit Meditation[11] und vergoß oft genug Tränen[12]. Tagsüber war er mit philosophischen Diskussionen, mit häuslichen Angelegenheiten sowie mit der Unterweisung seiner Schüler Trigetius und Licentius beschäftigt. Bei Tisch hielt er sich nicht lange auf; er aß nur, was zur Stillung des Hungers unbedingt nötig war, was er mit der scherzhaften Bemerkung umschrieb, der Beginn der Mahlzeit falle ja immer mit ihrem Ende zusammen[13].

Von seinem geistigen Leben zeugen das lange, den *Alleingesprächen* vorangestellte Gebet und deren erstes Buch. Letzteres offenbart uns, bis zu welchem Grad der Askese er gelangt war und von welchen Wunden er den Herrn noch um Befreiung bat.[14] Das waren vor allem die Laster der jüngsten Vergangenheit, die in seiner Vorstellung noch lebendig waren und seine Seelenstärke auf die Probe stellten oder ihn zumindest seine Unzulänglichkeiten spüren ließen. Gegen die Leidenschaft, die mittlerweile überwunden, aber noch nicht völlig gebändigt war, fand Augustinus als Hilfen das Gebet, Demut und Gottvertrauen, und zwar in der Gewißheit, daß Gott ihn einst die absolute Schönheit schauen lassen würde. Betrübt antwortete er dem Verstand, der ihm diesen inneren Zustand in Erinnerung rief:

„Schweig doch bitte, schweig! Was quälst du mich? Weshalb schürfst du so tief und gehst so weit? Kaum kann ich mich der Tränen erwehren. Jetzt setze ich nicht mehr auf meine Versprechungen und meine vermessenen Vorsätze. Bitte nimm Abstand davon, mich dahingehend beim Wort zu nehmen! Es besteht kein Zweifel darüber, wenn du sagst, gerade jener, den ich sehnlichst sehen möchte, werde schon wissen, wann ich gesund bin. Er möge tun, was er für gut hält. Wenn er es für gut hält, soll er sich mir zeigen! Von nun an vertraue ich mich ganz seiner gnadenreichen Fürsorge an. Ein für allemal steht mein Glaube unerschütterlich fest, daß Gott unaufhörlich denen beisteht, die sich mit dieser Gesinnung an ihn wenden. Nichts soll mehr über meine Lippen kommen von meiner seelischen Gesundung, solange ich jene Schönheit nicht geschaut habe."[15]

Um den Augustinus in der Periode von Cassiciacum zu verstehen, muß man auf das von glühender Liebe zeugende Bittgebet am Anfang der *Alleingespräche* zurückkommen:

„Gott, der du uns läuterst und auf die göttlichen Verheißungen vorbereitest, komm mir mit deiner Gnade entgegen! ... Jetzt will ich dich allein lieben, dir allein folgen und dich allein suchen. Dir allein zu dienen bin ich bereit, denn du allein bist ein gerechter Herr; unter deinem Recht wünsche ich zu stehen. Befiehl, ich bitte dich, und gebiete, alles, was du willst, aber ... weite und öffne meine Augen, damit ich deinen Wink wahrnehme... Sag mir, wohin ich mich wenden soll, um dich zu sehen. All deine Weisungen möchte ich befolgen. Nimm doch, gütigster Vater, mich wieder auf, der vor dir geflohen ist... Zu dir muß ich zurückkehren, ich fühle es. Öffne deine Türe für mich, wenn ich anklopfe. Weise mir den Weg, wie man zu dir gelangt... Wenn es der Glaube ist, durch den jene, die zu dir ihre Zuflucht nehmen, dich finden, so gib mir den Glauben; wenn es die Tugend ist, gib mir die Tugend, wenn es das Wissen ist, gib mir das Wissen. Laß in mir den Glauben wachsen, vermehre die Hoffnung und stärke meine Liebe."[16]

MAILAND

In den ersten Märztagen des Jahres 387 kehrte Augustinus nach Mailand zurück, wo er sich als Katechumene eintragen ließ, seine Studien fortsetzte und sich weiterhin bemühte, zur Wahrheit aufzusteigen. Er nahm an der Taufkatechese und liturgischen Feiern teil, war tief bewegt beim Singen der Hymnen, sann lange nach über die Heilsgeschichte, die so voll von Erbarmen und Geheimnissen ist[17], besuchte das Kloster des Ambrosius vor den Stadttoren[18] und empfing schließlich in der Osternacht (24./25. April) des Jahres 387 die Taufe.

Augustinus ließ in dieser Zeit niemals von seiner wissenschaftlichen Tätigkeit ab. Er machte sich Aufzeichnungen — leider blieb es bei den Notizen — über *Die Unsterblichkeit der Seele* und wollte die *Alleingespräche* vollenden.[19] Augustinus konzipierte ähnlich wie Varro eine umfassende Enzyklopädie der *Artes liberales*, die *Disciplinarum libri*, um dem Leser zu zeigen, wie er sich der materiellen Dinge als Stufen für den Aufstieg zu Gott bedienen kann. Er verfaßte die verlorengegangene Schrift *De grammatica* und begann mit der Schrift *De musica*, von der er den Teil zur Rhythmik in Tagaste beendete. Er machte — ebenfalls verlorengegangene — Aufzeichnungen zur Dialektik, Rhetorik, Geometrie, Arithmetik und Philosophie.[20]

Indessen suchte er nach einem Ort, wo er seine asketische Lebensführung und seine Studienpläne besser verwirklichen konnte. Die Freunde, die mit Augustinus zusammen lebten und ihm in seinem “heiligen Vorhaben“[21] folgen wollten, beschlossen, nach Afrika zurückzukehren.[22] Bei dieser Entscheidung dürfte Monika eine große Rolle gespielt haben. Sie sehnte sich danach, nachdem ihre Mission nun erfüllt war, in ihre Heimat zurückzukehren und ihr Leben dort zu beenden, wo ihre Mission ihren Anfang genommen hatte und wo Patrizius begraben war. Aber vielleicht war Tagaste ohnehin die beste Lösung. Die kleine Gemeinschaft von Asketen stammte überwiegend aus Tagaste, das auch ansonsten beste Voraussetzungen bot. Es war ein abseits gelegener, aber nicht ein völlig abgeschiedener Ort, fern von den großen Zentren, aber nicht weit weg von den wichtigen Verbindungswegen. Augustinus stand der Sinn nicht nach Reisen.[23] Aber neben der für die Meditation und das Gebet unentbehrlichen Stille hatte er großen Bedarf an Büchern und Schreibmaterial. Überdies war dort noch der kleine väterliche Besitz, unter anderem auch ein Landhaus, das später zur ersten Niederlassung jener ersten Gemeinschaft afrikanischer Zönobiten wurde.[24]

Ob die Reisegesellschaft in Rom einen längeren Aufenthalt hatte, bevor sie nach Ostia weiterfuhr, ist unbekannt geblieben. Darüber sowie über die Rückkehr des Augustinus nach Rom nach dem Tod seiner Mutter geben die *Bekenntnisse* keine Auskunft. Aus anderen Schriften wissen wir jedoch, daß Augustinus nach dem Begräbnis seiner Mutter zusammen mit seinen Freunden in die Ewige Stadt zurückkehrte, wo er bis nach dem gewaltsamen Tod des Kaisers Maximus blieb[25] (entweder am 28. Juli oder am 29. August 388). Monika starb vor dem 13. November des vorausgehenden Jahres, als Augustinus sein 33. Lebensjahr noch nicht vollendet hatte.[26]

Was war der Grund für diese Rückkehr nach Rom? Die jahreszeitlich bedingte Unterbrechung der Schiffahrt oder der Wunsch, das religiöse Leben Roms kennenzulernen, oder die Armeen des Maximus, die zu jener Zeit in Italien waren? Die Quellen geben nur spärlich Auskunft. Folgendes wissen wir: In Rom interessierte sich Augustinus für das Leben der Männer- und Frauenklöster, die dort seit einigen Jahren eine Blütezeit erlebten. Er setzte seine Studien der Spiritualität und Philosophie fort und begann die Lehre der katholischen Kirche gegen die Manichäer zu verteidigen.

Über die Klöster, deren Atmosphäre im Geiste der Liebe ihn begeisterten, schrieb er: „Auch in Rom habe ich viele kennengelernt; alle standen unter der Führung einer von Würde, Umsicht und Weisheit erfüllten Person, während die anderen Mitbewohner in Liebe, Heiligkeit und christlicher Freiheit leben... Und das sowohl unter Männern als auch unter Frauen."[27]

Die sogenannten geistlichen Ideen unterzieht er einer eingehenden Betrachtung in der Schrift *Über die Größe der Seele*, die philosophischen in dem großen Werk *Der freie Wille*, das er in Rom anfängt. In *Über die Größe der Seele* beschreibt er die Stufen des geistlichen Lebens, die von der Läuterung bis zur Kontemplation reichen: Tugend, Stille, Eingehen in das Licht, Verharren im Licht. Die erste Stufe entreißt die Seele der Herrschaft der Sinne, die zweite verleiht ihr Heiligkeit und innere Ruhe, die dritte führt sie dem Licht der Weisheit zu, die vierte, die dem vollkommenen Menschen eigen ist, taucht ihn in den Glanz des Lichtes.[28]

Die philosophische Frage, die ihn sehr beschäftigte, war die schwierige und komplexe Frage nach dem Ursprung des Bösen. Hier kam es darauf an, mit dem Verstand, soweit es möglich ist, das zu verstehen, was er im Gehorsam gegenüber der göttlichen Autorität schon im Glauben angenommen hatte. Die Frage umfaßte viele andere, die ausdrücklich dargelegt und zur Lösung geführt werden. So die Frage der Freiheit, kraft der man gegen das Gesetz verstößt und von der das moralisch Böse herrührt; die Existenz Gottes als des Schöpfers aller Dinge und damit auch der Freiheit; die göttliche Vorsehung; die Gegenwart des Bösen in der Welt; das Böse, das der Mensch nicht tut, sondern erleidet. Nur die erste dieser Fragen wurde in Rom diskutiert, während die anderen in Afrika, genauer in Hippo, nach seiner Priesterweihe ins Gespräch gebracht wurden.[29]

Unterdessen begann die Polemik gegen die alten Glaubensgenossen, die Manichäer. „Als ich nach meiner Taufe in Rom war, konnte ich die Prahlereien der Manichäer mit ihrer heuchlerischen Enthaltsamkeit oder Abstinenz nicht mehr länger stillschweigend ertragen; gebärdeten sie sich doch, um Unwissende zu betrügen, als seien sie den wahren Christen überlegen, mit denen sie sich ja gar nicht vergleichen lassen. So schrieb ich zwei Bücher, das eine *Über die Sitten der katholischen Kirche*, das andere *Über die Sitten der Manichäer*."[30] Durchgesehen und veröffentlicht wurde das Werk in Afrika, wahrscheinlich im darauffolgenden Jahr.[31] Es bot Augustinus die Gelegenheit zur Vertiefung eines Themas, das ihm ungemein am Herzen lag: die Liebe; denn in der Liebe ist das ganze christliche Gesetz beschlossen und zusammengefaßt, in der Liebe besteht die Einheit zwischen den beiden Testamenten.

In den fast zehn Monaten dieses zweiten Romaufenthaltes dachte Augustinus zweifellos nicht einzig und allein daran, Klöster zu besuchen und Bücher zu schreiben. Jetzt sah er das christliche Rom mit neuen Augen, und alles, was Ausdruck und Bestätigung des Glaubens war, erregte sein Interesse. Er kniete auf den „Trophäen" der Apostel nieder, suchte die Märtyrergräber auf und nahm am katholischen Leben der Stadt teil. Wir wissen weder, ob er Papst Siricius begegnet ist, noch, ob er Freundschaften in den kirchlichen Kreisen Roms geschlossen hat. Wir wissen aber, daß die Erinnerung, die Liebe zur Ewigen Stadt, die er nie mehr wiedersehen sollte, unauslöschlich in seinem Herzen eingeprägt war und in dem tragischen Moment des Einfalls Alarichs in Rom wieder aufflammte. Wie sehr er im Verlauf jener traurigen Ereignisse auch darum besorgt war, die Christenheit vor den Angriffen der Heiden zu schützen, so dachte er doch auch an die Stadt Rom. Inmitten rauchender Trümmer wünschte und prophezeite er ihr Ewigkeit.[32]

Nach dem Tod des Maximus besuchte Augustinus ein letztes Mal das Grab seiner Mutter und verließ darauf zusammen mit seinen Freunden Italien für immer. Er landete in Karthago, wo er wenige Tage verweilte[33], und ließ sich dann in Tagaste nieder.

Dort setzte er sein in Mailand konzipiertes und in Rom vorbereitetes Lebensideal in die Praxis um. Possidius schreibt dazu: „Der Gnade teilhaftig geworden, beschloß er zusammen mit einigen Mitbürgern und Freunden, die sich ebenfalls in den Dienst Gottes gestellt hatten, ins eigene Heim und auf die eigenen Ländereien nach Afrika zurückzukehren. Nach seiner Ankunft blieb er dort etwa drei Jahre. Er verzichtete auf seine Güter und lebte zusammen mit denen, die ihm verbunden waren, in Fasten und Gebet sowie in guten Werken, wobei er Tag und Nacht über das Gesetz des Herrn meditierte. Die Wahrheiten, die Gott ihm in der Betrachtung und im Gebet offenbarte, vermittelte er Anwesenden wie Abwesenden in Predigten und Büchern."[34] Diese Worte verdeutlichen sehr gut die grundlegenden Punkte des augustinischen Lebensideals: Armut, Leben in Gemeinschaft, Askese, Studium, Apostolat. Das eigentliche Ziel bestand, wie Possidius schreibt, darin, für Gott zu leben oder, wie Augustinus selbst sich etwas gewagter ausdrückte, in der Stille kontemplativen Lebens Gott gleich zu werden.[35]

Der kleinen Gruppe — Alypius, Evodius, Adeodatus — hatten sich inzwischen noch andere angeschlossen. Augustinus machte es sich zur Pflicht, sie zu lehren, „mit Freuden in sich selbst zu verweilen", eine schwer zu erobernde Fähigkeit, die für ihn den Mittelpunkt klösterlichen Lebens bildete. Aus diesem Grund gab er nicht dem Drängen des Nebridius statt, nach Karthago überzusiedeln.

Indes arbeitete Augustinus sein intellektuelles und apostolisches Konzept weiter aus. Im Dialog mit seinem Sohn verfaßte er die Schrift *Der Lehrer*, setzte die Polemik gegen die Manichäer mit *Die Genesis gegen die Manichäer* fort und verfaßte das kostbare Büchlein *Über die wahre Religion*. Im ersten Werk stellte er eine grundlegende pädagogische These auf: Gott allein ist es, der den Menschen die Wahrheit lehrt, indem er ihn erleuchtet; das zweite eine — wenngleich vorläufige — Erwiderung auf die gegen die Genesis erhobenen Einwände; das dritte ein Abriß der Grundzüge der katholischen Kirche. Letzteres Werk hatte er seinem noch dem Manichäismus anhängenden Freund Romanianus versprochen und zugesandt.[36] Von den bis dahin von Augustinus verfaßten Schriften stellt diese Schrift sein Denken und seine Welt am besten dar: „Mit vielerlei Argumenten und weit ausholend“[37] argumentiert er darin für die Notwendigkeit, den einzigen wahren Gott, die Dreifaltigkeit, mit aufrichtiger Frömmigkeit zu verehren. Die wahre Frömmigkeit sei nicht unter den Heiden zu finden oder unter den Häretikern, sondern in der katholischen Kirche, die allein „orthodox“, also „vollkommene Hüterin der Wahrheit“ sei. Gott lenke die Menschen durch die Kraft der Vernunft und des Glaubens zum Heil. Die Vernunft führe uns zu Gott durch die Güte der Dinge und durch das Licht der Vernunft. Selbst die menschlichen Laster strebten, wenn auch in pervertierter Weise, nach Gott.

Der Glaube hingegen offenbart uns den göttlichen Heilsplan, der sich durch die Geschichte und die Verheißungen verwirklicht: die Geschichte im Blick auf die Vergangenheit, die Verheißungen im Blick auf die Zukunft.

„Deshalb“, schließt Augustinus „ermahne ich euch, die ihr meine Liebsten und Nächsten seid, und ebenso mich selbst: Laßt uns so schnell wie möglich eilen, wohin uns Gott in seiner Weisheit ruft! ... Lassen wir uns nicht eine Religion nach unseren Phantasiebildern machen!“[38]

Dieses Werk enthält im Ansatz viele Ideen, die Augustinus dann im *Gottesstaat* entfaltet. Aber das Streben nach Vertiefung des Glaubens war nicht allein Augustinus vorbehalten, sondern erfaßte alle gemeinsam. So war er Lehrer nicht nur für die Spiritualität, sondern auch für Philosophie, Theologie und Schriftunterweisung.[39]

Man hat sich die Frage gestellt, ob in Tagaste schon ein wirkliches Kloster, wie später in Hippo bestanden habe. Possidius neigt zu dieser Annahme.[40] Bis zu einem gewissen Grad mangelte es an der so ersehnten Stille, der sich Augustinus hinzugeben wünschte. Die Bürger von Tagaste waren voll Stolz, in ihrer Mitte einen solchen Mann zu haben — der Ruf seines Lebenswandels und seiner Geistesgröße war inzwischen weithin bekannt —, und sie bestürmten ihn mit ihren Anliegen. Augustinus wußte sich dem in seiner steten Liebenswürdigkeit nicht zu entziehen. Das brachte ihn aber in Konflikt mit seinen Idealen und brachte ihm nicht wenig Unbehagen und manches Leid. Die Sache wurde bis nach Karthago bekannt. Nebridius schrieb ihm: „Das ist also die Lage, mein Augustinus? Du verausgabst deine Kraft und Geduld in den Angelegenheiten deiner Mitbürger. Noch immer gewährt man dir nicht die ersehnte Stille? Ich bitte dich — wer hat den Mut, jemanden, der so gütig ist wie du, zu belästigen? Ich denke jene, die nicht um den

Gegenstand deiner Liebe noch um dein brennendes Verlangen wissen. Ist denn unter deinen Freunden keiner, der ihnen deine Neigung offenbarte? Nicht Romanianus, auch nicht Lucinianus? So sollen sie wenigstens mich anhören. Ich will bekunden und bezeugen, daß du Gott liebst, daß du danach strebst, ihm zu dienen und ihm verbunden zu sein. Ich möchte dich in mein Landhaus einladen, wo du Ruhe haben sollst. Ich fürchte nicht, als Verführer bezeichnet zu werden von deinen Mitbürgern, die du zu sehr liebst, wie sie dich zu sehr lieben."[41] So kam der Gedanke auf, ein Kloster fern von Tagaste zu gründen. Die Wahl fiel auf die Hafenstadt Hippo.

XVIII. Kapitel

Der Diener darf sich nicht gegen seinen Herrn wenden

Augustinus zog nach Hippo in der Absicht, einen Ort zur Klostergründung zu finden und einen Freund aufzusuchen, den er fürs Klosterleben zu gewinnen hoffte. Dort aber wartete auf ihn eine recht unangenehme Situation, oder wie er es bezeichnete: „ein Gewaltakt". Fünfunddreißig Jahre später erzählt er den Gläubigen diese Episode, die seine Pläne durcheinanderbrachte und sein ganzes Leben bestimmen sollte:

„Wie viele von euch wissen, kam ich, den ihr hier als euer durch die Gnade Gottes erwählter Bischof vor euch seht, als junger Mann in eure Stadt. Ich suchte nach einem Ort, wo ich ein Kloster gründen und mit meinen Brüdern leben konnte. Ich hatte jeder Hoffnung dieser Welt entsagt und wollte weder, was ich hätte sein können, noch strebte ich danach zu sein, was ich bin. Lieber wollte ich demütig an der Schwelle des Hauses meines Gottes stehen als in den Zelten der Frevler wohnen (vgl. Ps 84,11). Ich hielt mich von denen fern, die die Welt lieben, achtete mich aber auch nicht denen gleich, die die Völker regieren. Beim Gastmahl meines Herrn wählte ich nicht einen oberen Platz, sondern einen unteren, wo es dem Herrn gefiele, mir zu sagen: ‚Rücke höher auf!' So sehr fürchtete ich das Bischofsamt, daß ich, als mein Name unter den Dienern Gottes bekannt wurde, all jene Orte mied, von denen ich wußte, daß dort der Sitz des Bischofs vakant war. Ich war auf der Hut vor einer solchen Situation. Ich bemühte mich nach Kräften, eher in einer niedrigeren Position Gutes zu leisten, als in hohem Amt Gefahr zu laufen. Aber, wie gesagt, der Diener darf sich nicht gegen den Herrn wenden. Ich war in eure Stadt gekommen, einen Freund aufzusuchen, den ich für Gott zu gewinnen hoffte, damit er zusammen mit uns im Kloster leben könne. Ich fühlte mich sicher, denn es war ein Bischof am Ort. Man nahm mich und weihte mich zum Priester. So bin ich über den Priesterstand zum Bischofsamt gelangt."[1]

Aus anderen Quellen ist uns der genauere Verlauf der Ereignisse bekannt. Der damalige Bischof von Hippo war Valerius, ein gebürtiger Grieche, der die lateinische Sprache nicht gut beherrschte und zudem in vorgerücktem Alter war. Eines Tages erklärte er in der *Basilica pacis* — der schönen Kathedrale von Hippo — den Gläubigen, daß er dringend der Hilfe eines Priesters bedürfe. Augustinus saß dabei und hörte zu, ohne zu ahnen, was da auf ihn zukommen würde. Seine Gegenwart — er dürfte in Hippo kein Unbekannter gewesen sein — und die Worte des alten Bischof erhitzten die Gemüter der anwesenden Gläubigen: Es kam zum Tumult. Sie gingen auf Augustinus zu, ergriffen ihn, führten ihn vor den Bischof und forderten unter lautem Geschrei seine Weihe. Die Einwendungen und Tränen des Augustinus halfen ihm nichts. „Sie bemächtigten sich seiner und stellten ihn, wie es in solchen Fällen der Brauch ist, dem Bischof zur Weihe vor. Einstimmig forderten sie, daß man so verführe; und sie brachten ihr Gesuch eindringlich und lautstark vor. Augustinus weinte, ... schließlich erfüllte sich der Wunsch der Menge.“[2]

Derartiges passierte nicht selten in jener Zeit. Gegen ihren Willen erhielten auch Paulinus von Nola[3], Paulinianus, der Bruder des Hieronymus, und Nepotianus[4] die Priesterweihe. Possidius erzählt gleiches auch von einem gewissen Fermus, der von Augustinus bekehrt worden war.[5] Die Gläubigen von Hippo versuchten zwanzig Jahre später das gleiche mit dem reichen Adligen Pinianus; doch weder letzterer noch Augustinus, der Bischof, beugten sich dem Drängen des Volkes.[6]

Seine Gefühle im Moment der Priesterweihe beschreibt Augustinus selbst. Sein echtes und tiefes Widerstreben war von zwei verschiedenen Überlegungen bestimmt: von der Verantwortung des Priesters, die seiner Meinung nach seine Kräfte überstieg; dann vom für ihn unüberbrückbaren Gegensatz zwischen dem monastischen Ideal, auf das er nicht verzichten wollte, und dem priesterlichen Amt. Er hielt das Priestertum für „die schwierigste, beschwerlichste und riskanteste Aufgabe, die es in diesem Leben und vor allem in dieser Zeit gibt“. Wohl hielt er es auch „für die glücklichste vor Gottes Augen“, wenn man ihr auf der von Christus gewiesenen Weise nachkommt; und er war überzeugt, eben dies noch nicht zu können.

Das Bewußtsein von seinen eigenen Grenzen verwirrte ihn, und er vergoß sogar Tränen. Die Uneinsichtigkeit des Volkes war begreiflich; Augustinus aber kannte und bedachte seine unzureichende Vorbereitung für dieses Amt; unmittelbar mit der damit verbundenen Verantwortung konfrontiert, schien es ihm, er könne den Erfordernissen nicht in angemessemer Weise entsprechen.[7] Er war sich sicher, daß Gott ihn „nicht aus Strafe, sondern aus Barmherzigkeit“ zum Priester haben wollte; deshalb fühlte er sich um so mehr verpflichtet, seine Unzulänglichkeiten zu bekämpfen.

„Jetzt, da ich meine Schwächen erkannt habe, muß ich seine Schriften sorgsam nach allen Weisungen durchforschen, die mir eine Hilfe sein können. Ich muß durch Gebet und betrachtende Lektüre für meine Seele eine Kraft erlangen, die solch verantwortungsvollen Aufgaben gewachsen ist — was ich aus Zeitmangel vorher versäumt habe. Mir wurde die Weihe erteilt, als ich gerade freie Zeit gefunden zu haben glaubte, um mich dem Studium der göttlichen Schriften zu widmen, und eine Regelung gefunden zu haben meinte, die mir Freiheit dazu ließe. In Wirklichkeit wußte ich noch nicht, was mir zu einer Aufgabe wie dieser fehlte, die mich nun in Beschlag nimmt und an mir zehrt.“[8]

Besonders beunruhigte ihn die Aufgabe zu predigen, was ihm der Bischof ungeachtet aller Gepflogenheiten der afrikanischen Kirche und unter dem Risiko der Mißbilligung von seiten seiner Kollegen anvertraut hatte.[9] Augustinus schwor, all das „aus vollem Glauben“ festhalten zu wollen, was für das Heil wichtig ist; „aber — so fährt er fort — wie könnte ich eben das zum Heil der anderen weitergeben, wenn ich nicht danach forsche, was für mich von Nutzen ist, sondern danach, was für viele zu deren Heil nützlich ist?“

Die Weisungen für solches Handeln sind unzweifelhaft in den heiligen Büchern enthalten, „durch deren Kenntnis und Verinnerlichung ein Gottesmann die kirchlichen Angelegenheiten besser zu regeln weiß oder zumindest mit besserem Gewissen unter den Scharen der Ruchlosen leben oder sterben kann, ohne jenes Leben zu verlieren, nach dem die einfachen und sanftmütigen christlichen Herzen sehnlich trachten. Und wie könnte das geschehen, wenn nicht, wie der Herr uns zu tun heißt: bittend, suchend, anklopfend (Mt 7,7); also durch Gebet, Lektüre, Tränen?“[10] Das Ergebnis war die Bitte um einen — ihm gewährten — Aufschub bis zum Osterfest.

Es gab allerdings noch einen Grund für sein Widerstreben, in den Priesterstand zu treten, und zwar die Spannung, ja der Gegensatz zwischen Klosterleben, das die Stille zum betrachtenden Gebet bietet, und dem Priesteramt, das zur vollen Aktivität des Apostolats verpflichtet.

Einige Jahre zuvor hatte Augustinus in einem Brief an den Freund Nebridius seine Gedanken zu diesem Punkt dargelegt: Von der Vertrautheit mit dem Tod — einem ebenso christlichen wie philosophischen Thema — redend, meinte er, daß Gott „einigen wenigen, die er zu Kirchenvorstehern bestimmt hat, gewährte, dem Tod nicht nur unerschrockenen Herzens entgegenzusehen, sondern ihn sogar herbeizusehnen, wobei sie inzwischen die Mühen der Kirchenführung auf sich nehmen. Doch weder denen, die der Wunsch nach weltlichen Ehren zu solchem Amt streben läßt, und ebensowenig denen, die auch als Privatbürger ein geschäftiges Leben erstreben, wird meiner Meinung nach dieses Gut gewährt, im Getriebe und in Geschäftigkeit jene Vertrautheit mit dem Tod zu erlangen, nach der wir suchen. In der Stille hätten hingegen die einen wie die anderen zur Gottesschau vordringen können." — „Ist das aber unwahr, so bin ich, wenn nicht gar der törichste, so gewiß der trägste aller Menschen, da ich, komme ich nicht zu innerem Frieden, unfähig bin, jenes wahre Gut zu kosten und zu lieben." — „Damit im Menschen die Furcht vor dem Tod völlig schwinden kann, und zwar nicht aus Gleichgültigkeit oder Oberflächlichkeit oder Streben nach eitlem Ruhm oder aus leichtfertigem Aberglauben, bedarf es der Abgeschiedenheit." — Von ihr geht „jene tiefe Freude aus, der keine andere Freude auch nur im geringsten vergleichbar ist"[11].

Augustinus dachte an das furchtlose Leben des Weisen, von dem die Neuplatoniker so oft gesprochen hatten.[12] Er fand diese Lehre dem evangelischen Ideal gemäß und befolgte sie daher. Aus seinen Schriften hallen, wie Nebridius sich ausdrückt, Christus, Platon und Plotin wider.[13] Nur kam ihm nicht der Gedanke — und der konnte ihm aufgrund seiner Vergangenheit auch nicht kommen —, einer von denen zu sein, welchen der Herr gewährt, das Hirtenamt auszuüben und zugleich jene „beständige Freude" zu genießen, die Ziel seiner tiefsten Sehnsucht war.

Als er in dem ungestümen Tumult des Volkes und in dem väterlichen Drängen des Bischofs den Willen Gottes zu erkennen glaubte, gab er nach und gehorchte — unter Tränen, aber er gehorchte. In seinem Herzen jedoch blieb stets ein wehmütiges Sehnen nach einem verlorengegangenen Gut.[14] Diese schmerzliche Erfahrung bewirkte nicht nur eine grundlegende Änderung im Alltag des Augustinus, sondern auch — und das ist der wesentlichere Punkt — in seiner Vorstellung, wie man Gott dient. Zum Mönchtum kam nun das Priestertum. In Mailand hatte er die Kirche als Garant der Schriften entdeckt; in Rom entdeckte er sie als die Mutter aller Christen; in Hippo sollte er sie als die entdecken, die der Hilfe ihrer eigenen Kinder bedarf. Seitdem förderte er zwar weiter das Klosterleben, legte den Mönchen aber ausdrücklich nahe, bei eventuellem Ersuchen der Kirche den Priesterstand anzunehmen.

„Wenn die Mutter Kirche um eure Dienste bittet, so sagt nicht aus Ehrgeiz zu oder lehnt nicht aus Trägheit ab, sondern fügt euch demütigen Herzens Gott... Zieht nicht die Stille betrachtenden Betens den Erfordernissen der Kirche vor; denn wollte niemand von den Fähigen helfen, daß ihr neue Kinder erwachsen, so hätte sie auch euch keine Möglichkeit zum Leben in ihr geboten."[15]

Diese Weisung, die seine gereifte Sicht in diesem Punkt sowie sein tiefes Mitleben mit der Kirche bezeugt, bringt Augustinus am eindrücklichsten im *Gottesstaat* zum Ausdruck. Er meinte, daß niemand das aktive Leben vom beschaulichen völlig trennen kann und daß beide gleich schweren Gefahren ausgesetzt sind: „Die Liebe zur Wahrheit strebt nach beschaulicher Stille *(otium sanctum)*, die Anforderungen der Liebe ergeben sich aus dem aktiven Tun des Apostolats *(negotium iustum)*. Wenn niemand uns diese Bürde auferlegt, so mögen wir uns dem Studium und der Betrachtung der Wahrheit widmen; wo sie uns aber auferlegt wird, sollen wir uns fügen aufgrund der Notwendigkeit der Liebe. Doch auch in diesem Fall sollen wir nicht ganz auf die Freuden der Wahrheit verzichten, damit wir, da wir ihrer Labsal entbehren, nicht von jener Notwendigkeit erdrückt werden."[16]

Damit die Liebe zur Wahrheit und die Erfordernisse der Liebe, die verschiedene Beweggründe haben, leichter miteinander zu vereinbaren wären, praktizierte und verfocht er eine mutige und fruchtbare Neuerung: die Verbindung des Mönchsideals mit dem Priesterstand.

XIX. Kapitel

„Kaum zum Priester geweiht, macht er sich daran, ein Kloster zu gründen“

Augustinus war nach Hippo gekommen, um ein Kloster zu gründen; wurde aber dort unerwartet zum Priester geweiht — eine einschneidende Wende in seinem Leben, die ihn jedoch nicht von seinem ersten Ideal abbrachte. Er selbst erzählt:

„Da ich mich anschickte, zusammen mit meinen Brüdern im Kloster zu leben, stellte mir der alte Valerius seligen Angedenkens, als er von meinem Wunsch und Anliegen erfuhr, den Garten zur Verfügung, wo jetzt das Kloster steht. So machte ich mich auf die Suche nach Brüdern guten Willens, die nichts hatten, so wie ich nichts hatte, und die bereit waren, meinem Beispiel zu folgen. Wie ich meinen geringen Besitz verkauft hatte, um alles den Armen zu geben, ebenso sollten es die tun, die mit mir leben wollten; so würden wir alle vom gemeinsamen Gut leben. Ja, das große und fruchtbare Gut, das Gott ist, sollte uns gemeinsam gehören.“[1]

Diese Worte fanden ein Echo in der Erzählung des Possidius, der nach der Beschreibung der stürmischen Weihe des Augustinus hinzufügte: „Kaum zum Priester geweiht, machte er sich daran, bei der Kirche ein Kloster zu gründen und nahm zusammen mit den Dienern Gottes ein Leben nach der Regel auf, wie sie seinerzeit die heiligen Apostel festgelegt hatten.“ Im übrigen verwies er, und zwar genau mit den Worten der augustinischen Regel[2], auf die „Grundregel jeder Gemeinschaft“, die darin bestand, „daß niemand etwas Eigenes besäße, sondern alles allen gemeinsam gehöre und einem jedem nach seinem Bedarf zugeteilt würde“.[3]

Daß einige von denen, die mit Augustinus in Tagaste zusammengelebt hatten, nach Hippo übersiedelten, ist naheliegend; um wen es sich aber handelte, wissen wir nicht genau.[4] Sicher nicht Adeodatus, der mittlerweile gestorben war. — Mit bewegten Worten erinnert sein Vater an ihn:

„Wir nahmen auch den Knaben Adeodatus mit uns (zur Taufe), mein Sohn dem Fleische nach und die Frucht meiner Sünde. Du hattest ihn so wohl geschaffen. Kaum fünfzehn Jahre war er alt und übertraf an Geist viele bedeutende und gelehrte Männer. Ich preise dich für deine Gaben, Herr, mein Gott, Schöpfer aller Dinge, der du unser entstelltes Wesen neu zu formen mächtig bist... Ich preise dich für deine Gaben. In einem meiner Bücher mit dem Titel *Der Lehrer* ist mein Sohn der Dialogpartner. Du weißt, daß alle darin durch meinen Gesprächspartner zum Ausdruck gebrachten Gedanken die seinen, die des damals Sechzehnjährigen, waren. Viele noch außergewöhnlichere Gaben bemerkte ich bei ihm. Heiliger Schauer erfaßte mich vor seinem Geist. Wer sonst als du konnte der Urheber solcher Wunder sein? Früh nahmst du ihn von dieser Erde, und sorgenfreier gedenke ich nun seiner; ich habe nichts zu befürchten, weder was seine Kindheit oder seine Jugend, noch was sein ganzes Leben betrifft."[5]

Seitdem bewirkte das Vorbild und der Ansporn des Jungpriesters Augustinus eine schnelle Verbreitung des Klosterlebens in Afrika. Kaum drei Jahre später bat Paulinus von Nola in einem Brief Alypius, der bereits Bischof von Tagaste war, „die von Gott gesegneten Gefährten und Nachfolger deiner Heiligkeit und unsere Brüder im Herrn, die in Karthago, Tagaste, Hippo ... dem Herrn im katholischen Glauben dienen"[6], sehr liebevoll zu grüßen.

Augustinus war aus leidenschaftlicher Überzeugung ein Förderer, Befürworter und Organisator des Klosterlebens und ließ sich nicht durch das Unverständnis des Klerus, vom Widerstand der Donatisten, von den Unzulänglichkeiten der Geistlichen beirren.[7] Er sah in dieser Lebensform nicht nur ein hohes evangelisches Ideal, das das Weisheitsideal der alten Philosophen aufgreift und auf alle gesellschaftlichen Bereiche bezieht, sondern auch ein wirksames Mittel, um die Situation der afrikanischen Kirche zu verbessern. Ringsherum bot sich ihm ein trauriges Bild: Das Heidentum war weiterhin einflußreich, das christliche Leben in vielerlei Hinsicht kraftlos, die Verfolgungen der Manichäer, der erbitterte Kampf mit den Donatisten, das Vordringen des Arianismus. Von den Schwierigkeiten seines Unternehmens eher angespornt als verschreckt, setzte Augustinus sich zum Ziel, dieser Kirche — einst die Kirche von Cyprian, Perpetua und Felicitas — ein neues Gewand zu geben. Diesem Zweck sollte das Klosterleben mit der Anziehungskraft seines Vorbildes und dem kraftvollen Wirken einer gelehrten und frommen Priesterschaft dienen.

Das galt für das Kloster von Hippo, und nicht allein für dieses, wie uns Possidius versichert. „Tag um Tag wurde das Lebensideal der heiligen Diener Gottes immer klarer und deutlicher: ihre Enthaltsamkeit, ihre gestrenge Armut. Immer mehr Gemeinden baten (und erbitten) Bischöfe und Priester aus diesem Kloster, das jenem denkwürdigen Mann sein Bestehen und Gedeihen verdankte. So entstanden Friede und Einheit in der Kirche."

„Ich selbst", so fährt jener erste Biograph fort, der vor seiner Einsetzung als Bischof von Calama ein Mitglied dieses Klosters gewesen war, „habe ein Dutzend solch heiliger und ehrwürdiger Männer von großer Enthaltsamkeit und Gelehrtheit kennengelernt, die der selige Augustinus verschiedenen Kirchen, darunter auch einigen sehr bedeutenden, überlassen hat." Beim Hinweis auf die Ursache der schnellen Verbreitung des Mönchtums in Afrika fügt er hinzu: „Diese wiederum, von den Idealen jener heiligen Männer angespornt, die sich bald in die Gemeinden des Herrn verbreiteten, gründeten ihrerseits Klöster. Sie bereiteten mit wachsendem Eifer für die Verbreitung des Wortes Gottes Brüder auf den Priesterstand vor, die wiederum anderen Kirchen zugeteilt wurden. Auf diese Weise fand die Lehre der Kirche ... Verbreitung durch viele und unter vielen und nicht nur in allen Teilen Afrikas, sondern auch in den jenseits des Meeres gelegenen Ländern."[8]

Aus der tiefen Überzeugung heraus, daß das Klosterleben eine große Kraftquelle für die Hirtentätigkeit darstelle, wollte Augustinus auch nicht darauf verzichten, als er Valerius im Bischofsamt von Hippo nachfolgte.

„So erlangte ich die Bischofswürde. Es wurde mir klar, daß der Bischof stets denen Gastfreundschaft erweisen muß, die kommen oder auf der Durchreise sind. Täte er es nicht, so würde er ungastlich genannt. Die Einführung solchen Brauchtums im Kloster (er bezieht sich auf das sogenannte Gartenkloster) wäre aber abträglich gewesen. Deshalb wollte ich bei mir im Bischofshaus ein Kloster für Geistliche einrichten."[9]

Vieles wissen wie über das Leben, das Augustinus mit seinem Klerus führte. Es war ein Leben in Armut, Brüderlichkeit und Einfachheit, das die Urgemeinde in Jerusalem zum Vorbild hatte (vgl. Apg 2,42-45; 4,32). Abgesehen von der größeren Bewegungsfreiheit war es im wesentlichen dasselbe Leben, das er vorher geführt hatte — nach wie vor das ihm liebste Ideal.

Armut war verstanden als Ausschluß jeden persönlichen Eigentums, als vollkommenes Gemeinschaftsleben im Vertrauen auf Gott und in der Freude daran, nur ihn zu besitzen. Auch der Bischof Augustinus bezog sein Gewand aus der allgemeinen Kleiderkammer und nahm die Mahlzeiten der Gemeinschaftsküche ein. Für die Verwendung der Kleidung gab es keinerlei Ausnahmen:

„Niemand soll einen Mantel oder eine Tunika aus Wolle oder sonst irgend etwas zum Geschenk geben, wenn es nicht der Gemeinschaft zugedacht ist. Ich selbst habe mir vorgenommen, alles gemeinschaftlich zu besitzen, und nehme mir aus der allgemeinen Kleiderkammer, was ich brauche... Niemand soll mir einen kostbaren Mantel anbieten, wie sich das für einen Bischof schicken mag; allerdings nicht für Augustinus, einen armen Mann von armen Eltern... Ich möchte einen haben, den ich jedem meiner Brüder überlassen kann, der ihn nötig braucht; schenkt man mir einen besseren, verkaufe ich ihn, wie ich es gewohnt bin. So kann ich, wenn ich schon nicht das Gewand selbst der Gemeinschaft zukommen lassen kann, ihr zumindest den Erlös geben."[12]

Die Brüderlichkeit wurde verstanden als tägliche Übung der Liebe, als gegenseitige Hilfe, als geduldiges Einander-Ertragen, als Vertrauen ohne Beleidigungen, Mißgunst oder Gerede.

Solche Lebensführung, bei der sich Armut mit Würde und Genügsamkeit mit Freude paarte, hatte nicht nur ein asketisch-mystisches beziehungsweise ein apostolisches Ziel, sondern auch ein soziales: die eigenen Bedürfnisse herabsetzen gemäß dem goldenen Prinzip der „Regel" — besser weniger Bedürfnisse haben als mehr Dinge —, um den anderen mehr geben zu können. Augustinus, so bemerkt Possidius, „erinnerte sich stets der Gefährten in der Armut *(compauperum)* und, um ihnen zu geben, nahm er von der Habe, die ihm und seinen Mitbewohnern diente, nämlich von der Erträgen der kirchlichen Besitzungen oder den Opfergaben der Gläubigen"[11]. Augustinus selbst fühlte sich als ein „Armer Gottes" oder, wie er auch sagte, ein „ganz geringer Jünger Christi"[12]. Eine solche Gesinnung vermittelte er den Seinen.

XX. Kapitel

Seine theologische Ausbildung

Wenn die Bevölkerung von Hippo Augustinus dazu bewog, seinem Mönchsideal durch das Priesteramt eine neue Orientierung zu geben, so trug sie damit auch dazu bei, daß er seine theologische Bildung vertiefte. Bereits in Tagaste hatte er sich mit diesem Gedanken getragen, doch fehlte ihm die nötige Zeit. Nun war die Zeit zwar nicht mehr, aber die Notwendigkeit des Studiums um so dringlicher geworden. So widmete er sich mit ungeheurem Eifer dem Studium der Theologie, der Heiligen Schrift und der kirchlichen Schriftsteller.

Als erstes setzte er sich mit dem Thema der Glaubwürdigkeit des katholischen Glaubens auseinander und verfaßte — das Erstlingswerk des Priesters — eine wertvolle Schrift *Über den Nutzen des Glaubens.* Seine Gedanken behandeln die Grundsätze des Glaubens und erlaubten ihm, gegen den manichäischen Rationalismus vorzugehen, der ihn und seinen Freund Honoratus, dem die Schrift gewidmet ist, in die Irre geführt hatte. Er unterstrich in ihr ferner die in Mailand herangereifte Überzeugung vom zeitlichen Vorrang des Glaubens vor der Einsicht, da dieser jene ermögliche. Sie erlaubte ihm auch, die Gründe der Glaubwürdigkeit des katholischen Glaubens aufzuzeigen und die Voraussetzung theologischen Forschens näher zu bestimmen. Um die Heiligen Schriften zu verstehen, darf man sich nicht an diejenigen wenden, die sie verwerfen und verdammen — die Manichäer verwarfen bekanntlich das Alte Testament —, sondern an diejenigen, die sie verehren, bewahren und erläutern. „Wer je ließe sich die hintergründigen und geheimnisvollen Schriften des Aristoteles von einem seiner Feinde erläutern? ... Wer wollte die Werke von Archimedes zur Geometrie lesen oder verstehen unter der Führung des Epikur, der mit großer Beharrlichkeit dagegen argumentiert hat?“[1]

Das Studium der Schrift, dem Augustinus sich hingab, war vom Glauben und von den katholischen Schriftstellern geleitet, wie aus *De Trinitate* und dann aus der pelagianischen Auseinandersetzung klar hervorgeht.[2] Einen ersten Beweis seiner Fortschritte lieferte er zwei

Jahre später in einer Rede, zu der man ihn im Jahre 393 auf der Vollversammlung der afrikanischen Bischöfe in Hippo aufgefordert hatte. Diese Rede wurde auf Wunsch seiner Freunde veröffentlicht: *De fide et symbolo.* Sie beinhaltet einen Abriß der katholischen Lehre anhand des Glaubensbekenntnisses. Diese Schrift ist als Dokument für den theologischen Werdegang des Augustinus von Bedeutung. Hier zeichnen sich die Fortschritte in der Kenntnis der Schrift und der Kirchenväter ab, wie auch der nicht geringe Abstand, der ihn noch von den in seinen späteren großen Werken erreichten Höhen trennt. In der Trinitätstheologie ist die dogmatische Aussage mit ihren entsprechenden Schriftbelegen klar und präzise, die Darstellungsweise aber noch mangelhaft. „Da fehlt noch die Lehre von den Beziehungen innerhalb der Trinität und ihre psychologische Deutung. Selbst die so fruchtbare Erkenntnis, daß der Heilige Geist wesenhaft Liebe ist, wird nicht deutlich dargelegt. Gelehrte und geistliche Männer haben in zahlreichen Schriften über den Vater und über den Sohn disputiert... Über den Heiligen Geist hingegen haben die Gelehrten und großen Kommentatoren der göttlichen Schrift noch nicht mit solcher Ausgiebigkeit und Beflissenheit Diskussionen geführt, in denen sie uns das innerhalb der Trinität ihm Eigene verständlich machten", das heißt die persönliche Eigenheit, durch die sich der Heilige Geist in der Einheit Gottes vom Vater und vom Sohn unterscheidet.[3] Jahre später wird Augustinus in *De Trinitate* vor allem dieses Thema betrachten. Vielleicht war das überhaupt der Anstoß zu solch schwieriger und beschwerlicher Arbeit. Gewiß ist, daß diese ebenso schwierige wie faszinierende Frage das Werk von Anfang bis Ende durchzieht.[4]

Inzwischen beschäftigte sich Augustinus mit drei weiteren grundlegenden Themen: die Auslegung der Genesis, die Lehre des Heils nach Paulus und die moralischen Weisungen des Evangeliums. Zum letzten Thema verfaßte er einen Kommentar zur Bergpredigt, die er als ein „vollkommenes Konzept christlichen Lebenswandels"[5] betrachtete. Aber auch hier sollten später zahlreiche Fragen verbessert und vertieft werden. In den *Retractationes* hat er vieles dazu einzuwenden, vor allem hinsichtlich der Ausdrucksweise, die zu falschen Deutungen Anlaß geben konnte. Diese Bemerkungen sind ein Beweis für sein unermüdliches Forschen nach der Wahrheit, das viele Bereiche der Theologie berührt wie die Christologie, die Ekklesiologie, die Anthropologie und die Hamartiologie. Ein bezeichnendes Beispiel ist der Jesus Christus verliehene Beiname *homo dominicus.* Augustinus hatte ihn in einigen katholischen Auslegungen der Schrift gelesen, aber dann als nicht treffend erachtet und gewünscht, ihn niemals gebraucht zu haben.[6]

Völlig ergebnislos blieb zunächst sein Bemühen um eine Interpretation der Genesis *ad litteram* (dem Wortsinn nach) und der Kommentar zum Brief des Paulus an die Römer. Als Laie hatte er eine Schrift *Die Genesis gegen die Manichäer* verfaßt, in der er den heiligen Text allegorisch deutete. Als Priester machte er sich nun an das „äußerst beschwerliche und schwierige" Vorhaben einer „Interpretation dem Buchstaben nach", also „im Sinn geschichtlicher Genauigkeit". In den *Retractationes* bekennt er: „Da ich noch ein Neuling im Auslegen der Schrift war, wurde ich von der Last dieses Unterfangens erdrückt." Nicht einmal das erste Buch brachte er zu Ende. Später, als er bereits Bischof war, machte er einen erneuten Versuch, und diesmal mit Erfolg. Über einen längeren Zeitraum hinweg (400-415) schrieb er zwölf Bücher über *Die Genesis dem buchstäblichen Sinn nach*, die zu seinen bedeutendsten und anspruchsvollsten Werken gehören.

Während einer Reise nach Karthago hatte er seinen „Brüdern" auf deren Befragung hin einige Stellen aus dem Römerbrief erklärt. Wenig später schrieb er einen vollständigen Kommentar zum Galaterbrief[7]. Das wollte er auch mit dem Römerbrief tun; er plante mehrere Bücher, kam jedoch nicht über das erste hinaus. „Wegen Umfang und Schwierigkeit des Unternehmens davon abgebracht", legte er den Kommentar schon nach den einleitenden Grußworten beiseite, und „ich gab mich einfacheren Arbeiten hin"[8].

Leider nahm er das Projekt nie wieder auf, führte aber seine Studien des Römerbriefes weiter. Augustinus beschäftigten die soteriologischen Probleme, die der Apostel in dieser großen Epistel, insbesondere in den Kapiteln 7-9, behandelt. Einen Niederschlag dieser kontinuierlichen Reflexion finden wir in einem Sammelband, der in der Zeit nach seiner Rückkehr in die afrikanische Heimat bis zur Bischofsweihe aus „83 verschiedenen Fragen" der „Brüder" und den Antworten des Augustinus entstanden ist.[9] Die philosophischen, theologischen, geistlichen und exegetischen Themen bezeugen die vielseitigen intellektuellen Interessen der Gemeinden von Tagaste und Hippo. Der größte Teil davon betrifft die Exegese. Von besonderer Bedeutung sind die den Römerbrief betreffenden Fragen. Augustinus setzt sich darin näher mit der paulinischen Auffassung von Gesetz, Sünde und Vorbestimmung durch Gnade auseinander.[10] Diese eingehende Betrachtung wird in der *Antwort an Simplicianus* fortgeführt, einem zentralen Werk, das auf den Anfang seiner Zeit als Bischof (397) zurückgeht. „Hinsichtlich der

Fragen über den Apostel Paulus, die du mir zur Lösung vorgelegt hast, hatte ich diese schon diskutiert und dem Papier anvertraut. Doch mit meiner damaligen Erörterung und Darlegung nicht zufrieden und in der Befürchtung, aus Nachlässigkeit etwas übersehen zu haben, habe ich mit größerer Umsicht und Aufmerksamkeit dieselben Worte des Apostels auf deren Aussage hin noch einmal durchdacht."[11] In diesem erneuten Studium kommt er zu der Überzeugung, daß nach dem heiligen Paulus auch der Glaube, ja sogar der Beginn des Glaubens selbst eine Gottesgabe, eine Auserwählung durch Gnade ist. Vorher hatte er, zumindest eine gewisse Zeit, die Auffassung vertreten, die Gnade sei die göttliche Antwort auf unseren Glaubensakt. Diesem Irrtum ist später auch der „Semipelagianismus" verfallen. Schlicht und einfach bekannte sich Augustinus zu dieser Änderung seiner Auffassung.[12] Entschieden wehrte er sich andererseits gegen die ihm von Julian[13] und später auch von anderen unterstellte Änderung in seiner Auffassung von der Erbsünde. Die augustinische Gnadenlehre war in ihren Grundlinien festgelegt. Die späteren Änderungen beschränken sich auf Randfragen, etwa auf die Frage, ob das „Ich", von dem Paulus im Römerbrief 7,24-25 spricht, nur auf den Menschen „unter dem Gesetz" oder auch auf den Menschen „unter der Gnade" zu beziehen sei. „Später aber (nach 397)[14], nachdem ich mehrere Kommentare der Heiligen Schrift gelesen hatte, deren Aussagekraft ich anerkannte, überlegte ich sorgfältiger und sah hierbei auch, daß man vom Apostel selbst erfahren kann, was er meint[15]... nämlich, daß sich diese Worte auch — und zwar viel wahrscheinlicher noch — auf den geistigen Menschen anwenden ließen."[16]

Über seine theologische Methodik in jener Zeit sind wir sehr genau unterrichtet. Er selbst beschreibt sie während seiner Anfangszeit als Bischof in den ersten drei Büchern *De doctrina christiana*, die in das Studium der Heiligen Schrift beziehungsweise der Theologie einführen. Diese Bücher „sind eine Hilfe für das Verständnis der Schriften"[17]. Der Studierende, der die Heilige Schrift verstehen will, soll sich ihnen in der Absicht nähern, den Gedanken des Autors zu erfassen — ohne ihm den eigenen zu unterlegen — sowie in der festen Überzeugung, daß das zweifache Liebesgebot das Grundanliegen der Schrift ist. Ferner muß er die Zeichen zu deuten wissen, die in den Schriften verwendet werden, und zwar nicht nur die ihm unbekannten, sondern auch die eventuell mehrdeutigen. Zum Verständnis der einen soll er die weltlichen Wissenschaften zur Hilfe nehmen: Sprachwissenschaft, Textkritik, Grammatik, Geschichte, Philosophie. „Wenn jene, die als Philosophen bezeichnet wurden, etwas Wahres und unserem Glauben Entsprechendes gesagt haben — vor allem die Platoniker —, dann sollten wir uns davor nicht fürchten ..., sondern es uns zunutze machen."[18] Ein Christ darf nichts von dem zurückweisen, was die Menschen an Wahrem und Nützlichem gefunden haben. Die Wahrheit — egal von welcher Seite sie artikuliert wird — kommt von Gott und gehört Christus.

Was die mehrdeutigen Zeichen, die schwierigen Passagen anbelangt, soll sich der Studierende mit größter Demut und Geduld immer an die Glaubensregeln und die klaren Stellen halten und sich bemühen, die Lehre der Bibel insgesamt im Auge zu haben.

Während seiner Priesterjahre führten ihn seine exegetischen Studien zu einer tieferen Auseinandersetzung mit den großen Themen biblischer Theologie und bereiteten ihn auf seine schwere Aufgabe als Bischof vor.

XXI. Kapitel

Die Bürde des Bischofsamtes

Die Bischofsweihe des Augustinus nahm einen ebenso bewegten Verlauf wie seine Erhebung in den Priesterstand. Die Umstände wiederholten sich: Der Bischof drängte, der Weihekandidat leistete Widerstand, und das Volk äußerte lauthals seine Zustimmung. Nur der Primas von Numidien, der alte Megalius von Calama, der ihm die Weihe erteilen sollte, war dagegen.

Die Eile des Valerius, Augustinus zum Koadjutor zu erheben, hatte einen triftigen Grund. Seine Schriften, die Erfolge seiner Predigten, die glänzend bestandenen Wortgefechte mit den Manichäern und sein unermüdliches Wirken gegen die Donatisten hatten den jungen Priester in und außerhalb Afrikas zu hohem Ruf gebracht. Daher war zu befürchten, daß früher oder später eine Kirche ohne Hirten Anspruch auf ihn als Bischof erheben und den damaligen Gepflogenheiten gemäß einen Entführungsversuch unternehmen würde. Im übrigen war ein derartiger Versuch schon erfolgt. Valerius vereitelte ihn, indem er seinen Schützling dazu bewegte, sich versteckt zu halten. Zwei Freunde des Augustinus waren wohl im Kloster von Hippo fürs Episkopat „angefordert" und zu Bischöfen ernannt worden: Alypius in Tagaste und Profuturus in Cirta. Um nicht den Priester zu verlieren, auf den er seine ganze Hoffnung gesetzt hatte, griff Valerius zu einer List. In aller Verschwiegenheit versicherte er sich der Zustimmung des Primas von Afrika, des Bischofs Aurelius von Karthago, indem er den Schritt — im übrigen durchaus legitim — mit seinem vorgerückten Alter und schlechten Gesundheitszustand begründete. Er bat Megalius, der Kirche von Hippo einen Besuch abzustatten. Vor den versammelten Landesbischöfen und vor dem Volk tat Valerius seine Absicht kund. Begeisterte Zurufe wurden laut und erfüllten lange die hohen Gewölbe der *Basilica pacis*. „Bei diesen Worten brachen alle in Freude aus und schrien vor Begeisterung, so solle es geschehen."[1]

Aber Valerius stieß diesmal auf erheblichen Widerstand. Augustinus berief sich auf den kirchlichen Usus, der nicht mehr als einen Bischof pro

Sitz gestattet, und wollte sich nicht weihen lassen. Megalius, der einigen von den Donatisten erfundenen Beschuldigungen glaubte, wollte ihm die Weihe nicht erteilen. Trotz ihrer Verschiedenheit liefen diese beiden Haltungen doch auf das gleiche hinaus; es bedurfte aber keiner großen Mühe, sie in die entgegengesetzte Richtung zu orientieren. Augustinus ließ sich von den Ausnahmen überzeugen, wo von jenem Brauch sowohl in Afrika als in den Kirchen jenseits des Meeres abgewichen worden war. (Damals wußte er noch nicht von dem Verbot des Konzils von Nicäa; als er später davon erfuhr, bedauerte er lebhaft das Geschehene.[2]) Megalius erkannte bald, daß man ihn getäuscht hatte, und bekannte öffentlich seinen Irrtum.[3]

Augustinus' Weihe zum Bischof erfolgte zwischen Christi Himmelfahrt 395 und August 397. Die genaue Datierung ist umstritten. Fest steht, daß er im August 397 als Bischof von Hippo die Dokumente des Konzils von Karthago unterzeichnete. Valerius war also verstorben. Auf Augustinus lag nun die volle Verantwortung als Bischof; und das sollte dreiunddreißig Jahre lang so bleiben.

Über diesen außergewöhnlichen Bischof ist uns recht viel bekannt. Wir wissen um sein vielfältiges pastorales und theologisches Wirken und um seine innere Verfassung. Vor allem muß man sich letztere vor Augen halten, denn sie eröffnet einen Zugang zur Seele dieses Mannes — eines zweifellos ungewöhnlichen Mannes, der ein Kontemplativer aus Neigung und ein Bischof aus Gehorsam war.

Das Bischofsamt bedeutete für ihn eine Bürde. Es wurde ihm niemals lieb, auch wenn er es aus Liebe auf sich genommen hatte und mit Liebe ausübte.

„Ginge es nach mir," so schreibt er um das Jahr 400 an die Mönche von Karthago, „so zöge ich die Ordnung eines gut geführten Klosters vor, wo ich an bestimmten Stunden des Tages mit den Händen zu arbeiten und dann freie Stunden zum Lesen und Gebet oder zum Studium der Schriften hätte, anstatt die Pein und Zweifel um die Angelegenheiten anderer zu leiden... Aber wir sind Diener der Kirche und vor allem ihrer schwächeren Mitglieder."[4]

Er fühlte sich wirklich als „Diener Christi und in dessen Namen als Diener seiner Diener"[4] Von ihm stammt das Wort: *Praeesse est prodesse* (Vorstehen heißt dienen). Für sich und die anderen zog er daraus viele Konsequenzen. Er ging dabei so weit, einen nicht als Bischof anzusehen, der aufs Führen und nicht aufs Dienen bedacht war. Seine Begründung: Das Bischofsamt ist ein Dienstauftrag und kein Ehrenamt.[5]

Das Thema des Dienens war ein Leitmotiv seines Denkens; man kann sagen, daß darin seine ganze Spiritualität als Bischof wurzelte. „Ich muß mich hauptsächlich um die Kirche kümmern, die mir anvertraut ist als Diener ihres Guts und der ich weniger vorzustehen als vielmehr zu dienen bestrebt bin: *Non tam praeesse quam prodesse desidero.*“[6] Im besonderen anläßlich der Bischofsweihe eines Kollegen oder am Jahrestag seiner eigenen Weihe kam Augustinus immer wieder auf das Thema des Dienens zu sprechen. „Eine Gemeinde führen heißt zunächst einmal der Diener vieler sein.“ Man führt, wenn man dient. Seine Schlußfolgerung war, daß es keine schlechten Bischöfe gebe; denn wenn sie schlecht seien, dann seien sie keine Bischöfe. Und auf den möglichen Einwand: Bischof ist, wer im Amt steht, antwortete Augustinus mit dem ironischen Wort: „Auch die Vogelscheuche steht im Weinberg.“ Trotz ihrer rigorosen Folgerichtigkeit hinderte diese Einstellung den frommen Bischof nicht, die Gläubigen zu warnen, an einem unwürdigen Amtsträger Anstoß zu nehmen. Hinsichtlich dieser Frage berief er sich auf das grundlegende Prinzip der Sakramentalität und der kirchlichen Disziplin: Das Amt des Bischofs hängt nicht von dessen moralischen Eigenschaften ab. Wein ist Wein, auch wenn er zwischen Dornen wächst; und Brot ist Brot, auch wenn es auf irdenen Tellern serviert wird.[7]

An den Jahrestagen seiner Bischofsweihe nutzte er die Gelegenheit, sich die Schwere der Verantwortung in Erinnerung zu rufen und die Gläubigen um ihre Hilfe im Gebet und um Gehorsam zu bitten. „Kommt uns in dieser so gewichtigen, so vielschichtigen und mannigfaltigen Tätigkeit mit Gebet und Gehorsam zur Hilfe, damit weniger das Führen als vielmehr das Für-Euch-da-Sein unsere Freude sei.“[8]

Im Afrika des 4. Jahrhunderts und in einer Stadt wie Hippo, in deren Hafen Menschen aus vielen Ländern zusammenkamen, auf deren Märkten eine gebildete Stadtbevölkerung mit den Bewohnern aus dem Hinterland zusammentraf, inmitten einer liebenswerten, aber ungeschlachten, sowohl religiös wie gesellschaftlich sehr gemischten Bevölkerung war die Aufgabe eines Bischofs alles andere als leicht; zumal für einen Mann vom Temperament und von der Radikalität des Augustinus.

Predigten, Katechese, Spendung der Sakramente, Armenbetreuung, Schutz der Kleinen und Mündel, Ausbildung der Priester, Krankenbesuche, Verwaltung der Kirchengüter und die Rechtspflege — all diese Aufgaben erforderten Zeit, Einsatz und Kräfte. Ganz zu schweigen von der Aufgabe, den Glauben von Häresien rein zu halten und die Einheit der Kirche vor einem Schisma zu bewahren.

Als besondere Belastung empfand Augustinus — und wohl nicht nur er — die Rechtspflege. Das Anhören, Ermahnen und Entscheiden in stundenlangen Gerichtsverhandlungen war eine mühsame und aufreibende Tätigkeit. Ohne Rücksicht auf sich selbst widmete er dieser Aufgabe einen Großteil des Tages, zuweilen bis zur Essenszeit, zuweilen auch den ganzen Tag mit nüchternem Magen.[9]

Empfand er als Bischof von Hippo die Bürde des Episkopats, so entdeckte er auch die Wurzel seiner Aufgabe: „Es soll eine Verpflichtung aus Liebe sein, die Herde des Herrn zu weiden."[10] Diese Worte stammen aus einer Predigt zur Erläuterung des Johannesevangeliums. Johannes (21,15-17) berichtet, wie der Herr, bevor er Petrus seine Herde überantwortet, ein dreifaches Bekenntnis seiner Liebe fordert. Für Augustinus war das Bischofsamt also kein in sich wünschenswertes Gut, sondern ein Amt, das man aus Liebe zu Christus auf sich nimmt.

Aus diesem Grund hatte Augustinus Furcht davor, Bischof zu sein, und er hätte gern „nur" Christ sein wollen. „Es erschreckt mich, was ich für euch bin; hingegen tröstet mich, was ich mit euch bin. Für euch bin ich Bischof, mit euch Christ. Jenes ist der Stand einer Aufgabe, die man erhalten hat, dieses ein Gnadenstand; jenes ist eine Quelle der Gefahr, dieses der Quell des Heils."[11] Er bat auch die Gläubigen, für ihn zu beten, damit er für die ihm anvertraute Herde zu sterben fähig sei, entweder tatsächlich oder mit dem Herzen.[12]

XXII. Kapitel

Verkünder des Wortes

„Bis zur letzten Krankheit predigte Augustinus das Wort Gottes in der Kirche mit Fleiß und Eifer, mit Mut, Klarheit und Stärke des Geistes.“[1] Diese Worte seines ersten Biographen beziehen sich auf fast vierzig Jahre Predigttätigkeit. Seine schwache Gesundheit, seine leise Stimme und seine Sehnsucht nach Stille für Studium und Meditation haben das intensive Wirken des Augustinus als Prediger nicht beeinträchtigt. Dies nicht nur in Hippo, sondern in allen Kirchen Afrikas, wo man ihn zu Besuch erwartete oder wo er auf einer Durchreise vorbeikam; nicht zuletzt in Karthago. In einem Rückblick auf sein Wirken bedauerte Augustinus am Ende seines Lebens: „Wo immer ich war, mußte ich zum Volk sprechen; selten war es mir vergönnt, zu schweigen und anderen zuzuhören.“[2]

Gewöhnlich predigte er zweimal wöchentlich — samstags und sonntags —, häufig mehrere Tage hintereinander, zuweilen sogar zweimal täglich. In fünf Jahren als Priester und 34 Jahren als Bischof ergibt das eine ungeheuere Anzahl von Predigten, selbst wenn man die häufigen langen Reisen sowie die nicht seltenen Krankheitszeiten abzieht. Erhalten geblieben sind nicht einmal tausend; doch auch dafür müssen wir den tüchtigen Stenographen dankbar sein. Die anderen wurden nie veröffentlicht, sind unwiederbringlich verlorengegangen oder liegen in irgendwelchen Bibliotheken verborgen. Man hat die Predigten des Augustinus in Gruppen eingeteilt: Kommentare zum Evangelium und zum ersten Brief des Johannes, Kommentare zu den Psalmen und Ansprachen, die verschiedene Themen behandeln, wobei letztere wiederum unterteilt sind: Kommentare zur Schrift, Predigten zum Kirchenjahr und Predigten bei besonderen Anlässen.

Das Predigen kostete den Bischof von Hippo ungeheuere Mühe wegen der körperlichen Anstrengung, die es erforderte — nicht selten war er gezwungen, aufgrund von Erschöpfung oder mehrmaligem Versagen der Stimme die Ansprache abzubrechen.[3] Oft fühlte er schmerzlich das Mißverhältnis zwischen Rede und Gedanken. Nicht selten schlug sich dieses Leid in seinen Predigten nieder:

„Niemand liebt die geborgene und ruhige Stille der Beschaulichkeit mehr als ich. Nichts ist besser, nichts tut wohler, als fern vom Treiben der Welt den göttlichen Schatz zu ergründen. Welch erbauliche, welch gute Beschäftigung! Predigen, Tadeln, Verbessern, Erbauen und den Bedürfnissen eines jeden nachkommen ist hingegen eine solche Last, eine große Bürde, eine schwere Mühe. Wer wollte sich nicht solcher Mühe entziehen? Davon hält mich jedoch das Evangelium ab."[4]

Den Kontrast zu erfahren, der beim Reden spürbar wird, zwischen der im Inneren aufleuchtenden Wahrheit und der Unzulänglichkeit der geäußerten Worte, war sehr schmerzlich für Augustinus.[5] Vielleicht entspringt gerade diesem Schmerz, dieser inneren Spannung die Faszination der augustinischen Beredsamkeit. Augustinus hatte nicht den überschwenglichen Wortschatz eines Gregor von Nazianz noch den Bilderreichtum eines Chrysostomos noch die kunstfertige Erhabenheit eines Ambrosius noch die römische Feierlichkeit Leo des Großen. Seine Reden zeichneten sich aus durch gedankliche Tiefe, Gewandtheit und Eindringlichkeit, durch Unmittelbarkeit, Einfühlungsvermögen in der Darlegung, poetische und mystische Erhabenheit.

Gegen Ende seines Lebens — im Jahr 427 — schrieb er eine kurze Abhandlung über die Beredsamkeit als viertes Buch von *De doctrina christiana*. Er rief darin dringend dazu auf, sich kein Beispiel an ihm zu nehmen, denn er wisse um seine vielen Mängel; in Wirklichkeit spiegelt jene Theorie aber seine eigene Erfahrung wider. In Anlehnung an einen „gewissen Redner", nämlich Cicero, unterschied Augustinus drei Arten des Predigens: schlicht — bilderreich — feierlich, denen drei verschiedene Stile entsprechen: schlicht, gemäßigt, erhaben. Augustinus wußte sie alle drei zu verbinden und ging mit größter Natürlichkeit von einem zum anderen über.

Ohne die Kunstgriffe und Regeln der antiken Redekunst außer acht zu lassen, bestand er darauf, daß die Heilige Schrift Maßstab der Redekunst sein müsse. In der Heiligen Schrift (sowie bei Cyprian und bei Ambrosius) weist er Beispiele aller drei Stilarten auf. Der ist für ihn ein geistlicher Redner, welcher „die Schrift auslegt und lehrt"[6]. Dieser muß in der Lage sein, mit Weisheit und Beredsamkeit zu sprechen. Wenn ihm die Beredsamkeit abgeht, dann wenigstens mit Weisheit. „Seine Rede wird um so weiser sein, je tiefer seine Kenntnis der Schrift ist. Ich meine damit nicht, daß er sie fleißig liest und auswendig lernt, sondern daß er sie recht versteht und ihre Belehrung zu erforschen eifrig sich bemüht, also mit dem geistigen Auge den Kern der Schrift selbst durchdringt."[7] Zum Reden bedarf es der Kunst des Hörens. Daher wird „nach außen hin wirkungslos das Gotteswort predigen, wer nicht im Innern darauf hört"[8]. Er ist ein Meister, aber fühlt sich als Schüler. Er möchte die anderen an dem gleichen Tisch nähren, an dem er sich selbst nährt. „Von diesem Pult herab sind wir wie die Meister für euch, doch zusammen mit euch sind wir Mitschüler unter dem einen Meister."[9]— „Ich gebe euch eine Nahrung, von der ich selbst lebe; ich stelle auf euren Tisch die Speisen, von denen ich selbst mich sättige. Ich bin ein Diener und nicht der Hausherr."[10]

Nichts wollte Augustinus seinem Volk vorenthalten von den Einsichten, zu denen er beim Meditieren der Heiligen Schriften gelangt war. Für ihn gab es dabei nicht zweierlei Lehren: eine für den einfachen und eine für den gebildeten Menschen. Die Quelle der christlichen Wahrheit ist eine einzige und muß allen zugänglich sein, auf daß alle ihren Durst stillen können. Daher sind die Themen seiner Predigten dieselben, die er in seinen *opuscula in libris*, selbst in den anspruchvollsten, behandelt. Es sind die in *De Trinitate*, *De civitate Dei*, *De Genesi ad litteram* und in den polemischen Schriften behandelten Themen, die viele Gebiete der Theologie berühren sowie viele in der Bibel behandelte Fragen. Oft sind sie von Herausforderungen polemischer Art diktiert, ebenso oft jedoch zur Erbauung der Gläubigen und aus der Freude heraus gewählt, die Schätze der Wahrheit zu erforschen.

Die Predigten sind eine wertvolle Erläuterung und häufig eine sehr nützliche Erhellung seiner bedeutendsten Werke. Die Notwendigkeit, sich dem einfachen Volk verständlich zu machen, ließ Augustinus nach treffenderen Ausdrücken suchen, nach umfassenderer und detaillierterer Darstellung, nach lebendigen Bildern und Beispielen. Mit anderen Worten: Die Predigten des Augustinus sind analytisch und synthetisch zugleich. — Analytisch, damit die Tiefe der Gedanken sichtbar wird, synthetisch, um diese in Formeln zusammenzufassen, die zuweilen einprägsam wie Sprichwörter sind. In den Predigten findet man die Themen der Hauptwerke wieder. Nach *De Trinitate*[11] ist der Kommentar zum Johannesevangelium das wichtigste Werk zum Verständnis der augustinischen Trinitätstheologie.

In seinen Predigten begegnen wir dem mystischen und poetischen „Aufstieg" zu Gott wie in keinem anderen seiner Werke (abgesehen von den *Bekenntnissen*). Beim Predigen fühlte sich Augustinus in vertrautem Kreis; da öffnete er sein Herz und enthüllte seine innersten Gedanken.

Der leidenschaftliche Ton, mit dem die Psalmdichter Lob und Dank singen, ermahnen und Gott anrufen, war Augustinus seit seiner Bekehrung ins Herz gedrungen.[12] Immer wieder waren sie Gegenstand seiner Meditation, und er nahm sie für sein tägliches Gebet. Als Priester faßte er dann den Plan, sie allesamt zu kommentieren als eine Hilfestellung für das Volk, das sie auswendig konnte und in der Kirche und zu Hause sang, damit es ihren Sinn verstehe und ihre Schönheit entdecke. Das verwirklichte er vorwiegend in seinen Predigten. Das Ergebnis war ein umfassendes Werk — das umfangreichste seiner Werke —, das den Autor seit der Priesterweihe und über lange Jahre des Bischofsamtes hinweg beschäftigte (392-415; für einige Psalmen auch noch später). Hier geht es um alle Fragen des menschlichen Lebens und der christlichen Frömmigkeit, von den Abgründen des Sünders, der Barmherzigkeit erfleht, bis hin zu den Gipfeln des kontemplativen Menschen, der Gott preist und lobt.

Um die Sprache lebendiger und zeitgemäßer sowie den Kommentar eindringlicher zu gestalten, bediente sich Augustinus der christologischen Interpretation der Psalmen, in denen man — wie er es ausdrückt — die Stimme Christi und der Kirche, die Stimme Christi in der Kirche und die Stimme der Kirche in Christus vernimmt.

Eine Fundgrube exegetisch-dogmatischer Lehren ist der Kommentar zum Johannesevangelium. Es versteht sich, daß Augustinus sich hier, den Worten des Evangelisten folgend, zu den höchsten theologischen und philosophischen Meditationen erhebt. Auch Plotin ist ihm für das Verständnis des Evangeliums von Nutzen. Die schwierigsten Stellen schrecken ihn nicht ab, sondern stimulieren seinen Geist und vermehren seinen Wissensdrang. Da weiß Augustinus Tiefsinn mit Klarheit und Originalität mit Einfachheit zu verbinden.[13]

Sein Kommentar zum ersten Johannesbrief, genauer zu den Eingangsversen des Briefes, gehört wohl zum Besten, was die christliche Literatur über das Thema der Liebe hevorgebracht hat.

Außer zum Studium der Heiligen Schrift fordert Augustinus in seiner erwähnten Abhandlung den Prediger zum Gebet auf. „Erst beten, dann reden."[14] Eine Aufforderung, die seine eigene Haltung widerspiegelt. In Meditation und Gebet bereitete er sich vor. Schlicht und ungezwungen begann er stets seine Rede, indem er den Gläubigen ans Herz legte, für ihn zu beten, daß er seine Schuld ihnen gegenüber begleichen könne; oder er sagte, er freue sich, daß sie sicher schon für ihn gebetet hätten.

Manchmal mußte er aus dem Stegreif sprechen. Dann ließ er sich vom Strom der Gedanken der Heiligen Schrift erfassen und kam auf jene Ideen zurück, die ihm am geläufigsten waren. Das geschah beispielsweise, wenn ein Mitbruder ihn aufforderte zu predigen und ein anderes als von ihm vorbereitetes Thema vorschlug oder wenn der Vorsänger einen anderen als den von ihm angegebenen Psalm anstimmte. Solche Vorfälle sah Augustinus als ein Zeichen des göttlichen Willens. Er ließ das vorbereitete Thema beiseite und griff das ihm zugewiesene auf.

„Ich hatte mich darauf vorbereitet, einen kurzen Psalm zu erläutern, und ihn dem Lektor zum Vorsingen angegeben; vielleicht war dieser zerstreut: Er hat einen anderen gesungen. Lieber will ich Gottes Willen befolgen, der sich in diesem Fehler des Lektor offenbart, als euch nach meinem Willen das vortragen, was ich vorbereitet hatte.“[15]

Seine Predigten hatten einen ausgesprochen volksnahen Stil: Er verschmähte zwar die Mittel der Rethorik nicht, wollte aber vor allem einen vertrauten Dialog mit dem Volk führen, das in Gemeinschaft mit seinem Hirten lebt und gemeinsam mit ihm auf dem Weg ist. Es war eine neue Art der Beredsamkeit, die sich an den praktischen Erfordernissen orientierte. Augustinus benutzte dabei viele Redewendungen aus der Umgangssprache. „Lieber will ich von den Grammatikern bemängelt als nicht vom Volk verstanden werden.“ Das Volk folgte ihm aufmerksam, gerne und verständig; es reagierte, unterbrach ihn und klatschte. Der Redner nutzte seinerseits die Reaktionen für hilfreiche Exkurse, ließ sich jedoch niemals von seinem Hauptgedanken abbringen oder vom Beifall beirren. Er wollte nämlich nicht, daß sie etwas vorheuchelten, was im Widerstreit mit ihrer Lebenswirklichkeit stand. „Gutes Verhalten will ich, keinen Beifall.“[16] — „Ich will nicht gelobt werden von denen, die schlecht leben. Das verabscheue ich zutiefst; das bereitet mir Schmerz und keine Freude... Ihr zollt mir Beifall, doch frage ich mich, wie die leben, die mir zujubeln.“[17] Kam solcher Beifall zum Zeichen, daß das Volk verstanden hatte, nahm er das erfreut als Anregung auf, mit einem schwierigen Thema fortzufahren. Zum Beispiel mit dem Thema der Dreieinigkeit.[18] Er verhehlte jedoch auch nicht, daß das Lob eine Versuchung für ihn darstellte, und wußte nicht, wie er sich dem entziehen sollte. „Die Behauptung, ich wolle nicht von denen gelobt werden, die ein rechtes Leben führen, wäre eine Lüge... Ich will es nicht gänzlich, um nicht der Gefahr des menschlichen Lobes anheimzufallen; noch will ich es gänzlich nicht, um nicht undankbar zu sein gegenüber jenen, denen ich predige."[19] Die Wirkungen seiner Predigten waren vielfältig.[20] Aus seinen Worten sprach die aufrichtige und uneigennützige Liebe des Hirten, und die Gläubigen konnten dem nicht widerstehen. „Was ich will, was ich wünsche, was ich ersehne, warum ich rede? Warum ich hier sitze? Wozu ich lebe? Wozu anders, als daß wir alle zusammen mit Christus leben? ... Das ist mein Bestreben, meine Ehre, mein Ruhm, meine Freude, mein Gut ... Ich will das Heil nicht ohne euch."[21]

XXIII. Kapitel

Die Botschaft von der Güte der Dinge

Seine Priesterweihe fiel in eine Zeit einschneidender Umwälzungen und heftiger Auseinandersetzungen. Augustinus hielt es für seine Pflicht einzuschreiten. Dies tat er ohne Rast und Ruh. Er schritt ein gegen die Manichäer, gegen die Donatisten, Pelagianer, Arianer und Heiden. Nicht gegen sie als Menschen — als solche respektierte und liebte er sie; sondern gegen ihre Irrtümer, die er unerbittlich bekämpfte, wo immer er sie antraf. Keine Anschuldigung gegen den katholischen Glauben ließ er unerwidert; keine irrige oder für solche gehaltene Meinung unwiderlegt; und das immer wieder in Ansprachen, Briefen und Büchern — vor allem den Manichäern gegenüber.

Werke gegen die Manichäer

Die Verteidigung des katholischen Glaubens gegen die Manichäer begann als Wunsch bereits vor der Taufe in Cassiciacum in ihm zu erwachen[1]; wurde dann in Rom wenig später tatsächlich angefaßt[2] und fand in Tagaste ihre Fortsetzung in Werken, deren hauptsächlicher oder ausschließlicher Zweck es war, jene Doktrin zu widerlegen.[3] Nach seiner Priesterweihe galt sein Augenmerk in erster Linie den alten Glaubensgenossen, gegen die er zahlreiche Werke zu schreiben begann. Eines haben wir bereits erwähnt: *Vom Nutzen des Glaubens,* das sich gegen den manichäischen Rationalismus richtet. Das *Die zwei Seelen* betitelte Werk bekämpft einen weiteren grundlegenden Lehrsatz des Manichäismus, wonach im Menschen zwei Seelen, eine gute und eine böse, leben würden, die sich gegenseitig bekämpften. Die erste komme von Gott, die zweite aus der Finsternis; von dieser gehe alles Böse aus, das der Mensch tue, von jener alles Gute.[4]

Zu etwa derselben Zeit — genauer am 28./29. August 392 — führte Augustinus einen Disput mit einem manichäischen Priester namens Fortunatus. Dieser lebte seit vielen Jahren in Hippo und hatte dort zahlreiche Anhänger gefunden. Man hielt ihn für einen Gelehrten. Katholiken und Donatisten baten — ausnahmsweise einig — Augustinus, mit ihm über die Wahrheit des Manichäismus zu diskutieren. Augustinus erklärte sich dazu bereit. Fortunatus, der Augustinus von Karthago her kannte, als sie Glaubensgenossen waren, hätte gerne darauf verzichtet. Aber die Seinen drängten ihn, darauf einzugehen, um der Schmach, sich verweigert zu haben, zu entgehen. Die Diskussion fand öffentlich statt und dauerte zwei Tage. Zum Thema hatte sie das zentrale Problem des Manichäismus: den Ursprung des Bösen. Am zweiten Tag gab Fortunatus zu, er sei außerstande zu antworten, und zog sich schweigend zurück. „Er wurde nicht katholisch, verließ aber Hippo."[5] So berichtet es Augustinus in den *Retractationes*. Possidius fügt hinzu: „Und der unverfälschte katholische Glaube eroberte die Herzen."[6]

Einige Zeit später bekam Augustinus mehrere Streitschriften von Adimantus, einem Jünger Manis, in die Hände. Dieser versuchte zu beweisen, daß Gesetz und Propheten im Gegensatz zum Neuen Testament stünden. In seinen Erwiderungen führte Augustinus zunächst die Aussagen der Gegner an und ließ dann die eigenen folgen. Daraus entstand ein ganzes Buch. Auf einige Fragen wird darin — eigenartigerweise — zweimal eingegangen, und zwar deshalb, weil die auf Einzelblättern aufgezeichneten Antworten verlorengegangen und, als sie wiedergefunden wurden, bereits neu diktiert worden waren. Auf einige Fragen antwortete er in Predigten, auf andere ging er erst gar nicht ein; dringendere Angelegenheiten ließen sie in Vergessenheit geraten.[7]

Nach seiner Weihe zum Bischof, möglicherweise 397, während er die von Simplicianus erhobenen Fragen beantwortete, machte er sich daran, den sogenannten *Gründungsbrief* des Mani zu widerlegen. Es handelte sich um ein Lehrschreiben mit den Grundsätzen der manichäischen Religion: eine Art Katechismus. Er wurde den Anhängern vorgelesen zu ihrer Erleuchtung, damit sie durch die Einhaltung der darin enthaltenen Weisungen das Leben in Herrlichkeit erreichten. Augustinus, der ihn bestens kannte, widerlegte den ersten und zugleich wichtigsten Teil. Nachdem dies geschehen war, brach auch der Rest zusammen. Der Begründer der Sekte bezeichnet sich darin als Apostel Christi durch die Vorsehung des Vaters. Augustinus versah den gesamten Text mit Anmerkungen — ein erwähnenswertes Charakteristikum seiner Arbeitsweise — als Gedächtnisstütze für eine etwaige vollständige Gegenschrift; doch dazu kam es nicht.[8]

Nur kurze Zeit verstrich, bis er sich an ein noch größeres Werk machte. Er hatte die *Bekenntnisse* noch nicht beendet, als er begann, zahlreiche „Artikel“ des Manichäerbischofs Faustus zu widerlegen. Es handelte sich um jenen Faustus, dem Augustinus in Karthago begegnet war und den er in Mailand seiner sprachlichen Begabung wegen für Ambrosius überlegen gehalten hatte.[9] Er „hatte ein Buch gegen den wahren Glauben und die katholische Wahrheit veröffentlicht. Dieses Buch kam uns unter die Augen; die Brüder lasen es, und im Namen der Liebe, deren Diener wir sind, baten sie uns flehentlich um eine Erwiderung“[10]. So kam ein großes Werk zustande, das sich aus 33 teils recht kurzen und teils sehr langen Büchern zusammensetzt. Auch hier verfuhr Augustinus wie erstmals bei der Erwiderungsschrift gegen Adimantus. Zunächst zitiert er den Gegner, dann folgt die Antwort. Dank dieser wissenschaftlichen Ehrlichkeit ist uns das Werk des Faustus erhalten geblieben.

Gleichzeitig verfaßte Augustinus eine Schrift *Die Natur des Guten*, um wiederum gegen die Manichäer zu beweisen, daß Gott in seiner Wesenheit unwandelbar ist, das höchste Gut, und daß von ihm alle körperlichen und geistigen Dinge ausgehen, die, insofern sie sind, gut sind.[11]

Unverzüglich machte er sich an eine weitere Schrift. Der Anlaß war ein Brief aus Rom von einem gewissen Secundinus, einem manichäischen „Hörer“, der ihn freundschaftlich zur Rückkehr zu der Sekte ermahnte, die er aus Ruhmessucht sowie aus Furcht vor den Menschen verlassen habe. Er gab Augustinus zu bedenken, daß sein Heil von dieser Rückkehr abhänge und andernfalls keine Rettung für ihn möglich sei. Den Mahnworten folgte eine Verteidigung der eigenen Sekte und ein Angriff gegen den katholischen Glauben. Wie man sich vorstellen kann, ließ der Bischof von Hippo nicht mit einer Antwort auf sich warten. Augustinus antwortete mit einem langen Brief, der aufgrund der fehlenden Überschrift im Rahmen seiner Werke übersehen wurde. Es handelt sich um *Gegen den Manichäer Secundinus*, in dem ebenfalls dessen Brief vorangestellt ist. Augustinus selbst bezeichnet diese Antwort als seine beste Schrift wider die „Plage des Manichäismus“[12]. In der Tat enthält sie eine kleine Summa der katholischen Lehre zur Schöpfung aus dem Nichts, zur Gottheit Christi und zu unserer Gotteskindschaft, zu Wesen und Ursprung des Bösen, zur Ehe und zur Freiheit. Der Autor verweist den Adressaten dieser Schrift auf sein Werk *Der freie Wille*, „das du in Nola in Kampanien bei dem Gottesdiener Paulus finden kannst“[13].

Die letzte Aufgabe war der Disput mit Felix, einem der Lehrer der Sekte, der in Hippo auf der Suche nach neuen Anhängern war. Im

Verlauf einer Diskussion mit Katholiken hatte dieser verkündet, er wolle sich zusammen mit Manis Schriften bei lebendigem Leib verbrennen lassen, wenn man ihnen irgend etwas Negatives würde aufzeigen können. Augustinus forderte ihn schriftlich dazu auf, die von Fortunatus ungelöst gelassene Frage öffentlich zu disputieren oder aus Hippo fortzugehen.[14] Nach einigem Zaudern ging Felix auf den ersten Vorschlag ein. Der Disput wurde am 7. und 12. Dezember 404 in der Kirche vor dem Volk ausgetragen.[15] Am Ende der zweiten Diskussionsrunde erklärte sich Felix geschlagen, wandte sich vom Manichäismus ab und wurde katholisch.[16]

So fand nach 16jährigem Bemühen einen Abschluß, was Augustinus viel Schlaf geraubt hatte: den katholischen Glauben gegen jene zu verteidigen, denen er in jugendlichen Jahren selbst angehört hatte. — Was aber warf Augustinus den Manichäern vor? Gewiß nicht das Streben nach Weisheit, das er stets teilte; nicht den Gottesdienst und das unablässige Beten; nicht das wache Gespür für die Fragen des Bösen; nicht die Notwendigkeit der Läuterung, um die Finsternis abzulegen und sich in Licht zu hüllen; nicht den Vorsatz, ein christlich vollkommenes Dasein zu leben; nicht die Organisation ihrer Kirche noch ihr Zusammengehörigkeitsgefühl. Dies waren positive Werte, die er geschätzt hatte und weiterhin schätzte. Seine Kritik richtete sich gegen die Verbreitung ihrer schweren Irrtümer metaphysischer, sittlicher, exegetischer und methodischer Art sowie gegen die schweren Anschuldigungen, die sie gegen die katholische Kirche vorbrachten. Die Aufgabe, jenen Anschuldigungen und Irrtümern entgegenzutreten, die er bereits als Laie übernommen hatte[17], veranlaßte ihn nun als Bischof, eine umfassende metaphysische Lehre vorzulegen, die Moral des Evangeliums zu erläutern, die Einheitlichkeit der christlichen Offenbarung zu wahren und eine stichhaltige apologetische Beweisführung auszuarbeiten.

Die Glaubwürdigkeit der katholischen Kirche

Beginnen wir beim letzten: Der manichäische Rationalismus nötigte Augustinus, das Verhältnis zwischen Vernunft und Glauben näher zu beleuchten. Die im Verlauf seines langen und beschwerlichen Bekehrungsweges erkannten Prinzipien[18] fanden in all seinen Werken ihren Niederschlag. Überall scheint jene Ausgewogenheit der Weisheit durch, die von Rationalismus und Fideismus gleich weit entfernt ist. Der

Glaube geht der Vernunft voraus; aber auf ihre Art geht die Vernunft dem Glauben voraus.

Also „glaube, damit du erkennst“[19], denn das Verständnis ist der Lohn des Glaubens. Doch auch das Umgekehrte ist wahr: „Erkenne, damit du glauben kannst“[20]; denn die Vernunft beweist, „wem man zu glauben hat“[21]. Tatsächlich glaubt niemand, „wenn er vorher nicht gedacht hat, daß er glauben muß“. Ja, „Glauben ist weiter nichts als ein von Zustimmung begleitetes Denken. Nicht jeder, der denkt, glaubt ..., aber jeder, der glaubt, denkt; und er denkt glaubend und glaubt denkend“[22].

Daraus folgt, daß „auch der Glaube Augen hat“, und zwar mit einer Doppelfunktion: In gewisser Weise sehen wir, daß wahr ist, was wir noch nicht sehen; und mit aller Gewißheit sehen wir, daß wir noch nicht sehen, was wir glauben.[23] Schließlich beweist die Vernunft, daß es nicht töricht ist zu glauben, sondern eher töricht ist, nicht zu glauben.[24] Somit handelte die Kirche weise — die Manichäer beschuldigten sie beharrlich des Gegenteils —, wenn sie von ihren Gläubigen in erster Linie Glauben forderte.[25] Mit ihrer Forderung nach Glauben wollte die Kirche nicht zum Verzicht auf die Vernunft auffordern, sondern vielmehr zu deren Gebrauch, und zwar um die Motive für ihre Glaubwürdigkeit zu erkennen und um die Inhalte ihrer Lehre erkennend zu durchdringen. So entsteht die Wissenschaft des Glaubens, die Theologie.

„Aufgabe dieser Wissenschaft ist die Zeugung, Pflege, Bewahrung und Stärkung des heilbringenden Glaubens, der den Menschen zum ewigen Leben führt. Nicht viele Gläubige sind dieser Wissenschaft mächtig, auch wenn sie einen großen Glauben haben. Einfach zu wissen, was man zur Erlangung des seligen Lebens, das nur ewig sein kann, glauben muß, heißt nicht schon, es so zu wissen, daß es zum Nutzen für die Guten und zur Bewahrung vor den Bösen dient.“[26] Augustinus schließt nachdrücklich: „Daher gilt der Grundsatz: Die Schwachen in die Sicherheit der Glaubensfeste zu bringen und dann mit allen Kräften der Vernunft für sie streiten.“[27]

Einer dieser Streiter, dieser „Menschen von frommer Gelehrtheit und wahrer Geistlichkeit“[28], war unzweifelhaft Augustinus selbst. Er erhellte die Gründe für die Glaubwürdigkeit des Glaubens, erwiderte auf die Einwände der Manichäer und deckte die Unhaltbarkeit ihrer Lehre auf. Dazu eine wichtige zusammenfassende Textstelle:

„Abgesehen von der aufrichtigen und unverfälschten Weisheit, deren

Existenz in der katholischen Kirche ihr abstreitet, gibt es viele andere Gründe, die mich veranlassen, in ihr zu bleiben. Dazu veranlaßt mich die Übereinstimmung von Nationen und Völkern; dazu veranlaßt mich die auf Wundern begründete, durch Hoffnung genährte, mit Liebe bekleidete und in geduldigem Ausharren bewährte Amtsgewalt; dazu veranlaßt mich die apostolische Sukzession, die vom Stuhl des Apostels Petrus, dem der Herr nach der Auferstehung aufgetragen hat, seine Schafe zu weiden, bis zum gegenwärtigen Episkopat reicht; schließlich hält mich die Bezeichnung *katholisch*, die nicht ohne Grund diese Kirche allein erlangt hat... Solche Verbundenheit mit dem christlichen Namen veranlassen den Gläubigen, im Schoß der katholischen Kirche zu verbleiben, auch wenn aufgrund der Trägheit unseres Geistes und unserer unwürdigen Lebensführung die Wahrheit noch nicht sichtbar wird. Bei euch, wo es nichts derartiges gibt, das mich anzieht und zum Bleiben veranlassen könnte, hört man das Versprechen, die Wahrheit zu zeigen. Gewiß, wenn dieses Versprechen gehalten und die Wahrheit zweifelsfrei aufgezeigt würde, so wäre ihr der Vorzug zu geben vor allen Gründen, die mich in der katholischen Kirche zu bleiben veranlassen. Aber wenn man etwas nur verspricht und niemals zeigt, dann kann mich niemand von diesem Glauben abbringen, der mit so vielen und so tiefen Banden meine Seele mit der christlichen Religion verknüpft."[29]

In ihrer Abweisung des Alten Testamentes und gleichzeitigen Anerkennung des Neuen Testamentes lag ein — schon erwähnter — Widerspruch in der Lehre der Manichäer. Das hatte Augustinus bereits in seinem ersten Werk gegen die Manichäer gezeigt.[30] In der Tat sahen sie sich gezwungen, mit dem haltlosesten ihrer Argumente aufzutrumpfen, wonach sie die sich auf das Alte Testament beziehenden Textstellen im Neuen Testament als Interpolationen betrachteten, ohne jemals irgendwelche Beweise dafür zu liefern.[31] Die Wahrheit ist, daß das Alte Testament das Neue in sich birgt und ihm den Weg bereitet, während das Neue Testament das Alte offenbart und vollendet. Am Ende des umfangreichen Werkes gegen Faustus wandte Augustinus sich mit folgender Mahnung an sie:

„Wenn ihr der Autorität der Schriften — die einer jeden anderen Autorität vorzuziehen ist — folgen wollt, dann folgt derjenigen, die seit der Zeit Christi über die Apostel und deren Nachfolger, die Bischöfe, bis zu uns gelangt ist und in aller Welt bewahrt, empfohlen und erläutert wird. Daselbst werdet ihr merken, wie Dunkles im Alten Testament zur

Klärung und Vorhergesagtes zur Verwirklichung gelangt. Wenn ihr euch dann von der Vernunft leiten laßt... bedenkt zumindest oder glaubt, was dem menschlichen Geist von Natur aus inne ist, solange keine verderbliche Lehre ihn trügt, nämlich daß Gottes Wesen und Substanz absolut unwandelbar und unvergänglich ist. Dann setzt ihr eurem Manichäismus sogleich ein Ende und werdet früher oder später Katholiken."[32]

Die Sinnlosigkeit des manichäischen Pessimismus

Nicht nur auf spezifisch christlicher Ebene, sondern auch im allgemeineren Bereich der Metaphysik hatte der Bischof von Hippo an den Manichäern nicht weniges zu bemängeln. Er rügte deren Materialismus, Pantheismus, metaphysischen Dualismus und, als letzte Konsequenz, deren Pessimismus. Mühevoll hatte er diese Irrtümer im Verlauf seiner Bekehrung überwunden; und jetzt belehrte er die Gläubigen, wie sie diesen nicht verfallen oder sie überwinden konnten. Aus dieser pastoralen Besorgnis heraus kam er immer wieder auf einige grundlegende Punkte zurück, die das Gerüst seiner Metaphysik ausmachen: die verstandesmäßig erkennbaren Wirklichkeiten, der Gottesbegriff, die Schöpfung, die Freiheit.

Der augustinische Grundsatz der Innerlichkeit ist bekannt: Der menschliche Geist ist von Natur aus in die erkennbaren Realitäten eingebunden und nimmt sie wahr, sobald er sich ihnen zuwendet.[33] Ein Spezialfall dieser Wahrnehmung ist die Gewißheit, zu leben und zu denken in dem, der lebt und denkt[34] — eine Gewißheit, die jedem Zweifel widersteht und jeden möglichen Irrtum überwindet. „Wenn ich zweifle, lebe ich."[35] — „Wenn ich mich irre, bin ich."[36] Die Wahrheit wohnt im Innern des Menschen[37], und der Mensch kann sie nicht ignorieren. Dieser Grundsatz dient nicht nur als Grundlage für den Beweis der Existenz Gottes und der geistigen Natur der Seele, sondern auch zur Beweisführung gegen die Skeptiker und Manichäer: Gegen die einen führt er das Faktum der Gewißheit an, gegen die anderen die Unterscheidung zwischen materiellen und erkennbaren Realitäten. Diese grundlegende Unterscheidung ist eines der bevorzugten Themen der augustinischen Beredsamkeit. Man spürt, wie der Hirte seinen Gläubigen zur Einsicht in die geistigen Wirklichkeiten — Wahrheit, Gerechtigkeit, Weisheit — verhelfen will, auf daß sie dem Materialismus entkommen und zu Gott aufsteigen mögen. Im Innern des Menschen leuchtet das Bild Gottes auf. „Worin ist der Mensch nach dem Ebenbild Gottes geschaffen? In seiner Intelligenz und seinem Geist, in seinem Inneren, darin, wodurch er die Wahrheit schaut, die Gerechtigkeit von der Ungerechtigkeit scheidet, wodurch er weiß, von wem er geschaffen ist, seinen Schöpfer erkennen und ihn preisen kann."[38] Hält der Mensch Einkehr bei sich selbst, wird ihm bewußt, daß er ist, denkt und liebt. Er sucht das Sein, die Wahrheit, die Liebe selbst — und das ist Gott.

Im allgemeinen ist man der Ansicht, der Bischof von Hippo habe mehr Gewicht auf den Begriff von Gott im Sinne von Wahrheit und Liebe gelegt als im Sinne von Sein. Nur schwerlich kann man hier die Unterscheidungen genau festlegen. Fest steht, daß Augustinus oft von Gott als dem ersten und höchsten Sein gesprochen hat, und zwar gemäß der Vernunft und der Offenbarung. Von den wandelbaren Wesen ausgehend steigt die Vernunft auf zum unwandelbaren, zum höchsten Wesen. Indem sie uns Gottes eigentlichen Namen — *Ich bin der Ich-bin* — enthüllt, geleitet uns die Offenbarung zu den Gipfeln der Weisheit und ermahnt uns dazu, über das Geheimnis dieses Namens nachzudenken. Für Augustinus hat „das wahre, das lautere, das echte Sein" nur Gott, denn Gott allein ist das Sein. Er preßt die Sprache in eine Aussage, die sie eigentlich nicht machen kann, und er nennt Gott „Ist". Bei einer Ansprache ans Volk kommentiert er die Worte des Exodus:

„Was soll das bedeuten? Gott, unser Herr, wie heißt du? Er hat gesagt: ‚Ich heiße Ist.' Was bedeutet: ‚Ich heiße Ist'? - Das bedeutet, daß ich in Ewigkeit bleibe, daß ich keinerlei Wandlung ausgesetzt bin. Die Dinge, die sich wandeln, sind nicht; denn sie bleiben nicht. Das, was ist, bleibt... So hat es Gott, der unwandelbar ist, zu Recht gefallen, sich den Namen zu geben: *Ich bin der Ich-bin.*"[39]

In einer anderen Rede ans Volk ruft er aus: „Groß ist dieser Ist, wahrlich groß! Was ist der Mensch im Vergleich zu ihm? Was ist der Mensch, welcher auch immer, im Vergleich zu jenem so großen Ist?"[40]

Der Begriff Gottes als höchstes Sein diente unter anderem dazu, den manichäischen Dualismus zu entwurzeln und seine Absurdität aufzuzeigen. "Das Sein kann keinen anderen Gegensatz als das Nicht-Sein haben. Somit ist keinerlei Wesen Gott entgegengesetzt."[41] Diese in seiner ersten antimanichäischen Schrift dargelegte Anschauung wird immer wieder als grundlegendes und entscheidendes Argument angeführt.

Aus dem Verständnis von Gott als dem höchsten Sein, ja als dem Sein schlechthin, leitet sich die Schöpfungslehre ab, aus dieser die Lehre von der Gutheit der Dinge, daraus wiederum der Begriff vom Bösen als Privation des Guten. Aus dieser Gedankenfolge wird verständlich, warum Augustinus in seiner Polemik mit den Manichäern immer wieder auf die Schöpfungslehre zurückkam. „Der katholische Glaube fordert den Glauben, und die Vernunft lehrt mit Gewißheit, daß die Materie, aus der alle Dinge gemacht sind, keinen anderen Ursprung als Gott haben kann, welcher der Anfang und Schöpfer aller Dinge ist, und nicht allein derer, die Gestalt haben, sondern auch derer, die solche annehmen können."[42] Diese Aussage gründet auf einem Dilemma: „Alles Gute ist entweder Gott oder kommt von Gott."[43] Nun sind die wandelbaren und begrenzten Dinge nicht das Sein, die Wahrheit, die Schönheit, das Gute; doch haben sie daran teil. Sie sind also nicht Gott, gehen aber von ihm aus. Nicht als dessen Ausfluß — dann wären sie von göttlicher Substanz und Gott gleich; folglich gehen sie von Gott aus als Schöpfung aus dem Nichts. Die in diesem Schluß enthaltene Wahrheit ist lichtvoll und dunkel zugleich; sie ist schwer verständlich. Sie allein aber überwindet sowohl den manichäischen als den platonischen Dualismus, sie allein ist eine einsichtig erscheinende Lösung des geheimnisvollen Ursprungs aller Dinge.

Der Disput mit Felix als Noch-Manichäer hatte dieses Thema zum Mittelpunkt. Augustinus wollte beweisen, daß die menschliche Seele von Gott ausgeht, aber nicht ein Teilstück Gottes ist. Er unterschied daher zwischen Zeugen, Produzieren und Erschaffen; denn ein Ding kann aus einem anderen durch Zeugung, durch Herstellung oder durch Schöpfung hervorgehen.

„Was einer macht, das macht er entweder aus seiner eigenen Substanz oder aus einem Etwas außerhalb seiner selbst oder aus dem Nichts. Der Mensch, der nicht allmächtig ist, zeugt aus seiner Substanz Kinder. Als Zimmermann baut er aus Holz die Arche, aber er macht nicht das Holz selbst; ein Gefäß kann er machen, nicht aber das Silber. Kein Mensch kann etwas aus dem Nichts schaffen, das heißt bewirken, daß etwas sei, was absolut nicht ist. Hingegen Gott, der Allmächtige, hat sowohl aus seiner eigenen Substanz den Sohn gezeugt, als aus dem Nichts die Welt geschaffen; und aus Erde hat er den Menschen geformt. Es besteht ein großer Unterschied zwischen dem, was Gott aus seiner eigenen Substanz gezeugt, und dem, was er nicht aus seiner eigenen Substanz, sondern aus dem Nichts gemacht beziehungsweise bewirkt hat, daß dies das Sein empfinge und unter die Dinge eingereiht würde, die etwas sind, was absolut nicht war.“[44]

Das Gezeugte ist gleich dem Zeugenden, das Geschöpf kann nicht gleich seinem Schöpfer sein. Denn jenes ist von der gleichen Natur wie sein Ursprungsprinzip, dieses ist von anderer Natur, begrenzt, wandelbar und fehlbar.

„Du wirst mir sagen: Warum werden sie (die Dinge) hinfällig? Weil sie wandelbar sind. Warum sind sie wandelbar? Weil sie nicht in höchstem Grade sind. Warum sind sie nicht in höchstem Grade? Weil sie minder sind als jener, der sie erschaffen hat. Wer hat sie geschaffen? Der, welcher in höchstem Grade ist. Wer ist das? Gott, die unwandelbare Dreieinigkeit... Warum hat er sie geschaffen? Damit sie seien. Auch das kleinste Sein ist ein Gut, da das höchste Sein das höchste Gut ist. Woraus hat er sie geschaffen? Aus dem Nichts.“[45]

Daraus ergeben sich zwei wichtige Konsequenzen: die Gutheit der Dinge und die Möglichkeit des Bösen. Sein ist ein Gutes. Daher sind die Dinge, insofern sie sind, gut. Da sie aber aus dem Nichts geschaffen sind, sind sie wandelbar und können vom Bösen angegriffen werden, das heißt eine Privation des Guten erleiden. Doch nicht eine totale Privation, andernfalls würden sie aufhören zu sein. Und so würde das Böse aufhören. Es kann also das Gute ohne das Böse existieren, nicht aber das Böse ohne das Gute.[40]

„Der katholische Glaube lehrt, daß Gott allein die Natur ohne Anfang, das höchste und unwandelbare Gut ist ... Ferner lehrt er: Das höchste und unwandelbare Gut schuf das Weltall und alle Dinge gut, dennoch nicht ihrem Schöpfer wesensgleich, da es sie aus dem Nichts schuf, und daher wandelbar. Also gibt es absolut keine Natur, groß oder klein, wie auch immer, die nicht entweder Gott oder von Gott kommend ist. Nun fragt man sich: Wo liegt dann der Ursprung des Bösen? Unsere Antwort: Im Guten, aber nicht schon im höchsten und unwandelbaren Guten. Die Übel haben ihren Ursprung in den niederen und wandelbaren Gütern... Eine Natur aber wäre wandelbar, käme sie von Gott her, ohne aus dem Nichts geschaffen worden zu sein. Daher ist Gott als der Urheber der Natur der Urheber des Guten. Wenn Dinge aufgrund ihres Zustands eine Privation des Guten erfahren, bezeugen sie nicht, von wem sie geschaffen sind, sondern das absolute Nichts.“

DIE FREIHEIT UND DIE EXISTENZ DES BÖSEN

Die Wandelbarkeit ist ein Angelpunkt der augustinischen Lehre, Ausgangspunkt für den Beweis der Existenz Gottes, offenbart die Geschöpflichkeit der Dinge und erklärt den Ursprung des Bösen. Doch ist das Böse ein zu komplexes und durchlittenes Problem für den Bischof von Hippo, als daß er sich mit solch allgemeinen Erklärungen zufriedengeben könnte.

Es gibt beim Menschen zwei Übel: was er gegen seinen Willen erleidet (Schmerz, Tod und Verwirrung durch Leidenschaften) und was er willentlich begeht (die Sünde). Die Manichäer erklärten das eine wie das andere mit ihrem Dualismus, der, auf den Menschen angewandt, zur Zwei-Seelen-Theorie führte. Augustinus erklärt dieses Übel hingegen mit der Freiheit und deren Mißbrauch. Diese Einsicht kam ihm in Mailand, als er vor seiner Taufe Ambrosius hörte. Er vertrat sie sein Leben lang. In sich selbst erfuhr er in dramatischer Weise den Kampf zwischen „zwei" Willen: der eine blieb den alten Gewohnheiten verhaftet, der andere suchte sich zaghaft davon zu lösen.[47] Augustinus begriff allerdings, daß es das eine Ich ist, das will und das nicht will.

„Ich war es, der wollte; ich war es auch, der nicht wollte; ich war es, ich allein. Ich wollte nicht gänzlich, noch wollte ich gänzlich nicht. Daraus ergab sich der Widerspruch in mir selbst, der Zwiespalt in mir. Ein Zwiespalt, der gegen meinen Willen entstand, nicht aber deswegen die Existenz einer fremden Seele bewies, sondern die Strafe der eigenen."[48]

Das Übel der Sünde liegt also nicht in den Dingen an sich, die gut sind, sondern im Mißbrauch der Freiheit, wodurch ein Mangel an Aufrichtigkeit und sittliches Verderben entsteht.

„Ein großer Irrtum, ein großer Wahn ist es, in die Dinge selbst, deren sich die Menschen falsch bedienen, das Schlechte dessen hineinzulegen, der darüber falsch verfügt."[49] — „Tatsächlich liegt, wenn man sündigt, das Böse nicht im Objekt, sondern in der Handlungsweise, da es keine an sich schlechten Naturen gibt... So ist der Geiz nicht ein Laster des Goldes, sondern des Menschen, der das Gold in lasterhafter Weise liebt und von der Gerechtigkeit abläßt, die allem Gold voranzustellen ist. Die Wollust ist kein Laster des mit Anmut und Schönheit bedachten Körpers, sondern der Seele, die in lasterhafter Weise die Freude der körperlichen Begegnung mißbraucht... Die Selbstgefälligkeit ist kein Laster des Lobes, sondern der Seele, die in sündhafter Weise nach Lob strebt und dabei das Gewissen außer acht läßt. Und der Stolz ist nicht ein Laster dessen, der die Macht verletzt, oder der Macht selbst, sondern der Seele, die in lasterhafter Weise ihre eigene Macht liebt und dabei die mächtigere und gerechtere Gewalt verachtet. Wer also ein Gut jedweder Art in lasterhafter Weise liebt, der, selbst wenn er es erreicht, wird böse, indem er ein Gut erlangt, und elend, da er ein besseres verliert."[50] — „Daher suche keiner die Ursache des bösen Willens; eine solche Ursache ist nicht wirkkräftig, sondern mangelhaft. Der böse Wille ist nicht wirksam, sondern ein Mangel."[51]

Diese Verteidigung der wesenhaften Gutheit der Dinge sowie die Tatsache, daß Augustinus das sittlich Böse stets einem Mangel des menschlichen Willens anlastet, der frei, aber fehlbar ist, kennzeichnen seinen Denkansatz in der Polemik gegen die Manichäer.

Diese beiden Themen klingen auch dort — vielleicht sogar noch stärker — an, wo die Diskussion vom Bösen, das der Mensch begeht, zu dem nicht von ihm begangenen, sondern erlittenen Bösen übergeht. Für dieses Übel, das den ganzen Menschen mit Leib und Seele erfaßt und quält, hatte die Feinfühligkeit des Augustinus stets einen besonders aufmerksam forschenden Blick. Bereits als Heranwachsender wurde ihm das Problem bewußt, und neunzehnjährig sucht er die Lösung bei den Manichäern.[52] Nachdem er die „manichäische Krise" überwunden hatte, stellte sich ihm das Problem erneut in seiner ganzen Dringlichkeit. Von Ambrosius hörte er, daß der Urgrund des Bösen, das wir tun, in der freien Willensentscheidung liegt, während der Urgrund des Bösen, das wir erleiden, in der göttlichen Gerechtigkeit zu suchen sei. Aber es war für ihn schwierig, vor allem den zweiten Teil dieser Aussage zu begreifen. „In jedem Akt der Zustimmung oder Ablehnung bin ich ganz sicher, daß niemand anders als ich selbst zustimme oder ablehne; ich erkannte immer klarer, daß hier der Urgrund meiner Sünde lag."[53] Doch hinsichtlich der anderen Art des Bösen, hinsichtlich des Bösen, das Augustinus vor allem durch den Kampf zwischen Fleisch und Geist auszustehen hatte, stellte er sich die Frage: „Wer schuf mich? War es nicht mein Gott, der nicht nur gut, sondern das Gute schlechthin ist? Von wem also kommt die Zustimmung, die ich zum Bösen gebe, und die Ablehnung, mit der ich mich dem Guten verweigere? Geschieht es, damit ich recht Sühne leiste? Wer aber hat mir diese bittere Pflanze eingepflanzt und aufgepfropft, wenn ich ganz und gar von meinem Gott geschaffen bin?“[54] Diese Fragen fanden ihre Antwort in der katholischen Lehre von der Erbsünde, wonach das Übel, das wir erleiden, durch den freien Willen des ersten Menschen in die Welt gekommen ist. Nun wurde der Rückgriff auf jenen ersten Mißbrauch der Freiheit zur beherrschenden Streitfrage in der Auseinandersetzung mit den Manichäern, und später auch mit den Pelagianern.

Alles Böse ist entweder Sünde oder Folge der Sünde, ist also entweder ein freier Akt des fehlbaren Willens oder dessen Folge. Das ist der Grundtenor in seiner Schrift *Der freie Wille*, die er verfaßte, um zu beweisen, daß beide Übel auf die Willensfreiheit zurückzuführen sind.[55] Gegen die Pelagianer führte Augustinus wiederholt die Übel der Welt als Argument an, das die Erbsünde bestätigt, da er der Auffassung war, daß allein die Erbsünde so viele Übel erklärt und daß allein Christi Erlösungswerk sie überwindet. In seiner letzten Schrift äußert er: „In der Vorsehung des gerechten Gottes kann niemand elend sein, wenn er es nicht verdient hat.“[56]

Die Wunder der Welt und der Mensch

Gibt dieses Argument[57] ihm Anlaß, die Übel dieser Welt in krassen Farben zu schildern, so vergißt er doch nie die Gutheit der Dinge und die Kostbarkeit der natürlichen Gaben, mit denen Gott die sündige Menschheit weiterhin reichlich beschenkt. Wir wollen eine lange und eindrucksvolle Textstelle aus dem *Gottesstaat* zusammenfassen, die zu den schönsten dieses Werks gehört, eine ebenso poetische wie mystische Betrachtung der Wunder von Mensch und All. Augustinus beschreibt darin die Kraft der menschlichen Fruchtbarkeit, die Harmonie und Schönheit des Körpers, die unerschöpfliche Fähigkeit des Geistes, die naturgegebene Möglichkeit, zur Tugend aufzusteigen, die Errungenschaften des Geistes, den Fortschritt von Handwerk, Wissenschaften und Künsten. Dies alles dient ihm als Einleitung zu seinen Ausführungen über die himmlische Seligkeit und zur Beweisführung, daß Gott zwar gerecht bestraft, aber auch mit unendlicher Güte über die Dinge waltet, die er geschaffen hat.

Er beginnt mit den Wundern der Zeugung und der Gestalt des menschlichen Körpers. Gott hat dem Menschen die Macht gegeben, sich fortzupflanzen, bewahrt sie ihm und schreitet mit seinem unablässigen Wirken ein, damit „die Samen zur Entwicklung kommen und aus jenen geheimen und unsichtbaren Schlupfwinkeln wohlgestaltete Körperformen voller Schönheit für unser Auge sich entfalten". „Dieses Werk Gottes ist so groß und wunderbar, daß, recht besehen, nicht nur der Mensch, das edelste und schönste aller Lebewesen der Erde, sondern auch das kleinste Insekt den Geist zum Staunen bringen und seinen Schöpfer preisen läßt."

Und auch die Wunder des menschlichen Körpers sind unergründlich: die Sinnesorgane, die Anordnung der Glieder, seine Gestalt, der Körperbau und seine Haltung; weiterhin die wunderbare Beweglichkeit der Zunge und der Hände, die bestens geeignet sind zum Sprechen und Schreiben sowie zur Fertigung von Kunst- und Handwerken.

Ein anderer Grund zum Staunen ist das Ebenmaß der verschiedenen Körperteile, so daß man nicht zu sagen wisse, ob Gott bei ihrer Schöpfung mehr an das Nützliche oder an das Schöne gedacht habe. Ein Ebenmaß, das nicht nur in den äußeren Gliederteilen besteht. „Könnten wir die Zahlenverhältnisse ergründen, die solches Ebenmaß beherrschen, da selbst die Gedärme, denen nichts Anziehendes anhaftet, eine derart bewundernswerte Schönheit aufweisen, so würden wir eine solch bezaubernde Schönheit erfahren, daß der Geist sie allem anderen dem Auge Gefälligen vorziehen würde." Auch fehlt nicht der Hinweis auf die leibliche Schönheit des Körpers, deren Betrachtung in diesem Leben von den Ausschweifungen der Leidenschaften gestört sei. Doch es wird eine Zeit kommen, da der Leib in Herrlichkeit gekleidet sein wird, und „wir gegenseitig die Schönheit ohne jede Leidenschaftlichkeit genießen werden".

Noch wunderbarer als um den Körper stehe es um den Geist. Die Intelligenz, die im Kind schlummert, die mit zunehmendem Wachstum erwacht und sich entfaltet, ist fähig zu Wissenschaft und Kunst; der Wille zur Tugend. „Allein die Fähigkeit, solche Güter zu erwerben, bedeutet ein so großes, ein so bewundernswertes Gut, daß man gar nicht in angemessener Weise darüber reden und es begreifen kann." — „Hat neben der Kunst, recht zu leben und das unsterbliche Glück zu erlangen, ... menschlicher Geist nicht noch unendlich viele andere Künste erdacht ...? Wie weit hat es der Mensch nicht in der Herstellung von Kleidern und im Bau von Häusern gebracht? Wie weit ist er nicht in Ackerbau und Schiffahrt fortgeschritten? Zu welcher Entfaltung hat er nicht Bildhauerei und Malerei geführt?" Mit zunehmender Bewunderung zählt Augustinus weiter die Entdeckung des menschlichen Geistes in Wissenschaft und Kunst auf, erwähnt auch „die Gifte, Waffen und Maschinen, die er gegen den Menschen selbst erfunden hat" sowie die Scharfsinnigkeit, mit der Philosophen und Häretiker Irrtümer verteidigt haben.[58]

Wie herrlich, wie bewunderungswürdig sie auch sein mögen, all diese Dinge sind doch nur ein Trost für den Sterblichen. Hier richtet der Verfasser des *Gottesstaates* den Blick auf die von Gott durch Christus den Menschen verheißene selige Unsterblichkeit. Hier, das kann man nicht anders sagen, ist der späte Augustinus — er diktierte jenes Werk mit 72/73 Jahren — weit entfernt vom manichäischen Pessimismus, der ihm vorgeworfen wurde und wird. Wenngleich die Auseinandersetzung mit den Pelagianern ihn gezwungenermaßen den Fall des Menschen und seine fatalen Folgen betonen ließ, bewahrte er stets jenen starken Optimismus, der ihm aus der Philosophie und dem Glauben erwuchs, das heißt aus der Schöpfungs- und der Erlösungslehre, die zwei lichtvolle Angelpunkte seines Denkens sind.

XXIV. Kapitel

Augustinus — ein Frauenfeind?

Häufig wird der Bischof von Hippo wegen seiner Sexualethik kritisiert. Gewissermaßen als „Spätfolge“ seines Manichäismus hätte seine Sicht der Ehe pessimistische Züge angenommen und die Würde der Frau schwer verletzt. Dabei beruft man sich auch darauf, daß er als junger Mann 14 Jahre lang eine Lebensgefährtin gehabt und diese dann plötzlich verlassen habe in der Absicht, eine jüngere und reichere Frau zu heiraten, und das — so wird behauptet — ohne jener auch nur eine Träne nachzuweinen. Wir haben bereits dargelegt, daß diese letzte Behauptung unbegründet ist, ja in offenem Widerspruch zu dem steht, was Augustinus in den *Bekenntnissen* schreibt.[1]

Augustinus vertrat mit Entschiedenheit die Ansicht, daß die Ehe von Beginn der Menschheit an eine gottgewollte, natürliche Einrichtung ist und der auf Zusammenleben angelegten Natur des Menschen entspricht.[2] Spiritualistische Deutungen des „Wachset und vermehret euch“ der Genesis waren seinerzeit allerdings bei christlichen Schriftstellern durchaus üblich. In einem Werk, das Augustinus noch als Laie gegen die Manichäer[3] verfaßte, sowie in einem während der ersten Bischofsjahre geschriebenen Buch[4] enthielt er sich jeder Stellungnahme zu dieser Frage. Doch wenig später überzeugte ihn eine aufmerksame Lektüre der Heiligen Schrift davon, daß jene Worte in buchstäblichem Sinn zu verstehen seien.[5] Seitdem vertrat er die Auffassung, die er im *Gottesstaat* so formulierte:

„Wir hingegen sind der festen Überzeugung, daß Wachsen, Sich-Vermehren und Die-Erde-Bevölkern dem göttlichen Segen gemäß eine Gabe der Ehe ist, die Gott im Anfang noch vor dem Sündenfall stiftete, als er Mann und Frau erschuf: Das Geschlecht liegt offensichtlich im Fleisch begründet... Es scheint (daher) völlig klar, daß Gott Mann und Frau mit Körpern verschiedenen Geschlechts erschuf, auf daß sie Kinder zeugen und auf diese Weise wachsen und sich vermehren und die Erde bevölkern — dies abzustreiten wäre wirklich unsinnig.“[6]

Diese entschiedene Stellungnahme bedeutete einen Fortschritt in der Theologie zugunsten der Ehe und der Würde der Frau. Mit gutem Recht antwortet Augustinus später Julian, der ihn in verleumderischer Weise beschuldigte zu lehren, die Ehe sei eine Erfindung des Teufels, kurz und bündig: „Gott hat die Geschlechter geschaffen!“[7]

Auf die Frage, ob die Körper der Toten geschlechtslos auferstehen werden, antwortete Augustinus: „Ich halte für logischer die Meinung derer, welche die Auferstehung des einen wie des anderen Geschlechts annehmen... Den auferstandenen Körpern werden die Laster genommen, aber die ihnen eigene Natur wird bewahrt.“[8]

Augustinus erkannte das Positive der Ehe und vertrat die Auffassung, daß Mann und Frau im Hinblick auf die Reinheit und Keuschheit gleiche Pflichten haben. Die jungen Männer — so die nachdrückliche Weisung des Kirchenlehrers — müßten sich so rein erhalten wie ihre zukünftigen Bräute. Die Männer müßten dieselbe Treue in der Ehe halten, die sie von ihren Frauen verlangten.[10] Sie sollten nicht sagen: Wir sind Männer! Noch sollten sie sich auf das bürgerliche Gesetz berufen. In der Tat sah letzteres schwere Strafe für den Ehebruch seitens der Frau und eine weniger schwere oder gar keine für den Ehebruch seitens des Mannes vor. Augustinus lehrte, daß das Gesetz des Himmels entscheidend sei, wonach sich ein jeder zu richten habe.

Wenn er über die Jungfräulichkeit sprach, machte er es sich zur Pflicht, die gottgeweihten Personen vor der Versuchung zu warnen, die Würde des Ehestandes geringzuachten.[9]

„Ich ermahne diejenigen Männer und Frauen, die sich zur ständigen Enthaltsamkeit und zur heiligen Jungfräulichkeit bekennen, ihrem Gut den Vorrang zu geben, ohne das Heiraten als schlecht anzusehen. Wie wir wissen, stellte der Apostel ohne Trug, sondern in aller Wahrheit fest: Wer heiratet, der tut wohl; welcher aber nicht heiratet, der tut besser. (1 Kor 7,38) ... Das ist die Lehre des Herrn und der Apostel, die wahre und heilsame Lehre: die höheren Dinge ergreifen, ohne die minderen zu verdammen.“

„Jeder Mensch ist Teil des Menschengeschlechts, seiner Natur nach ein soziales Wesen, und besitzt ein großes naturgegebenes Gut, nämlich die Kraft der Freundschaft. Es war Gottes Wille, daß alle Menschen von einem einzigen ihren Ursprung nähmen, auf daß sie nicht nur aufgrund gleicher Art, sondern auch aufgrund verwandtschaftlicher Bande in einer Gemeinschaft vereint wären. Die erste natürliche Vereinigung der menschlichen Gesellschaft ist die zwischen Mann und Frau. Aber nicht einmal sie hat Gott unabhängig voneinander geschaffen und dann wie Fremde miteinander vereint, sondern er brachte die eine aus dem anderen hervor."[11] — „Der Ehebund zwischen Mann und Frau ist ein Gut... Doch sollte man sich fragen, warum er ein Gut ist. Mir will scheinen, daß er es nicht nur um der Kinderzeugung willen ist, sondern auch aufgrund der natürlichen Gemeinschaft zwischen den beiden Geschlechtern. Andernfalls könnte man die Verbindung von alten Menschen nicht Ehe nennen, vor allem wenn sie ihre Kinder verloren oder niemals Kinder gezeugt haben sollten. In einer glücklichen Ehe, auch wenn sie bereits lange Jahre besteht, blüht stets, selbst wenn die jugendliche Glut zwischen Mann und Frau erloschen ist, die ihrem Platz entsprechende Liebe (*ordo caritatis*) zwischen den Eheleuten."[12]

Die Frage der Sexualität trat in den Vordergrund in der Kontroverse mit den Pelagianern. Sie stand im größeren Zusammenhang mit der Frage nach dem Ursprung des Bösen, insbesondere dem Ursprung der ausschweifenden Leidenschaften im Menschen. Die Ursache jenes im Römerbrief (7,14-25) von Paulus so bewegend beschriebenen inneren Ringens[13] ist für den Bischof von Hippo — wie für die Lehre der Kirche — die Folge der Sünde; nach den Pelagianern gehörte es zum Urzustand des Menschen, der diese Erfahrung auch ohne Sünde hätte machen müssen.

Der Bischof von Hippo unterscheidet zwischen dem — guten — Empfindungsvermögen und der ausschweifenden Leidenschaft; letztere nennt er mit dem biblischen Begriff Lüsternheit. „Die Kraft der Empfindung und die Ausschweifung der Lüsternheit sind zwei verschiedene Dinge; sie auseinanderzuhalten befleißige dich, wenn du keinem schweren Irrtum verfallen willst."[14] Sexualität ist ein Gut und ein Grund zum Staunen; ungeordnete sexuelle Leidenschaft hingegen ist ein Übel, da sie über die Vernunft siegt und ihr widersteht. Wie an anderer Stelle führt Augustinus auch hier ein anschauliches Beispiel an. Daß ein Lahmer sich fortbewegen kann, ist eine Folge der Gehfähigkeit, die gut ist; daß er sich aber hinkend fortbewegt, ist nicht Folge der Vollkommenheit, sondern eines Mangels dieser Fähigkeit; und dieser Mangel ist ein Übel. Wie man diesen Mangel nicht um jenes Gutes willen billigen darf, ebenso darf man nicht jenes Gut dieses Übels wegen verdammen.[15] So die Quintessenz seiner Antwort an Julian in der Kontroverse um die Ehe und die Sexualität.[16]

Augustinus sieht einen Unterschied im Menschsein vor und nach dem Sündenfall. Auch im Paradies hätte es Sexualität gegeben, jedoch ohne Hemmschuh und Scham, ohne den Kampf zwischen „Fleisch" und „Geist", die sie seit dem Sündenfall begleiten. Der Zeugungsakt wäre von der sinnlichen Anziehungskraft begleitet gewesen, allerdings einer Anziehungskraft, die ohne Aufbegehren oder Widerstand der „sanften" und „ruhigen" Herrschaft der Vernunft gehorcht hätte.[17] Nach dem Sündenfall verhilft die Gnade Christi dem Menschen zur — hier auf Erden wohl nie vollkommenen — Rückkehr zu jenem seligen Zustand vollkommener Ausgewogenheit, falls unter den Eheleuten „eine zuverlässige, in keuscher Liebe und gegenseitiger Achtung vor Leib und Seele gründende Bindung herrscht, und sie Gottes Gebot gehorchen"[18].

Es braucht nicht betont zu werden, daß das Denken des Augustinus im Bezug auf die Sexualität von der platonischen Philosophie beeinflußt war; jedoch nicht vom platonischen Dualismus, den er — im Gegensatz zur häufig vertretenen Meinung — entschieden überwandt und wirksam abbaute[19], sondern von der platonischen Morallehre, die die Sinnlichkeit als hinderlich für die Erhebung des Geistes ansah. Das augustinische Denken gründete vor allem in der biblischen Lehre. Es muß im Licht dieser Lehre gesehen und beurteilt werden.

XXV. Kapitel

Die Botschaft von der Einheit der Kirche

Während er noch den katholischen Glauben gegen die Manichäer verteidigte, kämpfte Augustinus bereits unter großem Einsatz gegen die Donatisten. Die Spaltung der afrikanischen Kirche, die das donatistische Schisma bewirkt hatte, währte schon fast ein Jahrhundert. Zum endgültigen Bruch kam es 412; aber die Wurzeln des Schismas reichten bis in die Zeit der diokletianischen Verfolgung und noch weiter zurück. Schließlich brach das Schisma offen aus; die Gegner organisierten sich in einer „Partei", die sich rasch in ganz Afrika verbreitete. Auch die sofort erlassenen Gesetze gegen die Donatisten konnten das Schisma nicht verhindern. In kurzer Zeit hatte der größte Teil der über 600 afrikanischen Diözesen zwei Bischöfe, zwei Gruppen von Klerikern und Christen: die Katholiken und die „Partei des Donatus".

Hippo war zu dieser Zeit in einer besonders schwierigen Lage: Im Stadtgebiet waren die Katholiken in der Minderheit, und in der Umgebung gab es keine Katholiken mehr. Die katholische Kirche Afrikas befand sich in einem Zustand allgemeinen Niedergangs. „Sie begann erst wieder den Kopf zu erheben"[1], als Aurelius zum Bischof von Karthago ernannt und Augustinus in Hippo zum Priester geweiht wurde. Im Jahr 393 fand in Hippo eine Vollversammlung der Bischöfe statt, die eine Reform der afrikanischen Kirche zum Ziel hatte. Sofort danach begann Augustinus seine Initiative für Einheit und Frieden unter den Christen. Den Anfang machte er in Hippo, doch schon bald dehnte er seinen Wirkungsbereich auf ganz Afrika aus. Er hielt Predigten, schrieb Briefe und erstaunlich viele Bücher.

Das erste dieser Werke ist der *Psalm gegen die Partei des Donatus*, ein Volkslied im Wechselgesang; ein Solist sang die Strophen, das Volk wiederholte den Refrain. Eines der frühesten Beispiele von Volksdichtung. Augustinus wollte damit dem einfachen Volk die Geschichte des Donatismus vermitteln und Argumente zu dessen Widerlegung anführen. In der Vorrede heißt es: „Es ist eine Schande, einen Streit anzuhören und voreingenommen darüber zu richten. Die Ungerechten können das

Gottesreich nicht erlangen. Keiner kann dulden, daß man das Gewand des andern zerreißt, um wieviel mehr ist des Todes würdig, wer den Frieden Christi bricht? Fahnden wir ohne Trug danach, wer solches tat." Das Volk antwortete: „Ihr, die ihr den Frieden liebt, nun richtet, was die Wahrheit ist."[2]

Gleich nachdem Augustinus dieses Lied geschrieben hatte, widerlegte er einen Brief des Donatus, der nach Maiorinus Bischof der Schismatiker in Karthago war und der Sekte ihren Namen gab. Dieses Werk ist verlorengegangen. Außerdem schrieb er einen langen Brief an den „hochgeehrten Herrn und teuren Bruder Maximus", Donatistenbischof des nahen Simittu, den man der Wiedertaufe eines katholischen Diakons beschuldigte.[3]

Nach der Bischofsweihe wurde sein Kampf gegen die Donatisten noch intensiver. Er läßt sich in zwei große Perioden unterteilen: vor der Konferenz von 411 und nachher. Gegen 397 verfaßte er zwei *Gegen die Partei des Donatus* betitelte Bücher, die verlorengegangen sind. In den Jahren zwischen 400 und 406, seiner fruchtbarsten Schaffensperiode, antwortete er auf alle Schriften der Gegenseite, die ihn erreichten: von Parmenianus, dem Bischof zu Karthago, und Petilianus, dem Bischof zu Cirta, von dem Grammatiker Cresconius und von unbekannten Donatisten. Die Werke gegen Parmenianus, Petilianus und Cresconius, insgesamt neun Bücher, bilden die großen Abhandlungen des Augustinus über die Donatistenfrage.

Zu diesen kam später noch ein Buch über *Die eine Taufe. Gegen Petilianus von Constantina*, das allerdings inhaltlich nichts Neues brachte. Er schrieb es, weil er sich vorgenommen hatte, nichts unerwidert zu lassen, selbst auf die Gefahr hin, sich zu wiederholen. In diesem Zusammenhang ist in den *Retractationes* zu lesen: „Während wir in häufigen Diskussionen unsere Bemühungen gegen die Donatisten verstärkten, brachte in der Kirche ein Laie — teils mündlich, teils schriftlich, in kurze Sätze gefaßt — einige ihrer Argumente gegen uns vor, die ihre Sache unterstützen sollten. Ich antwortete nur ganz kurz. Das Büchlein trägt den Titel: *Entgegnung auf das, was Centurius für die Donatisten vorgebracht hat.*[4] Diese kleine Schrift ist verlorengegangen.

In der gleichen Zeit schrieb er ein grundlegendes Werk: die sieben Bücher *Über die Taufe* gegen die Donatisten. Er wollte damit erhindern, daß sie sich weiter auf die Autorität Cyprians beriefen. Dieser hatte sich trotz seiner Überzeugung und der harten Auseinandersetzung mit Papst Stephan nicht von der einen Kirche losgesagt. Augustinus weist in diesem Buch ferner die Gültigkeit der von den Häretikern erteilten Taufe — Kernproblem der theologischen Frage — nach.

Die Konferenz von Karthago

Der Bischof von Hippo glaubte vor allem an die Wirksamkeit der offenen und ehrlichen Diskussion. Die Wahrheit übt auf den, der sie aufrichtig liebt, eine unwiderstehliche Anziehungskraft aus. Das wußte er aus eigener Erfahrung. Deswegen suchte er auf jede erdenkliche Weise den Dialog mit der anderen Seite, oft allerdings vergeblich. Vergeblich hatte er, kurz nachdem er zum Bischof ernannt worden war, in diesem Sinne an seinen Donatistenkollegen in Hippo, Proculeianus, geschrieben.[5] Und ebenso an den Bischof von Calama, Crispinus[6], und an einen Bischof namens Honoratus[7] — gleichfalls vergeblich. Mit der Konferenz von Karthago (411) führte er einen großangelegten Plan aus. In jenen Tagen scheute er keinerlei Mühe: Er hielt Ansprachen an das Volk[8], machte einen kühnen Vorschlag, um jedes nur mögliche Hindernis aus dem Weg zu räumen[9], akzeptierte die verzögernden Vorschläge der Gegenseite, um nur ja nicht das Hauptziel aufs Spiel zu setzen[10], leitete geschickt die Diskussionen, wobei seine große Begabung für das Streitgespräch zum Tragen kam. In seinen Reden sprach er von der Schönheit der Eintracht, ermahnte das Volk zur Ruhe und bat um seine Hilfe durch Gebet, Fasten und gute Werke. Die Bemühungen des Augustinus und der katholischen Bischöfe hatten Erfolg. Der Tribun Marcellinus, der bei der Konferenz den Vorsitz führte, und der Kaiser erließen das sogenannte „Einheitsedikt". Ein Edikt bringt aber noch keine Einheit. Vorerst bedurfte es noch einiger Klugheit und Geduld, wollte man die von den Katholiken erzielten Erfolge nicht aufs Spiel setzen und es den Donatisten erleichtern, die Wahrheit anzuerkennen.

So machte sich Augustinus erneut ans Werk, verfaßte weitere Schriften, hielt Predigten über die Einheit der Kirche und trug einen Disput mit dem Donatistenbischof Emeritus aus[11].

Die beiden Bücher „*Gegen Gaudentius, den Bischof der Donatisten*"[12] setzten schließlich den Schlußstrich unter die Auseinandersetzung mit den Donatisten. Eine ungeheure Mühe wurde nach dreißig Jahren schließlich von Erfolg gekrönt: War der Donatismus auch noch nicht völlig verschwunden, so war sein Ende doch absehbar. Augustinus „trug den Sieg davon", schreibt nicht zu Unrecht Monceaux, „denn er wußte, was er wollte, wobei er sich der notwendigen Mittel bediente; er wußte die dem jeweiligen Augenblick und den Gegebenheiten entsprechenden

Verbündeten zu gewinnen und sie in seinem Gefolge in den siegreichen Feldzug zu führen"[13].

Richtige Grundsätze und falsche Schlussfolgerungen

Die Auseinandersetzung mit den Manichäern hatte Augustinus bewogen, die allgemeinen Grundlagen des Glaubens näher zu beleuchten und darzulegen; der Donatistenstreit, eine Art Familienstreit zwischen zwei christlichen Kirchen, veranlaßte ihn, einzelne Fragen der Struktur der Kirche genauer zu untersuchen und zu verteidigen. Da gab es zwei Kirchen, die vereint waren in der Anerkennung der Heiligen Schriften, durch das Glaubensbekenntnis und die Sakramente, aber tief gespalten hinsichtlich wichtiger Fragen der Ekklesiologie und der Sakramentenlehre. Unter ausdrücklicher Bezugnahme auf Paulus (Eph 4,5) stimmten Katholiken und Donatisten darin überein, daß es nur einen Gott, einen Glauben, eine Kirche und eine Taufe gibt. „Du erwähnst, was geschrieben steht: ‚Es ist ein Herr, ein Glaube, eine Taufe, eine unvergängliche und wahrhaft katholische Kirche.' All dem pflichte ich bei, auch wenn es etwas anders geschrieben steht. Aber was nützt es, wenn ich auch all dem zustimme, im Blick auf die Frage, die uns scheidet? In Wirklichkeit läßt sich aus jenen Worten nicht ableiten, was du daraus ableiten möchtest."[14]

Der Bischof von Hippo warf den Donatisten nicht vor, sie gingen von falschen Prinzipien aus, sondern sie zögen falsche Schlüsse aus richtigen Prinzipien. Es gibt nur eine Taufe; aber das besagt nicht, daß sie nicht gültig außerhalb der Kirche gespendet werden kann, sofern sie ordnungsgemäß erfolgt. Es gibt nur eine Kirche; aber das heißt nicht, daß sie nur aus Heiligen besteht. Es gibt nur einen Glauben; aber das bedeutet nicht, daß er ausreicht, um zum Heil zu gelangen, wenn er nicht von der Liebe getragen ist. Der wachsame Hirte Augustinus ging gegen die Positionen der Donatisten, die offenkundig sektiererisch waren, auf zwei verschiedenen Wegen vor: Einerseits stellte er eine umfassende Dokumentation über die Entstehung des Schismas zusammen, und andererseits erläuterte er das Geheimnis der Kirche. Durch die Dokumentation wollte er die Fakten klarstellen und dem Schisma so jede geschichtliche Grundlage entziehen. Indem er die Lehre der Kirche entfaltete, wollte er die Theologie der Kirche und der Sakramente vertiefen und dem Schisma seine theoretische Grundlage nehmen. Beide Aspekte, den historischen wie den theoretischen, wollte er dem Volk vor Augen führen. Immer wieder rollte er die Geschichte des Donatismus auf, zeigte seine inneren Widersprüche, beziehungsweise was er dafür hielt. Vor allem aber hob er auf die Lehre der Donatisten ab, die seiner Ansicht nach jeden theologischen Fundaments entbehrte. Ihm lag daran zu zeigen, daß die Gläubigen im Mysterium der Kirche, das im Wesentlichen in der Gemeinschaft der Sakramente und in der Gemeinschaft der Heiligen besteht, die Geborgenheit des Glaubens, die Quelle der Liebe, das Geheimnis der Freiheit und die Kraft des Heils finden können. Die Donatisten dagegen verstanden sowohl die eine wie die andere Gemeinschaft falsch.

Die Gemeinschaft der Sakramente

Die Donatisten erkannten zwar an, daß die Taufe, sofern sie innerhalb der Kirche gespendet wird, das Sakrament des Heiles ist und daß die Priesterweihe den Geweihten in die Hierarchie der Kirche eingliedert. Aber die Gültigkeit des Sakraments hing für sie von der „kirchlichen Heiligkeit" des Dieners ab. Diese Heiligkeit war den „Verrätern", die sich von der Kirche abgewandt hatten, nicht eigen. Die „Verräter" waren die Katholiken. Wer von diesen zum Donatismus, das heißt ihrer Meinung nach zur wahren Kirche, übertrat, der wurde deshalb erneut getauft: Die von den Katholiken erteilte Taufe war für sie keine wahre Taufe. Diese Lehre und die entsprechende Praxis bewirkten eine tiefe Spaltung zwischen den beiden Kirchen.

„Einen Häretiker wiederzutaufen, ist zweifellos eine Sünde, aber einen Katholiken wiederzutaufen ist ein ungeheuerliches Verbrechen", schreibt Augustinus an den Donatistenbischof Maximinus, dem man die Wiedertaufe eines Diakons nachsagte.[15]

Der von Papst Stephan und den Konzilien von Arles und Nicäa bestätigten römischen Tradition folgend erkannte Augustinus die von den Donatisten erteilte Taufe und Priesterweihe als gültig an. Deshalb empfand er sie als Brüder und nannte sie auch so. Um diese abweichende Haltung theologisch zu begründen, legte er den Akzent auf den christologischen Aspekt der Sakramente und führte eine wichtige Unterscheidung ein: zwischen wahrem und wirksamem Sakrament. „Es ist etwas anderes, ob man es gar nicht hat, oder ob man es nicht hat, weil man es nicht wirken läßt."[16]

Hier ein kurzer Abriß seiner Lehre: Die Sakramente der Kirche kommen von Christus, Christus hat sie gestiftet; im Namen und in „der Vollmacht“ Christi werden sie gespendet; sie prägen dem Empfänger das Siegel Christi, nicht das des Donatus ein; dank der Verdienste Christi sind sie, was sie sind. „Die Taufe ist Taufe nicht aufgrund der Verdienste jener, denen sie gespendet wird, sondern dank der ihr eigenen Heiligkeit und Wahrheit um dessen willen, der sie gestiftet hat“[17] und ihr erster Spender ist. Deshalb, “ob nun Petrus tauft, es ist Christus, der tauft; ob Paulus tauft, es ist Christus, der tauft; ob Judas tauft, es ist Christus, der tauft“[18]. Aus diesem Grund tauft die katholische Kirche diejenigen nicht noch einmal, die die Taufe bereits empfangen haben, von wem und wo auch immer. Sie erkennt jene Taufe an, bestätigt sie und erklärt sie für die ihre. Sie bekämpft lediglich Irrtum und Spaltung; die will sie ausmerzen, damit das zur Quelle des Heils werde, was sonst zum Grund der Verdammnis würde.[19]

Die wahre Taufe empfangen zu haben bedeutet aber noch nicht, an der Kirche teilzuhaben, wie es die Donatisten glaubten. Diese fanden in den Zugeständnissen des Augustinus eher einen Grund, sich der Vereinigung zu widersetzen. Augustinus erwidert: Die Taufe zu haben reicht nicht, man muß auch die zur Taufe gehörende Gnade haben, das heißt die Liebe, die der Heilige Geist in unsere Herzen ausgießt. Aber wer die Einheit entzweit, wer nicht in der *Pax catholica* lebt, der hat die Liebe nicht. Die Kirche ist nicht nur Gemeinschaft der Sakramente, sondern sie ist auch Gemeinschaft der Heiligen.

Die Gemeinschaft der Heiligen

Die Kirche ist das Volk Gottes auf dem Weg zur ewigen Bestimmung. Im zukünftigen Leben, im Jenseits wird dieses Volk, das jetzt noch auf dem Weg durch die Zeit ist, die Unsterblichkeit und wahre Gerechtigkeit erlangen. Man muß also zwischen gegenwärtiger und zukünftiger Kirche unterscheiden. Das sind aber nicht zwei verschiedene Kirchen, sondern zwei Momente ein und derselben Kirche. Die „Kirche ohne Makel“, von der der Apostel spricht (vgl. Eph 5,27), ist nicht die gegenwärtige, sondern die zukünftige. Hier auf Erden ist sie heilig, aber nicht alle ihre Glieder sind heilig; sie ist der Leib Christi. In diesem Leib aber gibt es gute und böse Menschen. Die Kirche ist gleichsam wie ein Fischernetz, in dem gesunde und kranke Fische eingefangen werden, wie eine Tenne, auf der Weizen und Spreu beieinander liegen. Die äußerliche Trennung wird am Ende der Zeiten vollzogen. In dieser Lehre ist im Keim der große Gedanke der beiden Staaten enthalten, den der Bischof von Hippo später entwickeln wird.

Vorerst lag ihm daran, eine andere Wahrheit ans Licht zu bringen: Die Gegenwart der Sünder in der Kirche beeinträchtigt die Unschuld der Guten nicht; denn die bekommen ihre Heiligkeit und Sicherheit von Christus. So wie Christus tauft in jeder Person, die tauft, so lehrt Christus in jeder Person, die lehrt, und es ist immer Christus, der seine Kirche führt in jeder Person, die in ihr Verantwortung trägt.

„Wie ich häufig zum Ausdruck gebracht habe und beharrlich wiederhole: Wer immer wir sind, ihr, die ihr Gott zum Vater und die Kirche zur Mutter habt, seid nicht in Gefahr. Stehen auch Schafe und Böcke miteinander auf der Weide, so werden doch nicht alle zur Rechten Gottes stehen. Werden auch Weizen und Spreu miteinander gemäht, wird die Spreu doch nicht in die Kornkammer kommen. Schwimmen auch im Netz des Herrn gute und schlechte Fische, werden doch nicht alle in die Gefäße kommen. Keiner rühme sich des Menschen, selbst wenn er gut ist; keiner verwerfe die Gaben, die Gott durch den Menschen austeilt, selbst wenn der Spender böse ist.“[20]

Wenn wir sicher sein wollen — das ist der Schluß, zu dem Augustinus gelangt —, müssen wir in der Einheit bleiben. Denn Gott „hat die wahre Lehre der einen Kathedra anvertraut“. Von ihr aus können auch die Bösen nur Gutes lehren. „Die Dinge, die sie lehren, haben sie nicht aus sich, sondern sie kommen von Gott.“[21] Christus vergibt die Sünden, aber nur in der einen Kirche. Die Vollmacht, zu binden und zu lösen, gab er Petrus, der die Einheit der Kirche verkörperte: „Deshalb erhielt sie einer für alle, auf daß die Einheit in allen sei.“[22] Als Petrus die Schlüssel zum Himmelreich übergeben wurden, wurden sie in der Person des Petrus der Einheit der Kirche übergeben. Die Bedeutung des „ersten der Apostel“ bestand darin, daß er in jenem Moment „die Universalität und Einheit der Kirche“[23] verkörperte. Dasselbe gilt für die Leitung der Kirche. Christus leitet die Kirche, und zwar durch die Einheit ihrer Hirten, die eins mit ihm sind. “Alle guten Hirten sind eins mit dem einen Hirten und untereinander. Weiden sie, so ist es eigentlich Christus, der weidet... So ist also der Eine in ihnen, und sie sind in dem Einen.“[24] Daraus folgt, daß die Gläubigen, wer immer sie leitet, sei er gut oder böse, „eine einzige Herde“ bilden, „die unter einem einzigen Hirten in Sicherheit lebt“[25].

Die Kirche — der mystische Leib Christi

Nur wer in der Einheit bleibt, ist eins mit Christus, und nur wer eins ist mit Christus, erhält den Heiligen Geist; denn nur wer die Einheit liebt, hat die wahre Liebe. „Diejenigen haben keine Gottesliebe, die die Einheit der Kirche nicht lieben."[26] Augustinus war wahrlich ein Apostel und Theologe der Einheit. Seine ekklesiologisch-sakramentale Synthese berücksichtigt die gesamte Schrift wie die Tradition und führt uns die eigentlichen Wurzeln der Einheit vor Augen. Die Kirche ist der mystische Leib Christi, der Heilige Geist dessen Seele.[27] Und wie die Seele nur die Glieder belebt, die mit dem Körper verbunden sind, so wird niemand vom Heiligen Geist belebt, wenn er nicht in Einheit mit dem mystischen Leib Christi, der Kirche, steht.

„Nur die katholische Kirche ist der Leib Christi... Außerhalb dieses Leibes wird niemand vom Heiligen Geist belebt... Folglich haben jene den Heiligen Geist nicht, die außerhalb der Kirche stehen, ... noch erhält ihn, wer nur zum Schein in die katholische Kirche eintritt."[28] — „Die Gläubigen kennen den Leib Christi, wenn sie es nicht versäumen, Leib Christi zu sein. Zum Leib Christi müssen sie werden, wenn sie vom Geist Christi leben wollen. Nur der Leib Christi lebt vom Geist Christi. Versteht ihr, meine Brüder, was ich euch sage? Du bist ein Mensch, du hast einen Geist und einen Leib. Geist nenne ich das, was man gewöhnlich Seele nennt, was dich zum Menschen macht. In der Tat bestehst du aus Seele und Leib. Du hast also einen unsichtbaren Geist und einen sichtbaren Leib. Jetzt sag mir, was voneinander lebt? Lebt dein Geist von deinem Leib oder lebt dein Leib von deinem Geist? ... Was antwortet jeder, der lebt? Mein Leib lebt sicherlich von meinem Geist. Willst du also vom Geist Christi leben? Dann mußt du im Leib Christi sein... Wer leben will, weiß, worin er leben soll; er weiß, wovon er leben soll. Er trete hinzu, er glaube, er werde Teil des Leibes. So wird er Leben empfangen. Er scheue sich nicht vor der Verbindung mit den Gliedern; er sei kein faules Glied, das man amputieren muß, kein verkrüppeltes Glied, dessen man sich schämen muß. Er sei ein schönes, kräftiges, gesundes Glied, er bleibe mit dem Leib verbunden, er lebe für Gott aus Gott; er ertrage die Mühsal auf Erden, um dann im Himmel zu herrschen."[29]

Die Liebe zur Kirche und das Verbleiben in ihrer Einheit bilden für Augustinus das Maß für die Zuteilung der Gaben des Heiligen Geistes: „Wir sind überzeugt, Brüder, daß ein Mensch den Heiligen Geist in dem

Maß besitzt, in dem er die Kirche Christi liebt."[30] Die Kirche lieben heißt: sich in der Liebe ihrer Gesamtheit einfügen, die zugleich Einheit und Harmonie ist — zwei Eigenschaften, die wiederum der Liebe zur Kirche entspringen. Aus dieser Überzeugung entstehen die besorgten Aufrufe zur Einheit. Er geht dabei von der Annahme aus, daß die Kirche unentbehrlich ist, um zum Heil zu gelangen. Dabei greift Augustinus Cyprians berühmten Ausspruch auf: „Außerhalb der Kirche gibt es kein Heil."[31] 418 gebraucht er bei einer Ansprache in Caesarea in Anspielung auf den anwesenden Donatistenbischof Emeritus nicht weniger starke Worte: „Außerhalb der Kirche kann man alles haben — außer dem Heil." Er veranschaulicht das an einigen Beispielen: „Man kann zur Würde eines Bischofs gelangen, kann das Sakrament der Taufe erhalten, kann das Halleluja singen, kann Amen antworten, kann das Evangelium kennen, kann im Namen des Vaters, des Sohnes und des Heiligen Geistes den Glauben predigen; aber man kann an keinem anderen Ort als in der katholischen Kirche das Heil finden." Auch das Martyrium kann man außerhalb der Kirche erleiden, aber nicht dafür die Krone erhalten.[32]

Selbstverständlich spricht Augustinus hier von einer *bewußten* Nicht-Zugehörigkeit zur Kirche. Wie im Falle des Donatistenbischofs, der, vor allem nach der Konferenz von Karthago, die Wahrheit kennen mußte. Augustinus bestreitet nicht, daß es Christen gibt, die nach ihrem Gewissen von der katholischen Kirche getrennt ihren Glauben leben. Das sind jene, "die ihre Anschauung ... ohne starre Feindseligkeit vertreten, zumal wenn sie nicht das Ergebnis verwegener Anmaßung, sondern gewissermaßen überkommenes Erbteil ist ... und die andererseits, wenn auch zögernd, die Wahrheit suchen und bereit sind, sich zu ändern, wenn sie sie gefunden haben." Solche Menschen sind für Augustinus „nicht zu den Häretikern zu zählen"[33]. Ein Häretiker ist vielmehr, „wer sich der Lehre des katholischen Glauben widersetzt, auch wenn sie ihm bekannt ist"[34].

Man kann also der Kirche auf verschiedene Art angehören: in vollkommener Gemeinschaft, eingebunden in die Einheit und erfüllt von Liebe zu ihr; oder aber in unvollkommener Gemeinschaft, das heißt, entweder ohne Liebe in Einheit mit der Kirche leben (die Sünder) oder die Liebe haben, ohne in der Einheit zu stehen (die Gerechten außerhalb der Kirche).[35]

Aber kann man eindeutig feststellen, welche diese eine und heilige Kirche, Leib Christi und Tempel des Geistes ist? Gewiß, sagt Augustinus, denn sie hat zwei untrennbar miteinander verbundene Charakteristiken, eine sichtbare und eine unsichtbare Wirklichkeit: Sie ist ein geschichtliches Faktum und hat eine eschatologische Dimension. Sowohl in der Auseinandersetzung mit den Donatisten als auch mit den Manichäern nannte Augustinus vor allem zwei Kriterien, an denen man die wahre Kirche erkennen kann: ihren universalen und ihren apostolischen Charakter. Daß sie universal sein muß, belegt die gesamte Schrift. Augustinus trug alle entsprechenden Textstellen zusammen und zitierte sie häufig. Die Kirche Christi ist universal; also kann sie nicht in einem Winkel Afrikas Zuflucht gesucht haben, kann nicht einzig und allein in der „Fraktion des Donatus" bestehen.[36] Die Kirche Christi ist die *Catholica,* und es ist unmöglich, das nicht zu erkennen. Ferner ist die Kirche Christi auf dem Fundament der Apostel erbaut, wobei die Apostel ihrerseits auf einem weiteren Fundament stehen, nämlich auf Christus, dem „Hirten der Hirten" und „Fundament der Fundamente".[37] Die wahre Kirche Christi ist also immer durch die apostolische Sukzession zu erkennen. Daher ist „die sicherste und wahrlich vorteilhafteste Weise" zu zeigen, welches die wahre Kirche ist, die Aufzählung der Nachfolger Petri, „zu dem der Herr als dem Vertreter der gesamten Kirche gesagt hat: Auf diesen Felsen will ich meine Kirche bauen, und die Pforten der Hölle werden sie nicht überwinden". Augustinus zählt tatsächlich alle Bischöfe auf, die sich bis dahin auf dem „Stuhl Petri" abgewechselt hatten, und stellt fest: „In dieser Reihe von Nachfolgern ist kein einziger Donatistenbischof zu finden." — „Aber selbst wenn sich in die Bischofsreihe, die von Petrus bis zu Anastasius, dem gegenwärtigen Inhaber ebendieses Stuhls, reicht, ein ‚Verräter' eingeschlichen hätte, ... würde das keineswegs die Kirche oder die übrigen Christen beeinträchtigen."[38]

Die lehrtheoretischen Aussagen, die Augustinus im Verlauf der donatistischen Auseinandersetzung erarbeitet hat, bedeuten einen großen Fortschritt in der Entwicklung des katholischen Dogmas und sind großenteils in die Theologie eingegangen. Vor allem aber hat Augustinus von Cyprian die große Liebe zur Kirche übernommen und uns übermittelt, eine Liebe, die aus vielen seiner Werke spricht. Sein besorgter Aufruf gilt auch für uns heute noch: „Brüder, laßt uns den Herrn, unsern Gott lieben, laßt uns seine Kirche lieben: Gott als Vater, die Kirche als Mutter, Gott als den Herrn, die Kirche als die Magd, denn wir sind die Kinder seiner Magd. Dieser ‚Ehebund' ist durch eine große Liebe verbunden: Niemand kann die Braut beleidigen und gleichzeitig die Freundschaft des Bräutigams erwerben."[39]

XXVI. Kapitel

Die Botschaft von Kreuz, Gnade und christlicher Freiheit

Die Auseinandersetzung mit den Pelagianern

Als der Bischof von Hippo (nach 30 Jahren) der Auseinandersetzung mit den Donatisten ein Ende setzte, stand er bereits seit zehn Jahren in einer anderen, kirchenpolitisch gesehen universaleren, theologisch gesehen schwierigeren und historisch gesehen verhängnisvolleren Auseinandersetzung: in der mit den Pelagianern. Anfänglich hielt er sich im Hintergrund; er kannte die Vertreter der neuen Ideen nicht, hatte nicht an der Bischofssynode von Karthago teilgenommen, die Caelestius, den Jünger des Pelagius, verdammt hatte.[1] Augustinus beschränkte sich darauf, das pelagianische Gedankengut in Predigten und Gesprächen zu widerlegen.[2] Damals war sein Augenmerk noch ganz auf die große Konferenz mit den Donatisten gerichtet. Aber bereits ein Jahr später (412) wurde er durch den kaiserlichen Abgesandten Marcellinus in die Sache einbezogen, der mit Besorgnis die durch die neue Kontroverse hervorgerufene Verwirrung sah. Die von Marcellinus aufgeworfenen Fragen beantwortete Augustinus in *Strafen und Nachlassung der Sünden*, seiner ersten und zugleich bedeutendsten Schrift gegen die Pelagianer. Auch der Bischof von Karthago, Aurelius, bat ihn, vermittelnd einzugreifen. Im Juni 413 hielt Augustinus in einer Basilika Karthagos eine große Predigt über die Kindertaufe.

„Versuchen wir, unsere Brüder (die Pelagianer) wenigstens soweit zu bringen, daß sie uns nicht auch noch Häretiker nennen. Wenn überhaupt, dann könnten wir sie vielleicht so nennen, stellen sie doch grundlegende Sätze des Glaubens in Frage; trotzdem tun wir es nicht. Barmherzig soll die Kirche ... sie ertragen, um sie zu heilen, sie auf ihren Armen tragend belehren, auf daß sie diese nicht beweinen müsse, wenn sie tot sind. Allzuweit wenden sie sich ab, wahrlich allzuweit. Es ist gerade noch erträglich; denn das zu ertragen, ist Zeichen großer Duldsamkeit. Mögen sie diese Duldsamkeit der Kirche nicht überfordern —

mögen sie sich besinnen, zu ihrem eigenen Wohl. Wir ermahnen sie als Freunde; wir streiten nicht, als wären wir Feinde. Reden sie schlecht über uns — was soll's! Aber sie sollen nicht schlecht über den Glauben reden, sie sollen nicht schlecht über die Wahrheit reden, sie sollen der heiligen Kirche nicht widersprechen, die sich tagtäglich um die Vergebung der Erbsünde bei den Kindern bemüht (durch die Taufe). Das ist eine (gut) begründete Wahrheit. Wer die von der kirchlichen Autorität noch nicht genügend geklärten, noch nicht entschiedenen Fragen diskutiert, verdient unsere Geduld; in derartigen Fragen kann man den Irrtum dulden, aber man darf nicht soweit gehen, an den Grundfesten der Kirche selbst zu rütteln. Das ist nicht statthaft. Vielleicht ist unsere Geduld nicht gerade falsch, aber wir müssen fürchten, daß man uns Nachlässigkeit vorwirft. Das Gesagte mag eurer Liebe genügen. Ihr, die ihr sie (die Pelagianer) kennt, verhaltet euch ihnen gegenüber freundschaftlich, brüderlich; begegnet ihnen mit Ruhe und Liebe, auch wenn das oft Schmerz bedeutet. Die Frömmigkeit wirke, was sie vermag, damit wir dann nicht mehr die Gottlosigkeit zu lieben brauchen."[3]

Daraufhin trat Augustinus mit dem ganzen Gewicht seiner theologischen Sachkenntnis, seiner Person und seiner Erfahrung in die Auseinandersetzung ein. Auch diesmal entfaltete er eine erstaunliche Aktivität. Vielleicht sogar mehr als bei früheren Kontroversen, stand hier doch wesentlich mehr auf dem Spiel. Er hielt viele, viele Predigten, schrieb Briefe und Bücher; erst der Tod setzte seinen Bemühungen ein Ende.

Man kann dabei drei Phasen unterscheiden, drei Arten von Antworten, entsprechend dem jeweiligen Adressaten: Pelagius und sein Jünger Caelestius, Julian und die Mönche von Adrumetum und Marseille. Bei der ersten Art von Schriften handelt es sich um sachliche, theologische Darlegungen, die zweite ist offene Polemik, in der dritten Art geht es sozusagen um innerfamiliäre Klarstellungen.

Über Strafen und Nachlassung der Sünden, das erste und grundlegende Werk des Augustinus gegen die Pelagianer (es entwickelt zum ersten Mal eine biblische Erlösungs- und Erbsündentheologie), zog ein weiteres nach sich, das den Unterschied zwischen Gesetz und Gnade behandelt. Marcellinus, dem die erste Schrift gewidmet war, antwortete darauf und schrieb, er sei ziemlich ratlos gegenüber einer Aussage, die darin gemacht werde: Der Mensch könne mit Hilfe der Gnade vermeiden zu sündigen, und doch gebe es niemanden auf dieser Welt, der tatsächlich ohne Sünden lebe. „Um ihm ... zu antworten, schrieb ich das Buch *Geist und Buchstabe* ... In diesem Buch habe ich ... die Feinde der Gnade

Gottes heftig bekämpft."[4] Augustinus unterscheidet zwischen Gesetz und Gnade und veranschaulicht deren Verhältnis zueinander. Das Gesetz, also der Buchstabe, ist uns gegeben, damit wir die Gnade suchen; die Gnade, also der Geist, damit wir das Gesetz einhalten. Das Gesetz ist, da es gebietet, Moment des Todes; die Gnade, die hilft, ist Quelle des Lebens. Die Kraft der Gnade besteht in der Liebe, die der Heilige Geist in unsere Herzen ausgießt. Allein die göttliche Gabe der Liebe, ohne die man nicht gut und mit der man nicht schlecht sein kann, führt die Menschen zum Heil. *Geist und Buchstabe* ist ein Schlüsselwerk der augustinischen Gnadenlehre.

Einige Jahre später (415) antwortete Augustinus auf eine Schrift des Pelagius. Ihr Titel deutet ein ganzes Programm an: *Die Natur*. Augustins' Gegenschrift trägt einen nicht weniger programmatischen Titel: *Natur und Gnade*. Die beiden theologischen Anschauungen hätten nicht kürzer und präziser zusammengefaßt werden können. „Ich habe geantwortet, nicht um die Gnade zu verteidigen, die keineswegs gegen die Natur ist, sondern um zu beweisen, daß sie die Natur befreit und lenkt."[5]

Die Verurteilung der pelagianischen Lehre ließ dann auch nicht lange auf sich warten. Am 27. Januar 417 wurde sie von Papst Innozenz verkündet, der die auf den beiden afrikanischen Konzilien von Milev (410) und Karthago (417) gefaßten Beschlüsse approbierte.[6] Auf diesen Urteilsspruch beziehen sich die berühmten Worte, die Augustinus in Karthago aussprach: „In dieser Sache wurde dem Apostolischen Stuhl das Urteil zweier Konzilien übersandt. Die Antwort des Apostolischen Stuhls ist angekommen: *Causa finita est*. Der Fall ist erledigt. Wollte der Himmel, daß auch der Irrtum bald ein Ende nähme!"[7] Drei Jahre später kam Augustinus auf das Thema zurück und meinte, daß mit jener Antwort des Heiligen Stuhls „jeder diesbezügliche Zweifel genommen wurde"[8]. Die Verurteilung wurde von Innozenz' Nachfolger, Papst Zosimus, feierlich bekräftigt, insbesondere durch seinen im Frühjahr 418 geschriebenen Brief *Tractoria*. „Pelagius" — so kommentierte Augustinus — „hatte die Synode von Palästina getäuscht, aber es gelang ihm nicht, die Kirche Roms zu täuschen."[9]

Nach 418 schrieb Augustinus in Karthago ein Werk, das die Widersprüche des Pelagius anprangerte. Dieser sprach von Gnade, meinte aber Freiheit und Gesetz. Außerdem bestritten sowohl Pelagius als auch sein Schüler Caelestius die Erbsünde. Die Schrift trägt den Titel: *Über die Gnade Christi und über die Erbsünde*.[10] Mittlerweile war die Kontroverse in die polemische Phase übergegangen.

Julian und weitere 18 italienische Bischöfe weigerten sich, die *Tracto-*

ria des Zosimus zu akzeptieren. Um ihre Haltung zu rechtfertigen, richteten sie an den Papst zwei von Julian verfaßte Briefe, die ihr Glaubensbekenntnis enthielten sowie harte Beschuldigungen gegen die Gegner, wie zum Beispiel, daß sie sich zum Manichäismus bekannten, den freien Willen bestritten und die Ehe verdammten. Es wird ausdrücklich der Bischof von Hippo genannt. Papst Bonifatius schickte daher Augustinus die beiden Briefe mit der Bitte um Beantwortung. Der erwiderte darauf mit einem Werk in vier Büchern: *Entgegnung auf zwei Briefe der Pelagianer.* Er widmete das Werk dem Bischof von Rom, auf dessen Bitte hin er es geschrieben hatte.[11] Kurz zuvor hatte er auf Anfrage des Valerius, eines Grafen am Hof von Ravenna, die Schrift *Ehestand und Begehrlichkeit* verfaßt, um die Anschuldigung, er verdamme die Ehe, zurückzuweisen. Dieses Werk gab den Anstoß zu sehr erbitterten Auseinandersetzungen. Das erste Buch gelangte bald in die Hände Julians. Der schrieb in aller Eile vier Bücher, um auf dieses eine zu antworten. Einige seiner Freunde hielten die Antwort für zu lang und fertigten eine Zusammenfassung an, die sie dem Grafen Valerius übersandten. Valerius schickte sie Augustinus zu. Zur Erwiderung schrieb Augustinus das zweite Buch des Werkes *Ehestand und Begehrlichkeit*[12]. Nach einiger Zeit — gegen 421 — erreichten ihn die vier Bücher Julians in ihrem ursprünglichen Text. Er stellte fest, daß der Auszug, der seiner Antwort zugrunde gelegen hatte, nicht immer die Gedanken des Gegners genau wiedergab. Daher beschloß er, mit einem größer angelegten Werk zu antworten. So entstand das in sechs Bücher unterteilte Werk *Gegen Julian.* Vier davon widerlegten jeweils die vier Bücher des Gegners, während zwei einleitende Bücher die Argumente der Tradition entfalteten.[13]

Unterdessen erreichte Julian das zweite Buch von *Ehestand und Begehrlichkeit.* Diesmal antwortete er in acht Büchern. Diese zweite Antwort kam Alypius in die Hände, der sich in Rom aufhielt. Er ließ sie kopieren und schickte sie Augustinus mit der Bitte, wiederum zu antworten beziehungsweise Punkt für Punkt die Thesen des Gegners zu widerlegen.[14] Und Augustinus, nunmehr vierundsiebzigjährig, machte sich ans Werk. Sechs Bücher hatte er diktiert, als er starb; er hinterließ das Werk unvollendet.

Im Verlauf der Auseinandersetzung mit Julian mußte Augustinus auch auf die schwierige und heikle Frage des Verhältnisses von Gnade und freiem Willen eingehen. Sein an den römischen Presbyter Sixtus gerichteter Brief[15], der in Rom kopiert worden war und den die Mönche des Klosters von Adrumetum lasen, stiftete große Verwirrung unter ihnen, fast als bedeutete die Verteidigung der Gnade eine Verneinung der Freiheit. Um der Diskussion ein Ende zu setzen, die in offenen Streit auszuufern drohte, wandte sich der Abt an Augustinus. Dieser antwortete in zwei Briefen[16] sowie in dem Werk *Über die Gnade und den freien Willen.* Darin legt er dar, daß die Heilige Schrift beide Wahrheiten lehrt und daß beide auch zu glauben sind von dem, der nicht versteht, in welchem Verhältnis sie zueinander stehen.[17] Die klare und gut fundierte Argumentation dieses Buches reichte aber nicht aus, die Schwierigkeiten zu überwinden und die Gemüter zu beschwichtigen. Einige der Mönche entnahmen daraus, daß die christliche Askese der Disziplin, also der brüderlichen Zurechtweisung, keinen Platz einräume, sondern nur dem Gebet. Wenn einer schlecht lebt, — so meinten sie — braucht man nicht verbessernd auf ihn einzuwirken, sondern lediglich für ihn zu beten, daß ihm die Gnade gewährt werde, sein Leben zu ordnen. Erneut wandte sich der Abt an den Bischof von Hippo, der mit einem weiteren Buch antwortete: *Zurechtweisung und Gnade* — einem Schlüsselwerk für das Verständnis der augustinischen Gnadenlehre.[18]

Die beiden zur Beruhigung der Mönche von Adrumetum in Afrika verfaßten Schriften stürzten nun wieder die Mönche Südgalliens, genauer gesagt die von Marseille und von Lirinum, in tiefe Verwirrung. Prosperus und Ilarius, zwei Laien, unterrichteten Augustinus von dem Protest jener Mönche und baten ihn um eine Erwiderung ihrer Argumente.[19]

So entstanden zwei weitere Werke — die letzten des Augustinus: *Über die Vorherbestimmung der Heiligen* und *Über die Gabe der Ausdauer.* Er führt darin aus, daß das Annehmen des Glaubens, die Umkehr und die Ausdauer im Guten nicht, wie die Mönche aus Gallien behaupteten, Werk des freien Willens, sondern Gabe Gottes ist. Die göttliche Vorherbestimmung ist also eine ungeschuldete Gabe, aber auch — wie Augustinus ausdrücklich betonte — ein Quell gelassener Zuversicht.[20]

„Damit das Kreuz Christi nicht um seine Kraft gebracht wird“ (1 Kor 1,17)

Augustinus sah in der pelagianischen Lehre einen hochmütigen Naturalismus. Denn sie bestritt einerseits die Erbsünde und die Notwendigkeit der Gnade und behauptete andererseits die Sündlosigkeit sowie die Autonomie des Menschen vor Gott. Da die Bedeutung des Kreuzes

Christi und unserer Erlösung angegriffen wurden, kämpfte Augustinus ohne Unterlaß gegen diese Lehre.

„Das mit übersandte Buch (*Die Natur* des Pelagius) habe ich von Anfang bis Ende gelesen, ... in Eile, gewiß, aber mit großer Aufmerksamkeit. Gefunden habe ich darin einen von glühendem Eifer gegen jene entbrannten Mann, die für die Sünde nicht den menschlichen Willen verantwortlich machen, sondern sich zu entschuldigen suchen, indem sie die menschliche Natur beschuldigen. Von übermäßigem Eifer ist er entbrannt gegen jene Pest, die selbst die heidnischen Schriftsteller hart verdammten mit dem Ausspruch: ‚Zu Unrecht beklagt das Menschengeschlecht seine eigene Natur.' Eben diese Worte wollte der Autor mit aller Kraft seines Geistes verteidigen. Nur befürchte ich, daß er auf seiten derer steht, die ‚Eifer haben für Gott, aber einen Eifer ohne Erkenntnis' (Röm 10,2).“[21].

Augustinus stellt seinen liebevollen Respekt gegenüber seinen Gegnern unter Beweis: „Es mag scheinen, diese Dinge seien scharfsinnig gesagt, aber nur wie jene gewandten und klugen Worte, die ‚das Kreuz Christi um seine Kraft bringen' (1 Kor 1,17). Das ist nicht die Weisheit, die von oben kommt. Ich will nicht anführen, was dann noch folgt. Es soll nicht den Anschein haben, daß wir unseren Freunden Unrecht tun wollen. Wir wollen nicht, daß ihr starker und lebendiger Geist auf Abwegen geht, sondern daß er den rechten Weg einschlägt.“[22]

Danach kommt er zum eigentlichen Thema seiner Antwort: „Wie der Autor, dessen Buch ihr mir gesandt habt, von Eifer entbrannt ist gegen jene, die ihre Sünden mit der Schwäche der menschlichen Natur zu entschuldigen suchen, von eben solchem, ja von größerem Eifer müssen wir entbrannt sein, ‚damit das Kreuz Christi nicht um seine Kraft gebracht wird'. Das Kreuz Christi wird nämlich um seine Kraft gebracht, wenn man annimmt, man könne, wie auch immer, Gerechtigkeit und ewiges Leben ohne das Geheimnis Christi erlangen. Und genau das wird in diesem Buch vertreten. Wohl nicht bewußt, sonst könnte man seinen Autor nicht einmal mehr als Christ bezeichnen, sondern vielmehr — wie ich annehme — unbewußt.“[23]

Von dieser Voraussetzung ausgehend versteht man seine Haltung den Pelagianern gegenüber: nicht zu bestreiten, was diese behaupten, sondern zu behaupten, was diese bestreiten — die Erlösung, die Gnade und die christliche Freiheit. Er wirft ihnen vor, daß sie die großen und grundlegenden Offenbarungswahrheiten bestreiten, und nicht, daß sie die Güte der Dinge, das Gut der Ehe, die Heiligkeit des Gesetzes, die Verantwortung des Sünders und die Gerechtigkeit der Heiligen vertreten.

„Wenn wir die Pelagianer dazu zu bringen versuchen, ... daß sie nicht die Erbsünde abstreiten, daß sie nicht abstreiten, daß Gottes Gnade, die uns gerecht macht, eine freie und nicht unseren Verdiensten entsprechende Gabe an uns ist, daß sie nicht abstreiten, daß selbst der heiligste und tugendhafteste Sterbliche nicht so gerecht sein kann, daß er nicht auch nach der Taufe immer der Vergebung der Sünden bedürfte; wenn wir sie also dazu zu bewegen suchen, daß sie nicht all diese Wahrheiten abstreiten und nicht die Menschen, die daran glauben, von der Gnade des Heilands wegführen, ... dann schieben sie andere Fragen vor, hinter denen sie für die einfacheren oder weniger wachen oder in den Schriften weniger versierten Geister ihren Irrtum verschleiern. Solche ‚Schleier' sind: das Lob der Geschöpfe, das Lob der Ehe, das Lob des freien Willens, das Lob der Heiligen — fast als ob jemand von uns diese Dinge schmähe oder etwa nicht gebührend zu Ehren des Schöpfers und des Heilands verherrliche."[24]

Da setzt das theologische und pastorale Engagement des Bischofs von Hippo an. Mit großem Einsatz versucht er zu beweisen, daß man nicht einige Wahrheiten bejahen und andere verneinen kann, sondern alle zusammen betrachten und vertreten muß. Wenn jemand den tieferen Sinn dieser Ganzheit der christlichen Lehre nicht einsieht, was bei diesen komplizierten Fragen häufig geschieht, dann muß man an seinen Sinn für das Geheimnis appellieren, der einem Christen niemals fehlen sollte.

Der Irrtum der Pelagianer bestand darin, daß sie Wichtiges ausschlossen: Sie erkannten die Güte der Natur und die Macht der Freiheit an, verneinten aber die Notwendigkeit der Erlösung und die Wirksamkeit der Gnade; sie rühmten sich ihrer Distanz zu den Manichäern, ohne zu bemerken, daß sie dem entgegengesetzten Irrtum verfallen waren. „Was hilft es diesen neuen Häretikern, diesen Feinden des Kreuzes Christi, diesen Opponenten gegen die göttliche Gnade, daß sie nicht vom manichäischen Irrtum befallen sind, wenn sie an der Krankheit ihres eigenen Irrtums sterben?"[25]

Augustinus verteidigt mit Nachdruck, daß die Lehre der Kirche eine unauflösliche Synthese darstellt und von den Pelagianern und den

Manichäern gleich weit entfernt ist[26], wie sie seinerzeit von Sabellianern und Arianern gleich weit entfernt war.[27]

Augustinus ging es darum, die Lehre von der Erlösung deutlich zu machen. Erbsünde und Erlösung sind zwei eng miteinander verknüpfte Wahrheiten. Indem sie die eine negierten, stellten die Pelagianer zwangsläufig auch die andere in Abrede. Das stellte Augustinus seinen Hörern beziehungsweise Lesern immer wieder vor Augen. Sein Ziel war es, alle biblischen Texte zusammenzutragen, die sich auf die Erlösung beziehen, und damit zu zeigen, daß Christus wesentlich Erlöser ist. Daraus folgt, daß diejenigen, die glauben, sie bedürften der Erlösung nicht, Christus nicht zugehören. Denn niemand kann gerecht sein vor Gott, außer durch das Werk des einzigen Mittlers zwischen Gott und den Menschen. „Das Kreuz Christi um seine Kraft bringen, das heißt behaupten, daß ein Mensch ohne das Kreuz, nur durch das Naturgesetz und den freien Willen gerechtfertigt werden kann.“[28]

Die Erlösung ist universal, das heißt Christus hat sie für alle Menschen gewirkt, auch für jene, die verlorengehen. Judas „warf das Geld fort, für das er den Herrn verkauft hatte, kannte jedoch nicht den Preis, um den der Herr ihn selber freigekauft hatte“[29]. Die Erlösung besteht nicht in dem Beispiel, das Christus uns gegeben hat, sondern sie bedeutet vor allem Loskauf von den Folgen der Sünde, Versöhnung und Befreiung; und sie vollzieht sich durch den Tod am Kreuz, das absolut freie und vollkommene Opfer Christi.[30] Deshalb stellt Augustinus — im Gegensatz zu den Pelagianern, die von Nachahmung sprachen und die Nachahmung Christi durch die Gerechten der Nachahmung Adams durch die Sünder gegenüberstellten — die Wiedergeburt in Christus der Geburt in Adam gegenüber.[31]

Damit verlagerte sich die Auseinandersetzung von der Erlösung auf die Rechtfertigung. Augustinus lag die Klärung dieses vielschichtigen Begriffs sehr am Herzen. Die biblischen Worte, in denen die Wahrheit der Rechtfertigung zum Ausdruck kommt — Wiedergeburt, Kindschaft, Heil, Liebe — , beziehen sich, so bemerkte Augustinus, nur teilweise auf das gegenwärtige Leben, überwiegend aber auf das zukünftige Leben. Die Rechtfertigung hier auf Erden geschieht durch die Vergebung der Sünden[32], durch die Gegenwart des Heiligen Geistes, der unseren Herzen die Liebe eingießt und die Gottesschau mit sich bringt. Doch vollendet wird sie erst im Himmel, wo mit der Auferstehung die Sterblichkeit überwunden und Gott „alles in allen“ sein wird.

Um den Begriff der Rechtfertigung weiter zu klären, unterscheidet Augustinus zwischen der Vergebung der Sünden durch die Taufe, die vollkommen ist, und der noch nicht vollkommenen, sondern nach und nach sich vollziehenden Erneuerung des alten Menschen. Diese wird erst vollendet nach der Auferstehung. Eine weitere Unterscheidung vollzog er zwischen der Sünde, die vergeben wird, und der Neigung zur Sünde, die bleibt.

Gnade und Freiheit

Ein weiteres grundlegendes Thema, das Augustinus klarlegen wollte, ist das Problem von Freiheit und Gnade: Ohne Freiheit gibt es keine Menschenwürde, ohne Gnade kein Heil. Gegen die Manichäer war er für die Freiheit eingetreten, nun mußte er den Pelagianern gegenüber die Gnade verteidigen.

Die Gnade ist nicht, wie die Pelagianer behaupteten, mit der Freiheit gleichzusetzen, sie ist nicht die Offenbarung oder das Gesetz, sondern vielmehr jene Hilfe, die den Menschen zur Rechtfertigung führt, indem sie seine „Unwissenheit“ und „Schwäche“ beseitigt, ihm beim Kampf gegen das Böse hilft und ihm ermöglicht, im Guten auszuharren und das Heil zu erlangen. Die Gnade ist nach augustinischer Definition „die Inspiration der Liebe“[33]. Denn will man das Gute tun, braucht man mehr als die Kenntnis des Guten; man muß von ihm angezogen werden und es lieben. Weiß man lediglich, was gut ist, aber „spürt nicht seine Anziehungskraft und liebt es nicht, dann handelt man nicht danach, nimmt es nicht auf und lebt nicht gut“[34].

Dank dieser Begriffsbestimmung der Gnade kam Augustinus zu dem Ergebnis, daß die Gnade der Freiheit nicht widerspricht, sondern ihre Quelle ist. Das Leitmotiv seines langen Ringens waren die Worte Jesu: „Wenn euch also der Sohn befreit, dann seid ihr wirklich frei“ (Joh 8,36).

Die Idee der christlichen Freiheit ist so tief im Denken des Augustinus verwurzelt, daß er die ganze Heilsgeschichte im Licht der Freiheit betrachtet. Er unterscheidet vier große christliche Freiheiten: die Freiheit von der Sünde, von der Neigung zum Bösen, vom Tod und von der Vergänglichkeit. Im Urzustand, also vor dem Sündenfall, verfügte der Mensch über zwei dieser Freiheiten, das „Nicht-sündigen-Müssen“ und das „Nicht-sterben-Müssen“. Durch den Sündenfall verlor der Mensch diese beiden Freiheiten, durch die Erlösung hat Christus sie uns wiedergeschenkt. Da der Mensch an den Früchten der Erlösung teilhat, gewinnt er diese Freiheiten nach und nach wieder zurück. In ihrer ganzen

Fülle wird er sie am Ende der Zeiten erlangen, wenn an die Stelle des „Nicht-sündigen-Müssens“ und des “Nicht-sterben-Müssens“ das „Nicht-sündigen-Können“ und das „Nicht-sterben-Können“ treten, mit anderen Worten: die Gaben der vollkommenen Gerechtigkeit und der Unsterblichkeit.[35]

In einer Auslegung der oben zitierten Stelle aus dem Johannesevangelium (8,36) sagt Augustinus: „Die erste Freiheit besteht darin, von schwerer Schuld frei zu sein... Wenn man einmal von dieser Schuld frei ist, ... dann beginnt man, der Freiheit entgegenzugehen; das ist aber erst der Anfang der Freiheit, nicht die vollkommene Freiheit. Warum, so wird mancher fragen, ist das nicht die vollkommene Freiheit? Weil ‚ich ein anderes Gesetz in meinen Gliedern sehe, das mit dem Gesetz meiner Vernunft im Streit liegt‘ (vgl. Röm 7,23) ... Da ist teils Freiheit, teils Knechtschaft. Die Freiheit ist noch nicht ganz rein, noch nicht vollständig, weil wir noch nicht in der Ewigkeit sind... Wann wird die Freiheit wirklich vollständig und vollkommen sein? Wenn es keine Feinde mehr geben wird, wenn ‚der letzte Feind, der Tod, entmachtet wird‘ (1 Kor 15,26).“[36]

Obwohl ihm vor allem die christliche Freiheit am Herzen lag, so vernachlässigte er doch das mehr philosophische Thema der Wahlfreiheit nicht, der Freiheit, die die Verantwortlichkeit des menschlichen Tuns und damit die Notwendigkeit von Lob und Tadel, von Lohn und Strafe begründet. Zu diesem Thema schrieb er das erwähnte Werk *Über die Gnade und den freien Willen.* Darin macht er wiederholt auf ein schwieriges Problem aufmerksam, wie nämlich die Wahlfreiheit und die Wirkung der Gnade in Einklang zu bringen seien. Er ermahnt seine Leser, mit Entschiedenheit daran festzuhalten, *daß* es möglich sei, selbst wenn sie nicht verstehen, *wie* es möglich sei.[37] Gott hat uns zwar ohne unser Zutun geschaffen, aber nicht ohne unser Zutun erlöst: „Wer dich ohne dein Zutun geschaffen hat, rechtfertigt dich nicht ohne dein Zutun. Geschaffen hat er jemanden, der es nicht wußte, aber er rechtfertigt nicht jemanden, der es nicht will“.[38] Somit schließt weder die Gnade die Freiheit aus, noch die Freiheit die Gnade. „Der freie Wille wird nicht aufgehoben, auf daß die Gnade ihm zu Hilfe kommen kann, sondern sie kommt ihm zu Hilfe, auf daß er nicht aufgehoben wird.“[39]

Vor diesem Hintergrund ruft Augustinus unermüdlich zu Gebet, zu Werken der Liebe und zu Gottvertrauen auf. Und er erinnert immer wieder daran, daß Gott den nicht verläßt, der ihn nicht verläßt.[40] Die

Feststellung „Wir leben sicherer, wenn wir uns in allem Gott anvertrauen“[41] bildet gewissermaßen die Quintessenz seiner Gnadenlehre.

Der *Doctor gratiae* versucht, scheinbar gegensätzliche Begriffe der biblischen Lehre theologisch zu verknüpfen und zu durchdringen: Universalität der Erlösung (daß Gott *alle* Menschen liebt) und die göttliche Vorliebe für die Auserwählten, die Verantwortung des Sünders für sein Handeln und die je größere Barmherzigkeit Gottes.

Dem Verstand, der das Geheimnis entschleiern möchte, ruft er jedoch in Erinnerung, daß die göttlichen Pläne unerforschlich, aber nicht ungerecht sein können. „Gott ist gütig, Gott ist gerecht. Weil er gütig ist, kann er jeden ohne Verdienst erretten; weil er gerecht ist, kann er niemanden ohne Verschulden verdammen.“[42] — „Denn es steht geschrieben: ‚Alle Pfade des Herrn sind Huld und Treue‘ (Ps 25,10). Weder kann seine Gnade ungerecht sein noch seine Gerechtigkeit grausam.“[43] Nach der Lehre des Paulus steht unumstößlich fest: Bei Gott kann es keine Ungerechtigkeit geben (vgl. Röm 9,14). Alles weitere ist Geheimnis. Augustinus beugte sich dem Mysterium und ermahnte die anderen, es ihm nachzutun. „Du suchst nach dem Grund, ich erschaudere vor dem Abgrund... Denke du nur vernunftgemäß, ich staune; disputiere du, ich glaube; ich sehe den Abgrund und kann den Grund nicht erreichen... Du bist gekommen, die undurchdringlichen Dinge zu durchdringen und die unerforschlichen Dinge zu erforschen. Glaube mir, du bist schon verloren... Das ist dasselbe, als wenn man das Unsichtbare sehen und das Unsagbare aussprechen wollte.“[44]

XXVII. Kapitel

Der Streiter für den Glauben

Der Bischof von Hippo war ein hervorragender Streiter mit den Waffen des Geistes. Seine Ideen reiften durch intensives Studium, und er vertrat sie mit Kraft, Klarheit und Geschick. Mit sicherem Instinkt erkannte er die Folgen eines falschen Prinzips und legte sie bloß. Als gewandter Dialektiker deckte er die Spitzfindigkeiten seiner Kontrahenten auf und machte ihnen klar, daß sie sich in einem unentrinnbaren Dilemma befanden. Für ihn gab es nur eine Art der Folgerichtigkeit: sich der Wahrheit zu beugen, deren Sieg niemals erniedrigend ist. Er war sich seines Glaubens sicher und wußte alle Argumente zu dessen Verteidigung ins Feld zu führen. Demjenigen, der nicht mit stichhaltigen Argumenten, sondern nur mit leeren Floskeln erwiderte, gab Augustinus — nicht ohne mitleidige Ironie — zu bedenken, daß der am schlimmsten dran sei, der weder etwas zu sagen, noch zu schweigen wisse. Sein gelegentlich auch heftiger Streit für den Glauben ist immer von der Liebe getragen — von einer tief empfundenen Liebe zur Wahrheit und von einer aufrichtigen Liebe zu den Menschen.

Der Bischof von Hippo vergaß nie seine eigene Erfahrung des In-die-Irre-Gehens. Die Rückbesinnung darauf macht ihn bescheiden und geduldig. Zu den Manichäern sagt er einmal:

„Sollen die hart mit euch sein, die nicht wissen, mit wieviel Mühe man die Wahrheit findet und unter wieviel Schwierigkeiten man Fehler vermeidet ..., die nicht wissen, wie schwer es ist, die materiellen Phantasmen mit der Frömmigkeit des Geistes zu überwinden ..., die nicht wissen, welchen Preis es kostet, das Auge des inneren Menschen zu heilen, auf daß es seine Sonne erblicken kann ..., die nicht wissen, wie vieler Seufzer und Weh es bedarf, um Gott auch nur ein ganz klein wenig zu erfassen... Schließlich sollen die hart mit euch sein, die niemals von dem Irrtum betrogen waren, welchem sie euch verfallen sehen. Doch ich ... kann es keinesfalls, ... ich muß euch dieselbe Geduld erweisen, welche diejenigen, die mir nahestanden, mir entgegenbrachten, als ich eurer Lehre nachfolgte."[1]

Von dieser Gesinnung ist seine ganze Haltung geprägt.[2] Das Bewußtsein der eigenen Fehler tritt auch in der Auseinandersetzung mit den Pelagianern zutage. Im schmerzlichsten Moment der ganzen Angelegenheit, als die Mönche Galliens sich gegen seine Gnadenlehre auflehnten, bekannte er öffentlich, daß er einst demselben Irrtum verfallen war. Aber das hinderte ihn nicht, seine Gegner daran zu erinnern, daß auch sie sich irren könnten. „Wer der Meinung ist, daß ich mich irre, der sollte sorgfältig und wiederholt lesen, was ich schreibe, damit nicht am Ende er es ist, der sich irrt."[3]

Sein Vertrauen in die Kraft der Wahrheit zeigt er im Verlauf der Auseinandersetzung mit den Donatisten. Ihnen hält er die Regel vor Augen, die in der Kirche für theologische Diskussionen gilt: Solange eine Unklarheit nicht beseitigt ist, kann und muß diskutiert werden, aber „ohne gotteslästerlichen Hochmut, ohne Überheblichkeit, ohne Mißgunst und Neid, sondern mit heiliger Demut, unter Wahrung der *pax catholica* und in christlicher Liebe"[4]. Ein solches Klima in den Diskussionen mit den Donatisten herzustellen, war ohne jeden Zweifel sein Anliegen. Er empfand sie als seine Brüder, und als solche liebte er sie. „Ob sie wollen oder nicht — sie sind unsere Brüder. Nur dann werden sie nicht mehr unsere Brüder sein, wenn sie aufhören zu sagen: Vater unser."[5] Das mißfiel den Donatisten; denn da sie die von den Katholiken gespendete Taufe nicht anerkannten, wollten sie diese auch nicht als Brüder in Christus betrachten, noch selbst von ihnen als Brüder betrachtet werden. Aber Augustinus ließ sich nicht entmutigen: „Sollen sie gegen uns sagen, was sie wollen; lieben wir sie, selbst wenn sie es nicht wollen."[6]

In der großen Konferenz von 411 ging er wesentlich weiter. Er schlug vor, die katholischen Bischöfe sollten sich schriftlich verpflichten, falls die Konferenz zu ihren Ungunsten ausginge, das Bischofsamt ihren donatistischen Kollegen zu überlassen, im umgekehrten Falle aber nichts Entsprechendes von diesen zu verlangen. Falls also die katholische Seite siegte, sollten die Donatistenbischöfe das Bischofsamt mit den katholischen Mitbrüdern teilen, indem sie sich abwechselten beziehungsweise beide darauf verzichteten, um die Wahl eines neuen Oberhirten zu ermöglichen. Mit nur zwei Ausnahmen stimmten die fast dreihundert anwesenden Bischöfe dem Vorschlag zu. Daraufhin wurde die feierliche Erklärung abgefaßt, in der es heißt:

„Warum sollten wir zögern, unserem Erlöser dieses Opfer der Demut zu bringen? Stieg er nicht vom Himmel herab und nahm menschliche Gestalt an, damit wir Glieder seines Leibes würden? Und wir sollten uns fürchten, von unseren Bischofssitzen herabzusteigen, um die Gefahr zu bannen, daß sein Leib von einer grausamen Spaltung betroffen würde? Was uns anbelangt, genügt es uns, einfach treue und gehorsame Christen zu sein; trachten wir also danach, das immer zu sein. Schließlich sind wir zu Bischöfen geweiht worden, damit wir den christlichen Gemeinden dienen. Laßt uns daher, was unser Episkopat betrifft, ein Werk verrichten, das den Christgläubigen zum christlichen Frieden verhilft. Wenn wir nützliche Diener sind, wie können wir dann den ewigen Interessen des Herrn um unserer zeitlichen Würde willen zuwiderhandeln? Für uns trägt die Bischofswürde reichere Früchte, wenn wir, indem wir sie ablegen, die Herde Christi zusammenführen, anstatt deren Zerstreuung zu verursachen, indem wir an ihr festhalten. Wie können wir die von Christus für die zukünftigen Zeiten verheißene Ehre erhoffen, wenn unsere Ehrenstellung in der Kirche die Einheit des Leibes Christi in dieser Welt verhindert?“[7]

Dieser Haltung entspricht auch die hochherzige Reaktion des Augustinus auf persönliche Angriffe. Die Donatisten verbreiteten Verleumdungen über ihn, bei ihren Anhängern prangerten sie ihn an als „einen Wolf, den man töten müsse, um ihre Herde zu schützen“[8]; und sie versuchten tatsächlich, ihn zu beseitigen.[9] Diese persönlichen Vorkommnisse wollte er jedoch niemals in die Auseinandersetzung einbezogen wissen. Er sagte den Gläubigen: „Laßt meine persönlichen Angelegenheiten beiseite. Nichts anderes als dieses sagt zu ihnen: ‚Brüder, bleibt bei der Sache. Der Bischof Augustinus ist in der katholischen Kirche, trägt seine Bürde und wird Gott darüber Rechenschaft ablegen. Für mich ist er ein guter Mensch; sollte er aber ein schlechter Mensch sein, wäre das seine Angelegenheit. Doch selbst wenn er gut ist, setze ich meine Hoffnung nicht auf ihn ...’ Kämpft nicht gegen sie, nur um mich zu verteidigen.“[10]

Seiner Liebe zur Wahrheit und seiner Achtung vor den Gegnern entsprang auch seine wissenschaftliche Redlichkeit. Er erkundigte sich sorgfältig nach der Herkunft einer Schrift, bevor er antwortete, las sie aufmerksam und zitierte sie wortgetreu. Das machte seine Werke oft lang und zwang ihn zu häufigen Wiederholungen. Sein Streben nach Objektivität führte gelegentlich sogar dazu, daß er ein weiteres Werk verfaßte, wenn er feststellte, daß der seiner Antwort zugrunde liegende Text die Gedanken seines Gegners nicht genau wiedergab, wie im Fall des Buches *Contra Iulianum.*[11] Augustinus wollte um jeden Preis vermeiden, daß die Diskussion durch Zweifel an der Echtheit und Genauigkeit der fraglichen Textstellen beeinträchtigt würde. Darüber hätte man leicht die Kernfrage vergessen können. Der Leser müsse vielmehr in die Lage versetzt werden, unmittelbar das zentrale Problem zu erkennen, um unbeeinflußt selbst zu urteilen. Aus diesem Grund präsentierte er oft mit dem eigenen Text auch den des Gegners, selbst wenn dieser langatmig, nicht folgerichtig oder gar beleidigend war. Dieser wissenschaftlichen Redlichkeit des Augustinus verdanken wir es, daß uns viele manichäische, donatistische, pelagianische und arianische Schriften erhalten sind.

Auch über die Pelagianer sprach Augustinus meist mit Anerkennung und Achtung: Er lobte ihren Lebenswandel[12], erkannte den Scharfsinn und die rhetorische Qualität ihrer Schriften an[13] und bewunderte ihre Genialität.[14] Anfänglich widerlegte er ihre Irrtümer, ohne sie als Urheber namentlich zu nennen.[15] Und Pelagius gegenüber zeigte er besonderes Wohlwollen. In seinem ersten antipelagianischen Werk schreibt er: „Ich habe einige Bücher des Pelagius gelesen, ein, wie man mir berichtet, heiliger Mann, der nicht wenig im christlichen Lebenswandel vorangeschritten ist".[16] Auf Pelagius' Brief, der in sehr scharfem Ton verfaßt war, antwortete er sehr höflich und ohne auf den Streitpunkt einzugehen: „Der Herr vergelte es dir mit seinen Gütern; möge es dir immer gut gehen und mögest du ewig mit dem leben, der ewig ist, mein lieber Herr und geschätzter Bruder."[17] Nicht geringer war sein Wohlwollen zu Julian. In einem Brief an dessen Vater Memorius, der um die Bücher *De musica* gebeten hatte, spricht er von „unserem Sohn und Mitdiakon", „unserem Gefährten in der Heerschar Christi". Auch auf dem Höhepunkt der Auseinandersetzung, in *Contra Iulianum*, nennt er ihn „lieber Sohn Julian"[18]. Dessen ungeachtet, ist der Ton, in dem er das Denken des Julian (wie das anderer Gegner) verurteilt, bisweilen sehr scharf. Das gilt vor allem für seine zweite Antwort, das sogenante *Opus imperfectum.*

Augustinus hatte wohl inzwischen jede Hoffnung verloren, den Gegner, der sich nunmehr offen und unnachgiebig gegen die Kirche auflehnte, überzeugen zu können. Daher hatte er nun die Pflicht, den Irrtum aufzudecken, um den Glauben zu wahren, was er mit allen Mitteln seiner Dialektik und Erfahrung im Streitgespräch tat. Aus Gründen der Objektivität entschied er sich dann, allen den vollständigen Text Julians zugänglich zu machen, ein von Beleidigungen und bissigen Bemerkungen durchsetztes Schriftstück, auf das er eindeutig und scharf antworten mußte; sonst wären seine Leser, insbesondere die einfacheren und weniger gelehrten, leicht von den trügerischen Beweisführungen Julians getäuscht worden. Um das zu verhindern, bedurfte es einer angemessenen Erwiderung, die Augustinus bei aller menschlichen Achtung für seinen Gegner dann auch gab.

XXVIII. Kapitel

Für die eine Kirche Gottes

Der Untergang des Donatismus geht auf zwei Faktoren zurück: auf seine theoretische Widerlegung und auf das Einschreiten der kaiserlichen Gewalt. Augustinus hat bei beidem eine Rolle gespielt, die aber von den zeitgenössischen Betrachtern weitgehend kritisch beurteilt wurde. Über die theoretische Widerlegung des Donatismus haben wir bereits gesprochen. Nun befassen wir uns mit dem Einschreiten des Kaisers und der Haltung des Augustinus in dieser Angelegenheit.

Die kaiserlichen Erlasse hatten schon wiederholt die Vereinigung der Kirchen geboten, aber ohne greifbaren Erfolg. Das erste Unions-Edikt wurde 316 von Kaiser Konstantin erlassen. Die Donatisten reagierten unnachgiebig und mit Gewalttätigkeit. Die „Circumcellionen", Banden von Fanatikern, verbreiteten besonders in den ländlichen Gegenden Terror, Zerstörung und Tod. Ihr Schlachtruf — *laus Deo* — flößte denjenigen, die zufällig in ihre Nähe kamen, mehr Furcht ein als das Gebrüll eines Löwen.[1] Sie stahlen oder vernichteten die Ernte, überfielen die Leute, folterten und mordeten. Grausam auch gegen sich selbst, töteten sich viele von ihnen, um den Ruhm des Martyriums zu erlangen. „Sie leben wie Räuber, sterben wie Circumcellionen und werden wie Märtyrer verehrt."[2]

Angesichts dieses gewaltsamen Widerstands wurde 321 ein Toleranz-Edikt erlassen. Die Donatisten konnten aufatmen und verbreiteten sich schnell. Die Gewalttätigkeiten aber nahmen kein Ende. Der Nachfolger Konstantins versuchte, durch Verhandlungen eine gütliche Einigung herbeizuführen, aber vergeblich. Die Donatisten vergaßen, daß sie sich selber an die kaiserliche Gewalt gewandt hatten, und bestritten dem Kaiser das Recht, in religiöse Fragen einzugreifen. „Was hat der Kaiser mit der Kirche zu tun?" Nach dem gescheiterten Vermittlungsversuch widerrief Konstans 347 das Toleranz-Edikt und setzte erneut das von 316 in Kraft, das die Donatisten zur Union mit der katholischen Kirche verpflichtete. Makarios, Beauftragter des Kaisers in Afrika, führte das Gesetz rigoros durch. Das forderte viele Opfer unter den Donatisten, die dann von ihren Glaubensgenossen als Märtyrer verehrt wurden. Diese Verfolgung dauerte nicht einmal ein Jahr, hat aber tragische Berühmtheit erlangt. Die Donatisten brandmarkten sie in ihren Schriften als die Grausamkeiten der „Zeiten des Makarios" und verliehen den Katholiken den Beinamen „Makarianer".

Im Jahre 362 änderte sich die Situation. Kaiser Julian begünstigte offen die Donatisten und hob die Maßnahmen seiner Vorgänger auf. In ihrem Überschwang nahm die „Partei des Donatus" vielerorts blutige Rache an den Katholiken. Doch bald sollte die Lage sich erneut ändern. Die Kaiser Valentinian und Gratianus gewährten wiederum der katholischen Kirche Schutz. Ihre Gesetze scheinen aber nicht sehr strikt angewandt worden zu sein. In den folgenden Jahren festigten die beiden Kirchen ihre Positionen und brachten ihre eifrigsten Streiter hervor: Optatus von Milev und Parmenian. Auf die Aktion von Valentinian und Gratianus folgte die —wirksamere — von Theodosius dem Großen. Dieser erließ zahlreiche Gesetze gegen die Häretiker, darunter das Gesetz von 392, das Geistliche, die sich einer Häresie schuldig gemacht hatten, zu zehn Goldpfund Strafe verurteilte. In Afrika wurde dieses Gesetz gegen die Donatisten angewandt, zumindest wenn sie sich irgendwelcher Gewalttaten schuldig machten.[3]

Zu dieser Zeit war Augustinus bereits zum Priester geweiht worden. Ihm war von Anfang an klar, daß die auf Unterdrückung basierenden Gesetze nicht ausreichen würden, um die Einheit wiederherzustellen. Er hielt sie sogar für gefährlich, da sie eher „falsche Katholiken" aus den Schismatikern machen könnten. Es bedurfte vielmehr einer gründlichen kirchlichen Unterweisung: Man mußte die Leute über den Ursprung und die historisch-theologische Haltlosigkeit des Donatismus aufklären. Und man mußte die Lehre der katholischen Kirche darlegen, mit Wahrheit und Liebe deutlich machen, daß und warum die Einheit notwendig ist.

Augustinus machte sich unverzüglich ans Werk. Kurz nach seiner Priesterweihe schrieb er an Maximinus, den Donatistenbischof von Sinitum bei Hippo:

„Lassen wir die unnützen Vorwürfe beiseite, mit denen sich beide Seiten aus Unwissenheit gegenseitig zu beschimpfen pflegen! Halte du mir nicht die Zeit des Makarios vor, wie ich dir nicht die Greuel der Circumcellionen vorhalte. Wenn diese nicht auf dich zurückfallen, fallen jene auch nicht auf mich zurück ... Gehen wir die Sache selbst an mit der Kraft der Vernunft, mit der Autorität der Heiligen Schriften; laß uns in Ruhe und Frieden, soweit es uns möglich ist, bitten, suchen, anklopfen, auf daß wir erhalten und finden und man uns öffne. Dann wird es vielleicht mit der Hilfe des Herrn und durch unsere einträchtigen Bemühungen und Gebete möglich sein, in unserer Gegend den Anfang zur Ausrottung dieser großen Schmach und Gottlosigkeit ... zu machen." Augustinus schlägt eine freie Diskussion vor, ohne Furcht vor der staatlichen Gewalt oder vor den Circumcellionen. „Ich werde nichts öffentlich vorbringen, solange die Soldaten hier sind, damit niemand von euch glaubt, ich wollte mehr Lärm um die Angelegenheit machen, als es für die Sache des Friedens gut wäre, sondern erst nach dem Abzug der Soldaten, damit alle Zuhörer verstehen, daß es nicht in meiner Absicht liegt, daß die Menschen gegen ihren Willen gezwungen werden, irgendeiner Gemeinschaft beizutreten. Ich will vielmehr, daß die Wahrheit in aller Ruhe in ihnen reift. Auf unserer Seite soll der Schrecken, den die weltliche Gewalt verkörpert, ein Ende haben. Möge auch auf eurer Seite der von den Banden der Circumcellionen verbreitete Schrecken aufhören."[4]

Als Bischof von Hippo setzte sich Augustinus unermüdlich für die Wiedervereinigung der Kirchen ein und versuchte auch die Väter der vielen regionalen Konzilien, an denen er teilnahm, für diesen Gedanken zu gewinnen. Das gelang ihm zum Beispiel bei den beiden Konzilien von Karthago (401 und 403). Doch weder seine Stimme noch die der Konzilien fand bei den Donatisten Gehör. Sie beantworteten keine Briefe, ließen sich auf keine Diskussionen ein und verbreiteten weiterhin ein von Mißtrauen und Haß erfülltes Klima. Im Jahr 403 forderte das Konzil sie zur Teilnahme an einer öffentlichen Konferenz auf und schlug Modalitäten vor, die Diskussionsfreiheit und eine unparteiliche Entscheidung garantiert hätten. Aber auch diese Aufforderung stieß ins Leere. Die Söhne der Märtyrer — so die verächtliche Antwort der Donatisten — können nicht mit der Brut der Verräter verkehren. Die Gewalttaten nahmen zu. Die Circumcellionen versuchten einen Anschlag gegen Augustinus[5], überfielen Possidius[6], verübten ein scheußliches Verbrechen gegen Maximian, den Bischof von Bagai[7].

Im Jahr 404 stellte sich den Konzilvätern die Donatistenfrage erneut, diesmal jedoch auf andere Art und Weise. Nun waren sich alle einig, daß es nötig sei, den Kaiser zu bitten einzuschreiten. Man diskutierte nur noch darüber, wie das geschehen sollte. Die Älteren drängten auf ein Dekret zur Abschaffung des Donatismus; andere — darunter auch Augustinus — waren der Ansicht, man dürfe nicht mehr als eine

Schutz-Verordnung fordern. Die kaiserliche Gewalt sollte die Katholiken gegen die Gewalttaten der Donatisten schützen. Zu diesem Zweck wäre es ausreichend gewesen, das 392 von Theodosius erlassene Gesetz anzuwenden. Diese Ansicht überwog schließlich. Eine Delegation machte sich mit einem entsprechenden Auftrag auf die Reise. Doch noch bevor sie zum Kaiser gelangte, erließ dieser, der auf anderen Wegen von den Greueltaten der Donatisten erfahren hatte, ein Edikt. In der um 405 von Honorius erlassenen Verordnung wurde der Donatismus verdammt und die Donatisten zur Rückkehr zur katholischen Kirche aufgefordert. Das Gesetz schrieb vor, daß die donatistische Häresie „nicht nur keine Gewalt mehr verüben, sondern überhaupt nicht mehr ungestraft existieren dürfe. Um aber die christliche Sanftmut auch gegenüber denen zu üben, die sie nicht verdienten, wurde nicht die Todesstrafe verhängt, sondern eine Geldstrafe festgesetzt, sowie Bischöfen und Priestern der Sekte das Exil angedroht“[8].

Welche Haltung nahm Augustinus gegenüber diesem unerwünschten Gesetz ein? Zuerst reagierte er wohl negativ, doch später nahm er es dankbar auf und befürwortete es. Wir wollen die Gründe dafür näher erforschen und klären, worin diese Meinungsänderung genau bestand.

Es gab drei Motive, die Augustinus veranlaßten, jenes Gesetz zu befürworten: die Autorität seiner Mitbrüder im Bischofsamt, die Früchte, die er sich davon versprach, und sein Bemühen, die pädagogische Funktion der Furcht vor Strafe auch theologisch zu verstehen.

Man weiß, daß die Väter des Konzils von Karthago 405 zwei Geistliche zum Kaiser sandten, um ihm für die getroffenen Maßnahmen zu danken. Und sie schrieben an die Statthalter der Provinzen sowie an die Magistrate der Städte, damit sie auch durchgesetzt würden. Für die Forschung besteht kein Zweifel, daß der Bischof von Hippo bei diesem Konzil anwesend war.

„Angesichts der Beispiele, die meine Mitbrüder mir vor Augen führten, mußte ich mich beugen. Anfangs war ich der Meinung, daß niemand mit Gewalt zur Einheit Christi zu führen sei, sondern daß man einzig und allein mit Worten handeln, in der Diskussion streiten und mit der Vernunft überzeugen dürfe, um nicht jene als falsche Katholiken unter uns zu haben, die wir als erklärte Häretiker kannten. Diese meine Ansicht mußte sich aber der Ansicht jener beugen, die mir nicht mit Worten widersprachen, sondern Fakten zum Beweis vorlegten. Als Gegenargument führten sie mir vor allem das Beispiel meines Geburtsortes an, dessen Bewohner erst ganz der donatistischen Partei angehört hatten, sich dann aber aus Angst vor den kaiserlichen Sanktionen zur katholischen Kirche bekehrten. Inzwischen verabscheut man dort die Sekte derart, daß niemand ihr je angehört haben will. Gleiches geschah in vielen anderen Städten, deren Namen man mir aufzählte."[9]

Diese „Bekehrungsbewegung" hatte zahlreiche Widerstände zu überwinden, war aber vor allem nach der großen Konferenz von 411 sehr erfolgreich. „Nicht nur einzelne Individuen, sondern zahlreiche Städte sehen wir, die katholisch geworden sind und zutiefst das Schisma verabscheuen und inbrünstig die Einheit lieben."[10] In seiner Abhandlung *De correctione Donatistarum* (Über die Zurechtweisung der Donatisten) verleiht Augustinus seiner Freude darüber Ausdruck:

„Ach, wenn du sehen könntest," schreibt er an Bonifatius, „wie das Volk, froh über die Einheit, zahlreich herbeiströmt, begeistert zuhört und die heiligen Hymnen singt. Du müßtest einmal sehen, wie überfüllt die Räume sind, in denen die Gläubigen zusammenkommen, wie aufmerksam und freudig sie dem Wort Gottes lauschen! Mit wieviel Schmerz denken viele von ihnen an den überwundenen Irrtum zurück, und mit wieviel Freude sinnen sie über die erkannte Wahrheit nach. Wieviel Empörung und Widerwillen empfinden sie für die Verlogenheit ihrer früheren Lehrer, jetzt wo sie all die Unwahrheiten und Lügen begreifen, die diese im Bezug auf unsere Sakramente verbreiteten! Ach, wenn du sehen könntest, wie viele bekennen, daß sie schon lange katholisch werden wollten, sich inmitten so fanatischer und überspannter Individuen nur nicht trauten!"[11]

Von diesen Fakten geht die theoretische Betrachtung aus. In den *Retractationes* schreibt Augustinus in bezug auf ein (heute verlorengegangenes) Werk gegen die Donatisten: „Ich sage dort: ‚Es mißfällt mir, wenn man mit weltlicher Macht Schismatiker zur Kommunion zwingt.' Es ist richtig, daß mir das damals nicht gefiel; da hatte ich ja noch nicht erfahren, wieviel Übles sie wagten, wenn sie straflos blieben, und wieviel Gutes für die Konvertiten eine weise Strenge bedeuten kann."[12]

Zweifellos hat die Furcht vor Strafe — sofern die Gesetzgebung gerecht ist — die zweifache Aufgabe, vom Bösen abzuhalten und zum Guten hinzuführen.

„Ich sage nicht, es könne einer mit Gewalt gut werden! Ich will sagen, daß jemand aus Angst vor einer Strafe, die er nicht erleiden will, entweder von der Feindseligkeit abläßt, die ihn von der erkannten Wahrheit fernhält, oder gezwungen ist, die Wahrheit, die er nicht kannte, kennenzulernen. Die Angst könnte ihn also dazu bringen, die Unwahrheit, für die er kämpfte, zu verwerfen oder nach der Wahrheit, die er nicht kannte, zu forschen und schließlich gerne das als wahr zu verfechten, was er vorher nicht wollte."[13] Das geschah tatsächlich mit den Donatisten. „Seitdem diese Gesetze in Afrika in Kraft gesetzt wurden, traten diejenigen, die nur eine Gelegenheit abgewartet oder aus Angst vor Repressalien der Circumcellionen gezögert oder den Tadel ihrer Angehörigen befürchtet hatten, sofort in die Gemeinschaft der katholischen Kirche über. Auch waren viele nur aus Familientradition in der Häresie gefangen. Nie zuvor hatten sie versucht, die Ursache für das Schisma zu ergründen. Überzeugten sich diese dann nach reiflicher Überlegung, daß hier kein Grund vorlag, für den sich solches Unheil zu ertragen lohnte, wurden sie ohne Schwierigkeit katholisch. Tatsächlich waren es die Sorgen, die ihnen die Augen öffneten, während das Fehlen der Sorgen sie unbekümmert gemacht hatte. Dem Beispiel und der Überzeugungskraft all dieser Bekehrten folgten dann andere, die nicht so fähig waren, von allein zu begreifen, welchen Unterschied es zwischen der donatistischen Häresie und der katholischen Wahrheit gibt."[14]

Die Gegenseite setzte eine andere Version der Fakten in Umlauf. Die Donatisten beklagten sich über die repressiven Gesetze, warfen den Katholiken Grausamkeit und dem Staat Machtmißbrauch vor, betrachteten sich als Märtyrer und stellten die Verfolgung ihrer Kirche als ein Zeichen für ihre Wahrheit hin. Augustinus erwiderte darauf mit den unterschiedlichsten Argumenten. Der Heiligen Schrift entnahm er Fakten und Gründe, die beweisen sollten, daß nicht jeder Zwang ein Übel bedeutet. Es gibt einen Zwang, der zum Guten führt, und dieser ist gutzuheißen; aber nicht der Zwang, den die Donatisten praktizierten, denn der führt zum Bösen.[15] Auch sollen sie sich nicht des Martyriums rühmen. Die Sache, für die er stirbt, macht den Märtyrer aus, nicht die Qual, die er leidet. Entscheidende Vorbedingung, um Zwang rechtfertigen zu können, ist also, daß das Gesetz das Gute zum Gegenstand hat und daß mit der Androhung von Strafe Erklärungen, „Licht für den Geist", geboten wird. Augustinus trennt diese beiden Gesichtspunkte nie: Gesetz und Unterweisung müssen Hand in Hand gehen. „Denn wollten wir uns darauf beschränken, Furcht einzuflößen, ohne zu unterweisen, müßte das wie eine ungerechte Tyrannei erscheinen. Wollten wir uns andererseits darauf beschränken zu unterweisen, ohne Furcht einzuflößen, würden sie sich, verstockt wie sie sind in ihrer althergebrachten Gewohnheit, allzu langsam auf den Weg der Heilung begeben."[16] Man muß klarstellen, daß der Sieg stets der Wahrheit gehören muß und niemals den Menschen. Das Gesetz hat somit eine erzieherische Funktion, nämlich die Aufmerksamkeit der Menschen neu zu wecken und ihnen beim Erkennen der Wahrheit behilflich zu sein. „Meint ihr vielleicht, wir dürften uns rühmen, die Unwahrheit überwunden zu haben? Nein. Der Sieg gehört stets der Wahrheit. Wir, was sind wir schon?"[17]

Wenn man dieses Vorgehen sachlich beurteilen will, muß man sich einige Einzelheiten vor Augen halten, die bisher nicht immer in Betracht gezogen worden sind. *Erstens*: Die Stellungnahme bezieht sich auf einen bestimmten Fall, auf eine bestimmte Region und auf eine bestimmte historische Situation. Augustinus wendet sie sonst nicht an, beispielsweise nicht auf den Pelagianismus. Der Donatismus brachte über die religiöse Verwirrung hinaus vor allem soziale Unruhe mit sich. Daher ging es zum einen darum, die Anhänger der „Partei" vom Terror ihrer eigenen Glaubensgenossen zu befreien, was die augustinischen Schriften wiederholt in Erinnerung bringen. Weiter ging es darum, daß sie sich der bewiesenen und anerkannten Wahrheit zu beugen hatten. Nach der Konferenz von 411 schreibt Augustinus an die Donatisten: „Das war stets eure Rede: ‚Ach, wenn sie sich doch an einem Ort versammelten, wenn sie endlich eine Konferenz abhielten und in ihren Diskussionen die Wahrheit aufleuchtete!' Und so geschah es: Der Irrtum wurde aufgedeckt, die Wahrheit kam zum Vorschein. Warum wollt ihr also weiter die Einheit fliehen und die Wahrheit verachten?"[18]

Zweitens: Das Eingreifen des Staates hatte für Augustinus sehr wohl Grenzen. Er appellierte stets an den Sinn für die Menschlichkeit und sprach sich entschieden gegen die Todesstrafe aus, selbst bei schweren Verbrechen. So schrieb er an Marcellinus: „Erfülle, christlicher Richter, die Pflicht eines liebevollen Vaters! Entrüste dich über alle Unbill, aber ohne die Menschlichkeit zu vergessen." Und er lobt ihn dafür, daß er beim Ermittlungsverfahren gegen die Schuldigen keine Folter angewendet hat.[19] Kurze Zeit später schrieb er ihm erneut: „Was die ihnen aufzuerlegende Strafe betrifft, so bitte ich dich, obwohl sie so grauenvolle Verbrechen gestanden haben (es handelte sich um die Ermordung, Blendung und Verstümmelung von Priestern): Verhänge nicht die Todesstrafe! Nicht nur, um unser Gewissen zu beruhigen, sondern auch um die Sanftmütigkeit der Katholiken deutlich zu machen... Angesichts ihrer Grausamkeit wird jede Sühnemaßnahme, die nicht die Todesstrafe ist, sehr milde erscheinen." Da er wußte, daß nicht alle seine Meinung gutheißen würden, fuhr er fort: „Sollten einige von den Unseren in ihrem tiefen Abscheu für die begangenen Greueltaten dieses Vorgehen für ungeeignet halten und als Schwäche und Nachlässigkeit auslegen, so wird doch, wenn sich die Gemüter erst einmal beruhigt haben, die Güte der Kirche in ihrem vollen Glanz aufleuchten."[20]

Es ist schmerzlich, feststellen zu müssen, wie manche Befürworter der Inquisition sich einige augustinische Prinzipien zu eigen gemacht haben, ohne auf deren Bedeutung, Grenzen und Geist zu achten. Augustinus hätte die Scheiterhaufen späterer Jahrhunderte niemals gutgeheißen. Auch wenn wir heute in dieser Frage in manchen Einzelheiten anders denken, so muß man doch sein maßvolles Urteil und seine Großherzigkeit anerkennen.

XXIX. Kapitel

Ein großes und schweres Werk

Obwohl das Heidentum dem Untergang bereits nahe war, hatte es weiterhin seine Verfechter. Philosophen und Literaten, die einer unwiderruflich verlorenen Zeit nachtrauerten, verherrlichten die sozialen und geistigen Werte der alten Religion und verdammten die neue.

Die Anklagen gegen das Christentum stellten seine Dogmatik und Moral, seine Geschichte, Glaubwürdigkeit und Wirksamkeit in Frage. Die Inkarnation hielt man für absurd; man meinte, die Moral der Feindesliebe und die Vergebung seien unmöglich zu verwirklichen und brächten nur Nachteile. Den Übergang vom Alten zum Neuen Testament hielt man für lächerlich, die Hoffnung auf das künftige Leben für trügerisch und die Auferstehung der Toten für eine Torheit. Diese Anklagen wurden häufig laut, und der Bischof von Hippo blieb selten eine Erwiderung schuldig. Das schreckliche Unheil, das 410 über Rom hereinbrach, war nicht die Ursache der Anklagen, aber es verschärfte sie. „In der Zwischenzeit wurde Rom durch den Einfall der Goten unter der Führung des Königs Alarich und durch die katastrophale Niederlage zerstört. Die Anbeter einer Vielzahl falscher Götter, jene Menschen, die wir gewöhnlich Heiden nennen, bemühten sich, das Unglück in Zusammenhang mit der christlichen Religion zu bringen und begannen mit gewohnter Schärfe und Bitterkeit den wahren Gott zu lästern."[1]

Die barbarische Plünderung und die Brandschatzung der Stadt, die so lange Jahrhunderte hindurch unversehrt geblieben war und für unversehrbar gehalten wurde, bewirkte ein Wiederaufleben der Feindseligkeiten und der Anklagen der Heiden gegen die Christen. Aber auch die Christen selbst waren verwirrt, sie glaubten nämlich, Rom werde ewig fortbestehen. Auch hatte es nicht an Apologeten gefehlt, die die Rückkehr des Goldenen Zeitalters verhießen, wenn das Imperium sich zu Christus bekehrt hätte. Dies schien sich bereits zu verwirklichen: Die Kirche wurde nicht mehr verfolgt, die Kaiser waren christlich geworden, aber statt des Goldenen Zeitalters kam es zur Zerstörung Roms.

Tiefe Bestürzung griff um sich. Augustinus konnte sie an den Gesichtern vieler Menschen ablesen, die nach Afrika geflüchtet waren. „Vor Eifer entbrannt für die Sache Gottes“[2] griff er ein. Mit Briefen und Predigten ermahnte er die Christen, stark zu bleiben trotz aller Anklagen der Heiden, mit noch mehr Einsatz der größer gewordenen Not entgegenzutreten und vor allem den Blick nach oben zu richten. Christus hat nicht die Unvergänglichkeit der irdischen Stadt oder der menschlichen Dinge verheißen; im Gegenteil, er hat deren Vernichtung vorausgesagt. Und die Märtyrer sind nicht gestorben, damit die steinernen Bauwerke stehen blieben. „Ist Petrus vielleicht gestorben und in Rom begraben worden, damit kein Stein vom Theater falle?“[3] Auch Augustinus ist erschüttert angesichts der Zerstörung in der Hauptstadt des Römerreichs. „Greuliches hat man uns berichtet: Blutbäder, Brandstiftung, Raub, Mord und Folter. Wahrlich vieles haben wir gehört, über alles geseufzt, häufig geweint, und wir können uns kaum trösten.“[4] Augustinus aber wünschte, daß man wegen dieser Situation nicht Christus beschuldigte und daß die Christen nicht ihren Glauben und ihre Zuversicht verlören. Deshalb lehrte er, den Heiden mit Entschiedenheit entgegenzutreten. „Sagen sie: In christlicher Zeit ist Rom Brand und Vernichtung anheimgefallen, so antwortet: Auch Troja wurde in Brand gesteckt. Wenn die Götter Troja nicht zu bewahren wußten, wie konnten sie dann Rom bewahren? In der Tat ist dieser Brand nicht der erste der Geschichte, sondern der dritte.“

Die Furchtsamen, die häufig auch im Glauben verunsicherte Christen waren, konnten solche offenen und scharfen Worte nicht ertragen. Ach, wollte er doch über Rom schweigen! riefen sie aus. Das kam dem Bischof zu Gehör, und er erwiderte darauf: „Es liegt mir fern zu schmähen; das liegt meinem Herzen und meinem Schmerz fern.“ Er beteuert seine Liebe zu Rom. „Hatten wir dort nicht viele Brüder? Und haben wir sie nicht immer noch? Ist nicht Rom ein großer Teil Jerusalems, der Pilgernden Stadt Gottes?“ Andererseits beharrte er energisch auf seinem Anliegen: „Was anderes sage ich, wenn ich nicht über Rom schweige, als daß falsch ist, was sie über unseren Christus sagen, nämlich daß er Rom ins Verderben geführt habe, während die Götter aus Stein und Holz es beschützt hätten?“[5] Im übrigen ist der Bischof von Hippo überzeugt, daß Rom nicht vernichtet, sondern nur gezüchtigt worden ist. „Die Stadt besteht nicht aus den Mauern, sondern aus ihren Bewohnern.“[6] Wenn ihre Bewohner nicht untergehen, geht auch die Stadt nicht unter.

In den Briefen geht er tiefere und schwierigere Probleme an wie die Glaubwürdigkeit der christlichen Lehre, die Inkarnation, die weise

Pädagogik der Offenbarung und die soziale Wirksamkeit des Christentums.[7] Den Anlaß dazu gab ihm ein römischer Adliger, ein Heide und Skeptiker, der aber dem Christentum nicht gleichgültig gegenüberstand. Er war ein Freund des Tribuns Marcellinus, der seinerseits mit Augustinus eng befreundet war. Vom Ruf des Bischofs beeindruckt, legte Volusianus — so hieß er — ihm seine Schwierigkeiten mit der christlichen Lehre dar. Es waren die gleichen, die die gebildeten Heiden normalerweise vorbrachten. Marcellinus fügte weitere hinzu, über die Volusianus nachgedacht, die er aber nicht zu Papier gebracht hatte. Augustinus antwortet beiden mit zwei langen Abhandlungen. Der Tribun Marcellinus aber gab sich damit nicht zufrieden und drängte Augustinus, er solle ein großangelegtes Werk schreiben. „Ich beschwöre dich, schreibe Bücher zu diesen Themen, Bücher, die, indem sie jeden Zweifel überwinden, gerade in unserer jetzigen Zeit der Kirche ungeheuer nützlich sein können."[8]

Diese Aufforderung eines christlichen Freundes gab Augustinus den Anstoß, einen lang gehegten Plan in Angriff zu nehmen — und so entstand der *Gottesstaat*. Ein sehr großes Werk, das Augustinus viel Mühe kostete. Es ist gleichzeitig eine Apologie des Christentums, Philosophie und Theologie der Geschichte, der Politik wie der Spiritualität. Sein Verfasser selbst nennt es „ein großes und schweres Werk"; zum Schluß äußert er die Überzeugung, der Aufgabe, die er sich in „diesem riesigen Werk" gesetzt habe, gerecht geworden zu sein. Dreizehn Jahre — von 413 bis 426 — arbeitete er daran — neben all den anderen Verpflichtungen in dieser Zeit: 414 schrieb er die ersten drei Bücher, 415 das vierte und das fünfte Buch, 417 die Bücher sechs bis zehn. In den Jahren 418-19 arbeitete er an dem vierzehnten Buch. Die letzten Bücher sind in die Zeit von 425-426 zu datieren, als der Autor bereits über siebzig Jahre alt war.

Trotz der Arbeit, die sich über einen so langen Zeitraum erstreckte, entspricht das Werk seinem ursprünglichen Entwurf. Das bekundet sein Verfasser am Ende des ersten Buches[9], und er verweist auch später nicht selten darauf.[10] Das Konzept ist einfach und großartig zugleich: Es umfaßt die Geschichte der Menschheit, zusammengefaßt in der Geschichte zweier Menschen — Adam und Christus. Sie nimmt Gestalt an im Umkreis von Selbstliebe und Gottesliebe. Das Werk gliedert sich in einen polemischen und in einen doktrinären Teil. Der erste Teil hat die Widerlegung des Heidentums zum Ziel, der zweite die Darlegung der christlichen Lehre. Die ersten fünf Bücher zeigen die soziale Ohnmacht des Heidentums, das heißt die Unzulänglichkeit des Götterkults, irdisches Wohlergehen zu verschaffen. Die weiteren fünf Bücher wollen die geistige Ohnmacht des Heidentums aufzeigen: Der heidnische Kult kann keine ewige Seligkeit bewirken. Die jeweils vier Bücher umfassenden drei Abschnitte des zweiten Teils beschreiben Ursprung, Entwicklung und Bestimmung der beiden Staaten, des Gottesstaates und des irdischen Staates. Jedes der zweiundzwanzig Bücher behandelt ein spezielles Thema. Ein meisterliches Sprachwerk, trotz der zahlreichen Abschweifungen, die von zeitbedingten Erfordernissen geprägt sind.

Die Methode ist einfach, aber nicht leicht. Im wesentlichen geht es um die Ausarbeitung von drei anspruchsvollen Themen: der heidnischen Weisheit, auf die die Epigonen der alten Religion ihre Hoffnung setzten, die christliche Weisheit entgegenzustellen; alles, was an jenen gültig und lobenswert war, herauszustellen; klarzustellen, daß sich all dies vervollkommnet im Christentum wiederfindet.

Auf den ersten Punkt wird im Prolog hingewiesen. „In diesem Werk, das zu schreiben ich mir vorgenommen und zu dem ich mich durch ein Versprechen dir gegenüber, geliebter Sohn Marcellinus, verpflichtet habe, möchte ich den ruhmreichen Gottesstaat verteidigen... Ich möchte ihn verteidigen gegen diejenigen, die seinem Begründer ihre Götter vorziehen. Groß ist das Werk und schwer, aber Gott ist unser Helfer; denn ich weiß wohl, wie mühevoll es ist, Hochmütigen die Macht der Demut begreiflich zu machen... Der König und Begründer dieses Staates, von dem wir reden wollen, hat in der Heiligen Schrift seines Volkes den Sinn des göttlichen Gesetzes erschlossen, in dem es heißt: Gott widersteht den Hoffärtigen, aber den Demütigen gibt er Gnade. Doch das, was allein Gott zukommt, nimmt der aufgeblasene und eingebildete Menschengeist für sich in Anspruch.“[11]

Der Autor stellt der menschlichen Weisheit die göttliche Weisheit gegenüber, dem Leben nach Art der Menschen das Leben nach der Art Gottes, der Herrschaft der Begierde die Freiheit der Gnade.

Augustinus, der auch Römer war und sich als solcher fühlte, konnte nicht übersehen, was die heidnische Weisheit an Gültigem und Lobenswertem hervorgebrachte hatte. Mit Freude und Dankbarkeit bekannte er sich dazu und griff darauf zurück. So zitierte er häufig die alten Meister der Römer, Titus, Livius, Sallust, Varro und Cicero. Mit Hilfe dieser Autoren wollte er seine Zeitgenossen aufrütteln und die Verderbnis ihrer Sitten geißeln. Öffentlich erkannte er die Tugenden der alten Römer an: „Gierig nach Lob, freigiebig mit Geld, unersättlich nach Ruhm, glücklich über redlichen Besitz.“ Vor allem lobte er ihre Liebe zum Vaterland. Dadurch hätten sie viele Laster gemieden und viele Tugenden geübt, insbesondere die Tugend, das öffentliche Wohl dem privaten vorzuziehen. Sie verachteten persönlichen Reichtum, um die Staatskasse reich gefüllt zu sehen. Diese Tugenden sollten auch die Christen sich zum Vorbild nehmen, damit sie verständen, welch großer Liebe der himmlische Staat würdig sei, wenn jene den irdischen so liebten.[12]

Auf diesen Tugenden beruhen die Größe und Stabilität des Imperiums; nicht auf Götterkult, der als Ursache der Unmoral nicht auch Quell des Fortschritts sein kann. Nicht die heidnischen Götter, nicht das Schicksal, sondern der wahre Gott hat den Römern ihr Reich gegeben. „Es besteht kein Zweifel, daß die göttliche Vorsehung dem menschlichen Reich Bestand verleiht."[13]

Dieses grundlegende Prinzip, das ein Licht auf die augustinische Geschichtsauffassung wirft, findet sich, in reichen Details und in großartiger Synthese, in einer der schönsten Passagen des *Gottesstaates* wieder.

„Der höchste und wahre Gott mit seinem Wort und dem Heiligen Geiste, welche drei eins sind, dieser eine allmächtige Gott, Schöpfer jeglicher Seele und jeglichen Körpers, an dem man Anteil haben muß, um wahrhaft glücklich zu sein, erschuf den Menschen als vernünftiges Lebewesen, das aus Seele und Leib besteht. Er ließ den Sünder nicht ungestraft, aber verstieß ihn auch nicht unbarmherzig. Er verlieh Guten und Bösen das Sein... Von ihm kommt alles Maß, alle Gestalt und alle Ordnung... Dieser Gott hat sicherlich nicht gewollt - wer dürfte das glauben? —, daß die Reiche der Menschen, die Fürsten mitsamt ihren Untertanen den Gesetzen seiner Vorsehung entzogen seien."[14]

Der einzig wahre Gott gibt den Menschen teil an jenem Staat, „in dem die Wahrheit König, die Liebe Gesetz und die Ewigkeit Maßstab ist"[15].

Was die soziale Wirksamkeit des Christentums betrifft, war die Antwort des Augustinus an Marcellinus eine Kampfansage:

"Diejenigen, die behaupten, die Lehre Christi sei ein Feind des Staates, sollen uns einmal ein Heer von Soldaten geben, wie die Lehre Christi sie will; sie sollen uns einmal eine Landbevölkerung, Ehemänner, Ehefrauen, Eltern, Kinder, Herren, Diener, Könige, Richter, Steuerzahler und -einnehmer geben, wie sie nach der christlichen Lehre sein sollten; und dann sollen sie es wagen, sie staatsfeindlich zu nennen; sie müßten vielmehr zugeben, daß diese Lehre, würde sie befolgt, die machtvolle Rettung des Staates wäre."[16]

Diese Auffassung findet in vielen Passagen des *Gottesstaates* ihre Rechtfertigung, vor allem in den ersten fünf Büchern, die den Nachweis der sittlichen Überlegenheit des Christentums erbringen. Man denke an das Ringen um die wahre Freiheit, an die Lobrede auf den christlichen Kaiser, an die Forderung nach Gerechtigkeit.

Mit der erwähnten Methode geht Augustinus gegen die heidnischen Philosophen vor, von denen vor allem im zweiten Abschnitt des ersten Teils seines Werkes die Rede ist. Ihrer Lehre, die keine Lösung geben kann für die entscheidenden Fragen des Lebens, insbesondere für die eines universalen Heilsweges, stellt er energisch die christliche Lehre entgegen.

Die Entschiedenheit seiner Haltung drückte der Bischof von Hippo in der klaren Gegenüberstellung aus: wir — sie, ihre Lehre — unsere Lehre. „In diesem Glauben" — so beteuerte er hinsichtlich der Schöpfung in der Zeit — „können mich die Argumente der Philosophen nicht erschüttern... Wenn der Verstand sie nicht zu widerlegen wüßte, müßte der Glaube sie verlachen."[17]

Seine Haltung war bestimmt, aber nicht blind. Augustinus hegte nicht — wie Tertullian — Vorurteile gegen die Philosophie. Im Gegenteil! Er hatte die Philosophen immer gelesen, er schätzte sie und ihre Methoden; er erkannte viele ihrer Wahrheiten an, griff sie auf und fügte sie in seine christlichen Aussagen ein. Genau darin sah er seine Aufgabe. Er wollte die von den Philosophen vorgebrachten Wahrheiten überprüfen, ihre Fehler widerlegen, auf Schwierigkeiten eingehen und ein Lehrsystem schaffen, das mit dem Glauben in Einklang stände. Und das hat er auch verwirklicht. Vieles übernahm er von den Philosophen, anderes hat er verworfen. Er vollzog eine wirksame und weitreichende Enthellenisierung. Er verwarf u.a. die Gleichewigkeit der Geschöpfe mit Gott, die Entgegensetzung von Seele und Leib, die Präexistenz der Seele, die Unmöglichkeit der Menschwerdung und der Auferstehung.

Viel Raum widmet Augustinus im *Gottesstaat* dem Thema der Mittlerschaft. Die heidnische Weisheit bot eine auf Magie oder — mit einem besser klingenden Namen — Theurgie gründende Lösung an.[18] Apuleius schrieb darüber in *De deo sacratis* und Porphyrios in *De regressu animae.* Diese Werke unterzieht Augustinus einer eingehenden Prüfung: „Keine anderen sind uns so nahegekommen."[19] Aber auch deren Fehler erkannte und verwarf er. Lange und unnachgiebig stritt er gegen

Apuleius und Porphyrios. Der Mensch kann nicht ohne das Wirken eines Mittlers zu Gott gelangen; doch die Dämonen können nicht Mittler sein, auch nicht die guten Dämonen, wie jene meinten, oder — christlich gesagt — die Engel; denn Gott ist unsterblich und glückselig, der Mensch aber sterblich und unselig. Der Mittler muß die Eigenschaften des einen wie des anderen besitzen: Er muß unsterblich und selig sein wie Gott, sterblich und unselig wie der Mensch. „Man muß also einen Mittler suchen, der nicht nur Mensch, sondern auch Gott ist, auf daß durch seine selige Sterblichkeit die Menschen aus der sterblichen Unseligkeit zur seligen Unsterblichkeit gelangen können."

Hier fügte Augustinus ausführliche Betrachtungen über Christus als Mittler ein, um nochmals aufzuzeigen, daß die christliche Lehre — und sie allein — die Lösung eines von allen erkannten Problems bietet. Allein Christus ist der universale Heilsweg, den Porphyrios für unauffindbar erklärt hatte. „Abseits von diesem Wege, der dem Menschengeschlecht niemals fehlte, da alles teils als künftig vorausgesagt, teils als bereits geschehen verkündet wird, ist niemand erlöst worden und wird auch niemand je erlöst werden." Mit der Vision von Christus im Mittelpunkt der Menschheitsgeschichte endet der erste Teil dieser schwierigen und beschwerlichen Arbeit.

XXX. Kapitel

Die zwei Staaten

Die Idee der zwei Staaten kam recht früh im Denken des Augustinus zum Tragen. Im Ansatz ist sie bereits im Werk *Die wahre Religion* enthalten, das er 390 — noch als Laie — verfaßte. Klarer kommt sie zehn Jahre später in der Schrift *De catechizandis rudibus* zum Ausdruck und findet ihre Bestätigung in *De Genesi ad litteram*, wo bereits der *Gottesstaat* angekündigt wird.

Um diese Augustinus so teure und für sein Lehrsystem grundlegende Idee zu erklären, braucht man nicht auf den manichäischen Dualismus zurückzugreifen, dem er — so wird behauptet — unbewußt verhaftet geblieben sei. Es genügt, allein auf die Heilige Schrift zurückzugreifen. Tatsächlich spricht die Schrift ausdrücklich vom Kampf zwischen Licht und Finsternis, zwischen Geist und Fleisch, zwischen Gut und Böse; und sie spricht von der Trennung der Gerechten von den Ungerechten am Letzten Tag. Das ist ausreichend für eine Erklärung der augustinischen Auffassung.

Der Heiligen Schrift folgend legt Augustinus die Lehre der katholischen Kirche dar, indem er die Heilsgeschichte nacherzählt — nicht ausschließlich, aber doch vorwiegend.[1] Bereits in *Die wahre Religion* schreibt Augustinus: „Das ganze Menschengeschlecht von Adam bis zum Ende der Welt, das man sich wie das Leben eines einzigen Menschen vorstellen kann, wird von den Gesetzen der göttlichen Vorsehung so geleitet, daß es sich in zwei Gruppierungen unterscheidet. Zur ersten gehört die Masse der Gottlosen. Zur zweiten die Generationen des Volkes Gottes.“ Den Begriff des *Gottesvolkes* näher bestimmend erläutert er, wie dessen Geschichte von Adam bis zu Johannes dem Täufer im Alten Testament vorgeprägt ist und das Bild des Neuen Testaments bestimmt, mit dem die Geschichte des neuen Volkes ihren Anfang nimmt. Eine Geschichte, die bis zum Jüngsten Gericht andauert, wenn der Herr in seiner Herrlichkeit zurückkehren wird. Dann „wird auferstehen... das fromme Volk, um das Verbliebene des ‚alten Menschen' in den ‚neuen' zu verwandeln: Auferstehen aber wird auch das gottlose

Volk, das allzeit mit dem ‚alten Menschen' verbündet war, um in den zweiten Tod hinabgestürzt zu werden."[2] — In *De catechizandis rudibus* werden die beiden Völker zu zwei Staaten.

„Zwei Staaten, der eine der Ruchlosen, der andere der der Gerechten, gehen ihren Weg vom Anfang des Menschengeschlechts bis zum Ende der Welt: Gegenwärtig sind sie dem Leib nach miteinander vermischt, aber dem Geist nach geschieden. In Zukunft, nämlich am Jüngsten Tag, werden sie auch dem Leib nach geschieden; denn alle Menschen, die Hochmut und weltliche Macht lieben... und ihren Ruhm durch Unterwerfung anderer suchen, sind in ein und derselben Gemeinschaft zusammengeschlossen... Andererseits gehören alle Menschen und Geister, die in Demut die Ehre Gottes, nicht die eigene suchen und Gott in Frömmigkeit dienen, gleichfalls einer einzigen Gemeinschaft an."[3]

In einer großartigen Schau veranschaulicht Augustinus die Weltgeschichte in zwei Staaten, die beiden Staaten in zwei Menschen, die beiden Menschen in zwei Lieben; die beiden Lieben aber nicht in zwei Wirklichkeiten — Gut und Böse —, sondern in zwei verschiedenen, ja entgegengesetzten, aus freien Stücken eingenommenen Haltungen gegenüber ein und derselben Wirklichkeit. — Hierzu seine berühmt gewordenen Worte: „Demnach wurden die zwei Staaten durch zweierlei Liebe begründet, der irdische durch Selbstliebe, die sich bis zur Gottesverachtung steigert, der himmlische durch Gottesliebe, die sich bis zur Selbstverleugnung erhebt."

„Jener rühmt sich seiner selbst, dieser rühmt sich des Herrn; denn jener sucht Ruhm von Menschen, dieser findet seinen höchsten Ruhm in Gott, dem Zeugen des Gewissens. Jener erhebt in Selbstruhm sein Haupt, dieser spricht zu seinem Gott: Du bist mein Ruhm und hebst mein Haupt empor. In jenem regiert die Herrschsucht, in diesem leisten Vorgesetzte und Untergebene einander in Fürsorge und Gehorsam liebevollen Dienst. Jener liebt in seinen Machthabern die eigene Stärke, dieser spricht zu seinem Gott: Ich will dich lieben, Herr, meine Stärke. Daher haben in jenem die Weisen dieser Welt sich entweder die Güter ihres Leibes oder ihrer Seele oder beider Güter zum Ziel gesetzt, oder diejenigen, die Gott erkennen konnten, haben ihn doch nicht als Gott gepriesen... In diesem Staate aber gibt es nur eine Weisheit des Menschen, die Frömmigkeit, die den wahren Gott aufrichtig verehrt und in der Gemeinschaft der Heiligen, nicht nur der Menschen, sondern auch der Engel, als Lohn erwartet, daß Gott alles in allen sei."[4]

Diese bekannte Textstelle enthält das grundlegende Konzept der zwei Staaten. Sie wirft die Frage auf: Wieso kommt Augustinus zu dieser Gegenüberstellung von Eigenliebe und Gottesliebe, wenn es wahr ist, daß nur die Gottesliebe wahre Eigenliebe ist? Diese Gegenüberstellung ist schwer verständlich. Augustinus spricht häufig darüber. In seinen Schriften begegnen wir zwei Tendenzen: Die eine hebt wie obiges Zitat den Gegensatz hervor, die andere unterstreicht das glückliche und notwendige Zusammentreffen beider. „Ich weiß nicht, auf welch unerklärliche Weise es geschieht, daß, wer sich selbst und nicht Gott liebt, nicht sich selbst liebt, während sich selbst liebt, wer Gott und nicht sich selbst liebt."[5]

Zum Verständnis mag ein anderes Begriffspaar dienen, welches das erste näher bestimmt und mit dem der Autor des *Gottesstaates* die Antithese der beiden Staaten zum Ausdruck bringt: die *soziale*, auf die Gemeinschaft ausgerichtete Liebe und die *private* Liebe, die sich nur auf sich selbst beschränkt.[6]

Diese strikte Gegenüberstellung versteht man nur, wenn man sich vergegenwärtigt, daß die soziale Liebe für Augustinus die Hinwendung zum Gemeinwohl bedeutet, während die private Liebe aufs eigene Wohl bedacht ist. Jene also vereint, diese trennt; und indem sie trennt, erzeugt sie Stolz, Geiz, Begierde, welche die Wurzeln allen Übels sind. Sie wird als privat bezeichnet, weil sie sich in sich selbst verschließt und für den, der sie hat, Privation bedeutet, ihn der Gemeinschaft mit Gott und den anderen Menschen, die der einzig wahre Reichtum ist, beraubt. Die Sünde ist parteiische Liebe, ist Beraubung.[7] Dieser Wurzel entspringt der Staat der Ungerechten; da er auf der privaten Liebe gründet, birgt er Wirrnis und Zwietracht in sich. Der Staat der Gerechten dagegen liebt und fördert das Gemeinwohl; da findet man im „Genuß" dieses Guts Gemeinschaft untereinander, in der Gemeinschaft Einheit und in der Einheit Glückseligkeit.[8]

Aus dem Widerstreit zwischen den beiden Lieben entsteht das Drama der Geschichte. Augustinus betrachtet sie mit den Augen des Gläubigen und des Denkers. Für ihn gibt es nicht zwei voneinander trennbare Ebenen: Philosophie und Theologie. Das Verständnis der Geschichte kann nicht allein aus der Vernunft kommen. Er legt die Lehre der Offenbarung dar, erläutert und verteidigt sie mit den Waffen der Vernunft. In dem großen Drama der Geschichte unterscheidet er wie in der klassischen Tragödie fünf Akte: Schöpfung, Sündenfall, Gesetz, das Kommen Christi und die endgültige Bestimmung. In jedem dieser fünf Akte setzt er sich mit einem der großen Probleme der Geschichte auseinander: dem Ursprung und der Präsenz des Bösen, dem Kampf zwischen Gut und Böse, dem Sieg des Guten über das Böse, der Ewigkeit. Über allen glänzt das Licht der Vorsehung; da sie Weisheit und Liebe ist, ist sie Seele, Leitstern und letzter Sinn der Geschichte.

Mit der Darlegung des göttlichen Heilsplans bringt Augustinus viele Positionen der heidnischen Philosophie zu Fall, vor allem ihre Auffassung über Anfang und Ende der Geschichte. Am Anfang steht die Schöpfung. Es gibt keine Geschichte ohne Schöpfung. Für den Autor des *Gottesstaates* haben die Neuplatoniker die Schöpfung anerkannt, doch sie nahmen nicht die Schöpfung in der Zeit an, ja sie erklärten sie sogar für unmöglich. Nun ist es aber gerade die Schöpfung in der Zeit oder, wie Augustinus es richtigstellt, mit der Zeit, die uns die göttliche Offenbarung lehrt. Gott schuf alles am Anfang der Zeiten; er schuf es nicht aus einem Bedürfnis heraus, aus Notwendigkeit, sondern einfach aus Liebe: Er schuf, „weil er wollte", er schuf, „weil er gut ist". Alles Geschaffene ist gut.

„Hinsichtlich der Schöpfung sind drei Dinge wissenswert...: Wer sie geschaffen hat? Wodurch sie geschaffen wurde? Warum sie geschaffen wurde? Fragen wir uns, wer sie geschaffen hat, so lautet die Antwort: Gott. Fragen wir, wodurch er sie geschaffen hat, hören wir: Er sprach: Es werde, und es ward. Fragen wir, warum er es schuf, heißt es, weil es gut ist."

Nun schuf Gott nicht nur das Weltall und die Menschen, sondern auch die Engel. Er schuf sie alle gut; aber nicht alle blieben es: Die einen verharren standhaft bei dem allen gemeinsamen Gut, das für sie Gott selber ist, bei seiner Ewigkeit, Wahrheit und Liebe; die anderen, von ihrer eigenen Macht berauscht, wollten ihr eigenes Gut sein, tauschten dünkelhafte Selbstüberhebung ein für die erhabene Ewigkeit, nichtige Spitzfindigkeiten für sichere Wahrheit, einseitige Parteinahme für allgemeine Liebe. Sie wurden hochmütig, verlogen und neidisch. Auf diese Weise entstanden zwei Engelscharen: die guten Engel und die bösen Engel. Diese Unterscheidung — präzisiert Augustinus — geht nicht auf ihre Wesenheit zurück, die als Werk Gottes, „dem guten Urheber und Schöpfer aller Wesen", gut ist, „sondern auf die Verschiedenheit ihres Willens und Begehrens"[9].

Auch der Mensch wurde nach dem Bild Gottes gut geschaffen, er ist Höhepunkt und Krönung der sichtbaren Welt. Das betont Augustinus ausdrücklich. Dieser Nachdruck hat polemische und wohl auch autobiographische Gründe, vor allem aber philosophische, theologische und mystische Wurzeln. Die Schöpfung des Menschen nach dem Bild Gottes stellt eine Grundthese, ein unersetzliches Fundament des augustinischen Denkens dar. Auch der mit so großer Ehre bedachte Mensch sündigte wie die gefallenen Engel. Mit seiner Sünde kam das Böse in die Welt und mit dem Bösen die Trennung. Die beiden Staaten verwirklichten sich auf der Bühne der Geschichte mit Kain und Abel, ihren Urbildern. Der eine ein gottloser Brudermörder, der andere sein unschuldiges Opfer. Von jenem Moment an durchziehen die beiden Staaten den Weg der Geschichte, vereint in der Szenerie der Welt, aber getrennt in ihren Idealen, Handlungen und Erwartungen: Durch die Heilige Schrift und den Verlauf der Weltgeschichte zeichnet Augustinus ihren Weg bis zum Kommen Christi, bis in seine eigene Zeit hinein. Er sieht sie parallel zueinander, aber stets im Widerstreit miteinander.

Der verschiedene Gebrauch des Guten und des Bösen ist eine Folge der unterschiedlichen Grundeinstellung, die ihrerseits Folge des unterschiedlichen Endzwecks ist. Der Verfasser des *Gottesstaates* legt ausführlich beide Auffassungen der Seligkeit, des Friedens und der Gerechtigkeit dar — die heidnische und die christliche — und zeigt deren Gegensätzlichkeit auf.

Nach Auffassung der Heiden liegt die Seligkeit im Wohlergehen des Körpers oder der Seele oder in beidem zugleich; jedenfalls immer in diesem zeitlichen Leben, in dieser Welt, im Diesseits. Für die christliche Anschauung liegt sie dagegen im Jenseits, also im ewigen Leben, von dem wir durch den Glauben wissen, das wir in der Hoffnung erwarten und das wir durch die Liebe und mit Hilfe der Gnade erstreben.

Ein weiterer Gegensatz liegt im Verständnis der Tugend, der Tugend im allgemeinen und der Gerechtigkeit im besonderen. Es geht um die große Frage der Tugend der Ungläubigen, mit der sich Augustinus in der Auseinandersetzung mit Julian lange befaßt hat.[10] Obwohl der Bischof von Hippo sich anerkennend und lobend über die Tugenden der alten Römer äußert, die „eine gewisse, ihnen eigene Rechtschaffenheit bewahrten, ausreichend, um den irdischen Staat zu gründen, zu entfalten und zu erhalten“[11], obwohl er zugibt, daß keiner, auch nicht der frevlerischste Mensch, nicht wenigstens eine gute Tat in seinem Leben vollbringt, stellt er dennoch fest, daß eine Tugend nur wahr sei, wenn sie im Zusammenhang mit Gott steht.

Das gilt insbesondere für die Gerechtigkeit. Viel haben die heidnischen Philosophen über die Tugend der Gerechtigkeit gesagt, und viel sagt auch der Autor des *Gottesstaates* darüber. Im 19. Buch versucht er darzulegen, daß keine wahre Gerechtigkeit herrscht, wo der Mensch sich nicht Gott unterordnet. Die natürliche Ordnung fordert, daß der

Körper der Seele und die Seele Gott untergeordnet ist. Fehlt die zweite Unterordnung, kann es auch die erste eigentlich nicht geben. Es kann daher, wenn die Seele auch über den Körper herrscht, ihrerseits aber nicht Gott gehorcht, keine wahre Gerechtigkeit geben. Hier liegt ein weiterer Grund, vielleicht der tiefgehendste, für den Gegensatz zwischen den beiden Staaten. „Denn dem Staat der Gottlosen fehlt nun einmal die wahre Gerechtigkeit, da er dem Gebote Gottes, nur ihm allein Opfer darzubringen, nicht gehorcht, und da deshalb auch in ihm der Geist nicht über den Leib und die Vernunft nicht über die Leidenschaften herrscht, wie Recht und Gewissen es fordern.“[12] Diese findet sich hingegen in jenem Staat, „dessen Gründer und Herrscher Christus ist“[13].

Von der Definition Ciceros ausgehend kommt Augustinus zur Aussage, daß die römische Republik niemals eine Republik gewesen sei, denn da sie den wahren Gott nicht verehrt habe, so habe es in ihr auch keine wahre Gerechtigkeit gegeben. Wo aber keine Gerechtigkeit ist, da gibt es auch kein Recht, folglich auch kein Volk, das heißt nach Ciceros Definition keine Menschenmenge, die sich in Anerkennung des Rechts und in der Gemeinsamkeit der Interessen zusammenschließt. Offensichtlich spricht der Bischof von Hippo hier nicht vom positiven Recht, sondern vom ursprünglichen Recht, das die Gerechtigkeit zum Gegenstand hat und mit ihr identisch ist, also nicht von einem juristischen Begriff, sondern von einem philosophisch-theologischen Begriff.

Aus der unterschiedlichen Gerechtigkeitsidee leitet sich auch eine unterschiedliche Idee von Herrschaft und Frieden ab. Denn der eine Staat strebt nach dem Ruhm der Macht und wird von der Leidenschaft des Herrschens regiert; der andere hingegen dient auch dort, wo er herrscht. „Im Hause des Gerechten, der aus dem Glauben lebt und noch auf dem Weg zur himmlischen Stadt ist, dienen auch die, die befehlen, denen, welchen sie zu befehlen scheinen. Denn nicht die Lust zu herrschen, sondern die Pflicht zu helfen heißt sie befehlen, nicht ehrgeiziger Hochmut, sondern fürsorgliches Erbarmen.“[14] So befolgen sie die natürliche, von Gott gewollte Ordnung, nach dessen Ratschluß „der mit Vernunft begabte und nach seinem Ebenbild geschaffene Mensch nur über die vernunftlosen Geschöpfe herrschen soll, also nicht Mensch über Mensch, sondern Mensch über Tier“[15].

Schließlich besteht ein grundlegender Unterschied zwischen heidnischer und christlicher Auffassung vom Frieden. Der Friede ist das Ziel eines jeden Menschen, eines jeden Volkes, eines jeden Wesens. Was aber ist Friede? Für Augustinus sind zwei Elemente wichtig:

Ordnung und Sicherheit. Der Frieden ist die Ruhe der Ordnung. Für den Menschen wird er zur geordneten Eintracht.

Selbst der irdische Staat kann, sei es auch durch grausame und brudermörderische Kämpfe, diesen Frieden erlangen. Der Gottesstaat aber hat einen eigenen, den wahren Frieden, der Quell jedes anderen Friedens ist, nämlich der Friede mit Gott und aller Menschen in Gott. Diesem Frieden entspringt der Friede des himmlischen Staates, der „in der vollkommen geordneten und vollkommen einträchtigen Gesellschaft derer (besteht), die an Gott und aneinander ihre Freude finden in Gott“[16]. — „Wenn nach Überwindung des Todes das gemeinschaftliche Leben der Heiligen zur Vollkommenheit, Sicherheit, Ewigkeit gelangt ist, wird Gott alles in allen sein. Fragt man sich, woher der himmlische Staat kommt, antworten wir: Gott hat ihn geschaffen! Woher er seine Weisheit hat? Gott erleuchtet ihn! Woher seine Seligkeit? Gott ist seine Freude! In ihm gründend hat er Bestand; ihn schauend hat er Licht; sich mit ihm vereinend erfährt er Seligkeit. Er besteht, er lebt, er liebt; er besteht in der Ewigkeit Gottes, er erstrahlt in der Wahrheit Gottes und findet seine Freude in der Güte Gottes!“[19]

Die letzten Bücher des *Gottesstaates* behandeln die Endzeit. Das Werk schließt mit der beseligenden Schau Gottes. „Da werden wir ruhen und schauen, schauen und lieben, lieben und loben. Das ist's, was sein wird am Ende ohne Ende.“

Die zweifellos großartige augustinische Sicht der zwei Staaten wirft mancherlei Fragen auf, zum Beispiel, ob der radikale Gegensatz der beiden Staaten genügend Raum läßt für einen „menschlichen“, „politischen“ Staat oder, wie Augustinus an anderer Stelle sagt, für einen „geistigen irdischen Staat“. Die zwei Staaten symbolisieren eine „mystische“[17], also eine geistige, ideelle Konzeption. Zweifelsohne verwirklichen sie sich in der Geschichte, wo die Kräfte des Guten und des Bösen wirken. Aber es wäre ein Irrtum, sie mit Kirche und Staat zu identifizieren. Die irdische Kirche ist als Institution Trägerin der Werte des Gottesstaates, aber nicht alle in ihr gehören zu diesem Staat. Eine derartige Identifizierung ist nur in einem geistlichen und eschatologischen Sinn möglich. Der Autor des *Gottesstaates* betrachtet den politischen Staat nicht, wie man zuweilen interpretiert, als aus der Sünde entstanden. Der Staat, wie die *domus*, wie die *civitas*[18], entspringt der sozialen Natur des Menschen. Ihm sind bestimmte Aufgaben und Güter eigen, die Augustinus im dreifachen Amt von Befehl, Fürsorge und Rat[19] zusammenfaßt, und zwar in Funktion des höchsten Guts, des Friedens.[27] Solcher Friede kommt auch dem himmlischen Staat zugute.

"Wie unglücklich ist ein Volk, das sich Gott entfremdet hat! Dennoch liebt auch solch ein Volk einen gewissen Frieden, den man nicht verdammen soll; ihn wird es aber am Ende nicht mehr genießen, da es vor dem Ende keinen guten Gebrauch davon gemacht hat. Uns aber ist wichtig, daß es ihn einstweilen in diesem Leben genießen kann; denn solange die beiden Staaten miteinander vermischt sind, kommt auch uns der Friede Babylons zugute… Aus diesem Grund ermahnt der Apostel, für die Herrscher und für alle, die Macht ausüben, zu beten, damit wir in aller Frömmigkeit und Rechtschaffenheit ungestört und ruhig leben können."[21]

Man muß hinzufügen, daß der Gottesstaat mit den ihm eigenen Gütern nicht unwesentlich dazu beiträgt, diesen Frieden zu schaffen; er hilft, den Staat auf Gerechtigkeit zu gründen und das Wohl der Gesellschaft zu fördern. Nicht zu Unrecht hat das augustinische Werk großen Einfluß auf das politische Denken des Mittelalters ausgeübt.[22] Ohne gleich alles, was jenes Denken hervorgebracht und verfochten hat, Augustinus zuschreiben zu wollen, kann man doch nicht übersehen, wieviel sein Werk dazu beigetragen hat, die soziale und politische Relevanz des Christentums zu verdeutlichen.

XXXI. Kapitel

Ein unermüdlicher Arbeiter

Im Blick auf die umfangreiche literarische Tätigkeit Varros schreibt Augustinus im *Gottesstaat*: „Er las so viel, daß wir uns wundern, wie er Zeit fand, etwas zu schreiben; und er schrieb so viel, daß wir kaum glauben können, es habe jemand all seine Werke gelesen.“[1] Dasselbe können wir auch von Augustinus sagen. Seine Werke sind so zahlreich und so umfangreich, daß wir nur staunen können, wie er sie alle schreiben konnte. Es will uns unfaßbar scheinen, wie er als Bischof noch Zeit fand, so viele Schriften zu verfassen. Er war ja mit einer zwar nicht sehr großen, aber schwierigen Diözese betraut und mit der Arbeit als Seelsorger, die ihm so manche Pflichten, darunter zwei besonders beschwerliche — das Predigen und die Rechtspflege — auferlegte.

Gegen Ende seines Lebens, genau am 26. September 426, rief der Bischof das Volk zusammen zur Wahl seines Nachfolgers. Er forderte es auf, seiner auf den Priester Heraklius gefallenen Wahl als künftiger Bischof von Hippo zuzustimmen. Von der „Sitzung“ wurden offizielle Protokolle angefertigt und unterzeichnet. Augustinus wollte damit seiner Diözese viele Wirren und Zwistigkeiten ersparen, wie sie andere im Zusammenhang mit der Bischofswahl beklagten, und er wollte dem Neuerwählten einen Teil seiner Arbeit übertragen, nämlich die Verwaltungstätigkeit.

Einige Jahre zuvor hatte er sein Volk gebeten, ihn fünf Tage in der Woche unbehelligt zu lassen, da er wichtige Arbeiten zu beenden habe. Das wurde ihm auch gewährt; aber das zu Protokoll gebrachte Abkommen währte nicht lange. „Einvernehmlich hatten wir festgelegt, daß für fünf Tage der Woche niemand mich störte, damit ich mich dem Studium der Heiligen Schrift zuwenden könne wie meine Brüder und Väter, meine Kollegen des Episkopats, die mich mit den beiden Konzilien von Numidien und Karthago haben beauftragen wollen. Von dieser Vereinbarung wurden unter eurer Beistimmung durch Zuruf Protokolle angefertigt. Die Vereinbarung wurde jedoch nur kurze Zeit eingehalten... derzeit läßt man mir nie freie Zeit für das, was ich zu tun wünsche;

vormittags wie nachmittags werde ich von den Angelegenheiten der Leute behelligt."[2]

Augustinus machte einen weiteren Vorstoß. Und diesmal, wie es scheint, mit mehr Erfolg. Er forderte die Gläubigen auf, sich von jetzt ab an Heraklius zu wenden. Die Gläubigen stimmten zu. Augustinus dankte ihnen mit der Ergriffenheit eines Menschen, der sich von einer schweren Last befreit fühlt.

Zu seinen bischöflichen Pflichten für die Diözese Hippo kam noch die Sorge um die ganze afrikanische Kirche: die Teilnahme an den Synoden (die jedes Jahr auf dem Programm standen, auch wenn sie nicht immer abgehalten wurden) sowie die Einladungen seiner Mitbrüder. Diese Pflichten zwangen ihn zu häufigen Reisen über Land, die meist lang und beschwerlich waren. Etwa zwanzigmal begab er sich nach Karthago. Das bedeutete von Hippo aus eine Reise von 280 bis 340 Kilometern, je nachdem welche Route er wählte. Etwaige Abstecher nicht mit gerechnet, dauerte die Reise acht bis zehn Tage.

Er reiste auch nach Cirta, nach Calama, mehrmals nach Milev, Thiava und Tagaste, alles Orte in Numidien, aber nicht in unmittelbarer Nähe von Hippo. Das südlich von Hippo gelegene Cirta (das heutige Constantina) war etwa 150 Kilometer entfernt, und Milev, die Heimat des Manichäers Faustus und des Optatus, etwa 200 Kilometer. Solche Entfernungen legte man nicht —wie heute — in ein, zwei Stunden und auch nicht in einem Tag zurück. Auf Wunsch von Papst Zosimus reiste er einmal von Karthago nach Caesarea in Mauretanien, eine Strecke von mehr als 1000 Kilometern! Er war damals 64 Jahre alt. Einige Jahre später reiste er zusammen mit seinem Freund Alypius, dem Bischof von Tagaste, nach Tubune zu einer Begegnung mit dem Adligen Bonifatius, der mit der Verteidigung des äußeren Limes der Pax Romana beauftragt war. Tubune war eine Festung am Rand der Sahara, über 400 Kilometer entfernt.[3]

Und dieser so beschäftigte und über 40 Jahre im pastoralen Dienst der afrikanischen Kirche stehende Mann hat ein sehr umfangreiches Werk hinterlassen. Schon Possidius, sein erster Biograph, brachte diese Verwunderung zum Ausdruck. „So zahlreich ist das, was er diktiert und herausgegeben hat, und so zahlreich sind seine in der Kirche gehaltenen, niedergeschriebenen und durchgesehenen Reden ..., daß kaum ein Gelehrter imstande ist, alles durchzulesen und zur Kenntnis zu nehmen."[4] — Isidor von Sevilla schrieb, daß ein Lügner sei, wer behaupte, sämtliche Werke des Augustinus gelesen zu haben.[5]

Wer nach einer Erklärung für diese Leistung sucht, darf nicht bei den natürlichen Talenten des Augustinus stehenbleiben, seine moralischen Qualitäten, seine Forschungsmethode, Ausdauer in der Arbeit, literarische Bildung und, in nicht geringerem Maße, die übernatürlichen Gaben müssen mit berücksichtigt werden.

Getrieben von dem Wunsch, sich aus der Weisheit zu nähren und den Bedürfnissen der Kirche zu entsprechen, war Augustinus ein Mann, der nicht wußte, was es heißt, Zeit zu verlieren. Er war ein unermüdlicher Arbeiter und wußte selbst kurze Zeitmomente zu nutzen. Nicht selten begegnet man in seinen Werken dem Hinweis auf die „Zeittropfen", die nur spärlich „fließen". „Ich glaube, mein Bruder, daß du von den vielen Geschäften weißt, die mich derart in Anspruch nehmen, daß ... mir nur sehr wenige Zeittropfen zufließen. Wollte ich mich nun auch diesen anderen Dingen zuwenden, so würde es mir als Pflichtverletzung scheinen."[6] Und in den *Bekenntnissen* ruft er aus: „Zu kostbar sind mir diese Tropfen Zeit!"[7]

Augustinus war ein Mensch, der besonders stark die Spannung zwischen Wollen und Können empfand, zwischen Wunsch und Wirklichkeit. Es gelang ihm nie, das zu tun, was er gewollt hätte, und so tat er immer mehr, als eigentlich in seinen Kräften stand. Er war ein Asket, der seine materiellen Bedürfnisse auf ein Minimum reduzierte, um dem Denken und Handeln mehr Raum zu geben. Seine Freizeit war von vielerlei Beschäftigungen angefüllt. „Meum otium magnum habet negotium."[8] Er aß und schlief wenig. In Cassiciacum hatte er sich angewöhnt, die halbe Nacht meditierend zu verbringen[9]; wahrscheinlich pflegte er diese Gewohnheit auch in den Jahren seines Bischofsamtes. Wir wissen, daß er im hohen Alter — zwischen 74 und 76 Jahren — Tag und Nacht Bücher diktierte, „wenn ich frei von anderen Beschäftigungen bin, die unaufhörlich von allen Seiten auf mich zukommen". Der Versuch, seinen designierten Nachfolger mit den Verwaltungsaufgaben seines Amtes zu betrauen, hatte nicht den erhofften Erfolg gebracht. In jener Zeit schrieb er gleichzeitig zwei Werke: die *Retractationes* und die *Zweite Antwort an Julian*. Dem Diakon Quodvultdeus, der ihn um eine Schrift über die Häresien ersuchte, antwortete er, er könne jetzt nicht daran arbeiten, da er bereits mit der Abfassung der beiden eben genannten Werke — das eine am Tage, das anderen nachts diktierend — beschäftigt sei. Julian hatte als Erwiderung auf das zweite Buch von Augustinus über *Ehe und Begehrlichkeit* acht Bücher geschrieben, von denen Augustinus aber nur fünf aus Rom zugesandt worden waren. Er versprach mit der üblichen Bereitwilligkeit: „Sobald ich die Antwort auf das fünfte Buch beendet habe, werde ich, sollten die anderen drei nicht vorher eintreffen, mich — so Gott will — an die von dir erbetene Arbeit machen, indem ich gleichzeitig diese Arbeit sowie die Durchsicht meiner Schriften vornehme, die Nachtstunden der einen Arbeit widme und die Stunden des Tages der anderen."[10]

Daß es sich nicht um einen Sonderfall, sondern um eine Gewohnheit handelte, versichert uns sein erster Biograph. Nachdem er festgestellt hat, daß der Bischof Augustinus sich nicht gern mit weltlichen Angelegenheiten beschäftigte, schreibt er: „Und waren diese einmal geregelt und geordnet, befreite sich sein Gemüt davon wie von lästigen, quälenden Dingen, um zu den inneren und höheren Wirklichkeiten des Geistes zurückzukehren, um seine Zeit der Suche nach den göttlichen Wahrheiten zu widmen oder das zu diktieren, was er bereits gefunden hatte oder die von ihm diktierten Schriften zu korrigieren. Er arbeitete tagsüber und wachte des Nachts."[11]

Eine wertvolle Hilfe für seine Forschungen waren Notizen, die er sich beim Lesen und Meditieren machte. „Wenn nicht Tag und Nacht, so doch jeden mir möglichen Augenblick versenke ich mich in das Gesetz des Herrn und schreibe meine Betrachtungen nieder, damit das Gedächtnis mich nicht trügt." Manchmal brachte er auf dem Kodex selbst Randbemerkungen an. Diese sammelten seine Schüler — vielleicht sogar ohne Wissen ihres Lehrmeisters —und machten daraus Bücher, so zum Beispiel die *Anmerkungen zu Ijob.* Andere Male waren diese Randbemerkungen der erste Schritt zum Diktat eines Werkes[13] oder zu einer Antwort auf „unzählige literarische Fragen", mit denen ihn jemand behelligte: „Ich habe deine Fragen beantwortet, wenngleich mit kurzen auf den Blättern selbst angebrachten Notizen"[14].

Vor der Abfassung eines Buches machte er sich gewöhnlich Notizen. Zuweilen blieb ein geplantes Buch ungeschrieben, weil die Aufzeichnungen verlorengingen — wie vom größten Teil der Bücher über die Disziplinen — oder in die Öffentlichkeit gelangten und an die Stelle des Buches traten — wie im Falle der *Unsterblichkeit der Seele*[15].

Befragten ihn die Brüder der Gemeinschaft, in der er lebte oder wo er sich vorübergehend aufhielt, über wichtige philosophische, theologische oder exegetische Probleme, schrieb er (oder jemand anderer für ihn) die Antwort auf kleine Bogen Papier. Einige seiner Werke sind aus der Zusammenstellung solcher loser Aufzeichnungen entstanden. So die *Dreiundachtzig verschiedenen Fragen*[16] und die *Darlegung einiger aus dem Brief des Apostels an die Römer gewonnener Lehrsätze*[17].

Wenn Augustinus in einer Kirche predigte — in Hippo, in Karthago, oder wo immer er sich befand — hielten die Schreiber mit erstaunlicher

Geschicklichkeit seine Worte fest. Der Redner sah dann den Text durch und genehmigte dessen Verbreitung. Beim Sprechen dachte er also nicht nur an die Zuhörer, sondern auch an die Leser. Auf diese Art und Weise sind uns viele Ansprachen des Augustinus erhalten geblieben, die einen nicht geringen, wenn auch nicht den Hauptteil seines Schrifttums ausmachen.

Augustinus hatte eine lange und gründliche rhetorische Ausbildung genossen. Auch an der Mitarbeit von Geistlichen wird es ihm nicht gemangelt haben. Das eine erlaubte ihm, mit großer Leichtigkeit zu reden, Briefe und Bücher zu diktieren; das zweite dürfte ihm eine Hilfe beim Ordnen der Bibliothek, beim Nachschlagen und beim Vergleichen von Texten gewesen sein. Doch das eigentliche Motiv einer so erstaunlichen Aktivität ist wohl auf einer ganz anderen Ebene zu suchen…

XXXII. Kapitel

Ein Liebhaber des Schönen

Den Menschen, vor allem den Seelsorger und Theologen Augustinus versteht man nicht, wenn man nicht in ihm den Mystiker entdeckt. Darauf wies bereits sein erster Biograph, Possidius, hin, der über Augustinus sagt: „Er war wie… Maria, von der geschrieben steht, daß sie zu Füßen des Herrn saß und auf seine Worte hörte.“[1]

Bevor wir Augustinus in seinem mystischen Aufstieg folgen, wollen wir sein dichterisches Genie eingehender betrachten. Augustinus war auch Dichter, nicht wegen seiner — wenigen und weniger beachtenswerten —Versdichtungen, sondern wegen seinem Feingefühl und seiner Vorstellungskraft. Er liebte das Schöne. Sein erstes Werk behandelt dieses Thema und trägt den Titel *De pulchro et apto* (Über das Schöne und das Angemessene). Das Werk ist verlorengegangen, aber rückblickend vermittelt uns der Autor in seinen *Bekenntnissen* ein Bild davon, was ihn als Sechsundzwanzigjährigen bewegte.

„Meine Liebe galt dem Schönen auf dieser Erde. Und ich… sagte zu meinen Freunden: ‚Lieben wir denn anderes als das Schöne? Was ist das Schöne? Und was ist die Schönheit? Was ist es, das uns anzieht und an den Dingen gefällt, die wir lieben? Doch nur weil ihnen Anmut und Wohlgestalt eigen ist, nehmen sie uns für sich ein.’ Ich bedachte es näher und gewahrte, daß an körperhaften Dingen eine Sache die Schönheit ist, die auf einer Art von Geschlossenheit des Ganzen beruht, eine andere die Übereinstimmung oder Harmonie mit anderen Körpern, wie ein Teil des Körpers zu seinem Ganzen paßt, der Schuh zum Fuß und ähnliches. Diese Erwägung, die aus meinem innersten Herzen kam, bewegte meinen Geist, und ich schrieb die Bücher ‚Über das Schöne und das Angemessene’, zwei oder drei, glaube ich, du, Gott, weißt es; mir ist es entfallen. Ich habe sie auch nicht mehr, sie sind mir abhanden gekommen, ich weiß nicht wie.“[2]

Da Augustinus das Schöne liebte, liebte er auch das Licht, „die Königin aller Farben", den Gesang, die Harmonie. In Mailand kamen ihm die Tränen, wenn die Gläubigen die von Ambrosius verfaßten Hymnen anstimmten. In Hippo rührte es ihn, wenn er sein Volk die Psalmen singen hörte. Dieser Gesang faszinierte ihn. Zuweilen hielt er ihn für zu reizvoll und spielte mit dem Gedanken, diesen — von ihm selbst eingeführten — Gesang wieder abzuschaffen und durch eine der Deklamation ähnlichere Vortragsart zu ersetzen.

„Dennoch, wenn ich meiner Tränen gedenke, die ich damals, in der ersten Zeit meiner Rückkehr zum Glauben, bei den Gesängen der Gläubigen deiner Kirche vergossen habe, und wenn es auch heute nicht die Melodien sind, die mich bewegen, sondern die gesungenen Worte, wenn sie mit reiner Stimme in angemessenem Ton gesungen werden, dann erkenne ich auch den großen Segen dieser Einrichtung."[3] Von all seinen geplanten Werken zu den Freien Künsten vollendete er außer *De grammatica* nur eines über die Musik, die Harmonielehre.

„Welche Kraft der Harmonie in allen Bewegungen der Dinge liegt, kann man in den Worten betrachten. Eine solche Betrachtung steigt sozusagen über eine Leiter auf, von Sprosse zu Sprosse bis zu den göttlichen Geheimnissen der Wahrheit. Auf der Höhe dieser Sprossen zeigt das Wissen sich am lebhaftesten und angenehmsten. Mit all seiner Weisheit kommt es denen zu Hilfe, die es lieben. Zu Anfang jener Zeit, in der ich mich zurückgezogen hatte und meine Seele von gewichtigen und dringlichen Angelegenheiten unbehelligt war,... wollte ich eine Einführung in die Erforschung der Wahrheit schreiben. Ich schrieb allein sechs Bücher über die Rhythmik; ich hatte mir (so gestehe ich) vorgenommen, etwa sechs weitere über die Melodik anzuschließen, in der Hoffnung, künftig Zeit dafür zu haben. Aber nachdem man mir die Last der kirchlichen Angelegenheiten aufgebürdet hat, sind mir all jene Freuden entglitten."[4]

Universum, Mensch und Geschichte — alles sieht Augustinus im Licht der Harmonie. Dem Leser der *Bekenntnisse* bleibt seine gedankliche „Pilgerfahrt" auf der Suche nach Gott unvergeßlich. „Ich fragte die Erde,... fragte das Meer,... fragte den Himmel, Mond und Sterne. Und alle antworteten: Nicht wir sind dein Gott. Mein Fragen war mein Blick, und ihre Antwort war ihre Schönheit."[5] — „Siehe, Himmel und Erde sind da und rufen, daß sie geschaffen sind. Du, Herr, hast sie geschaffen; der du schön bist, auch sie sind schön; der du gut bist, auch sie sind gut;

der du bist, auch sie sind. Aber sie sind nicht so schön noch so gut, noch sind sie wie du, ihr Schöpfer."[6] Denn Gott ist „die Schönheit, ewig alt und ewig neu"[7], der „Vater des Schönen"[8], die „Schönheit alles Schönen"[9], „in dem und aus dem und durch den alles, was gut und schön ist, gut und schön ist"[10].

Im Universum ist der Mensch höchster Ausdruck der Schönheit, der Mensch mit seinem vollkommenen Körper, mit den Wundern seines Gedächtnisses, mit seiner Kunstfertigkeit, mit seiner Liebe, Tugend und Weisheit. „Was preist man am Körper? Weiter nichts, soweit ich sehe, als die Schönheit. Worin besteht die Schönheit des Körpers? In dem Ebenmaß seiner Teile, verbunden mit einer gewissen Anmut der Farbe."[11]

„Da gehen die Menschen hin und bewundern die Höhen der Berge, das mächtige Wogen des Meeres, die breiten Gefälle der Ströme, die Weiten des Ozeans und den Lauf der Gestirne — und vergessen dabei sich selbst."[12] Dasselbe gilt für die Schönheit der Kunst. Auch sie entsteht letztlich durch die Hände des Künstlers der ewigen Schönheit. Der Mensch bezieht daraus das Maß, um über seine Kunst zu urteilen, aber nicht den Maßstab, wie er sie recht gebraucht.[13] Die wahre Schönheit ist die Tugend. „Was ist die Gerechtigkeit, die in uns ist, oder eine Tugend, durch die man in rechter Weise und mit Weisheit lebt, anderes als die Schönheit des inneren Menschen? Gewiß sind wir in bezug auf diese Schönheit und nicht in irgendwelcher körperlicher Ähnlichkeit nach dem Bild Gottes geschaffen!"[14]

Auch die Geschichte wird im Licht der Harmonie gesehen, ein grandioses Gedicht aus der formenden Hand eines unbegreiflichen Künstlers. „Er, der unwandelbare Schöpfer und Lenker des Wandelbaren, weiß viel besser als der Mensch, was einer jeden Zeit gemäß ist, was er zu einem bestimmten Zeitpunkt geben, hinzufügen, wegnehmen, entziehen, vermehren oder vermindern muß, bis die Schönheit des Alls, von der die einer jeden Zeit entsprechenden Dinge nur Teilchen sind, sich entfaltet und gestaltet wie im Konzert eines unbegreiflichen Künstlers und jene, die Gott anbeten und glauben, wie es sich gehört, in die ewige Schau der absoluten Schönheit eingehen."[15] Aber in der Geschichte gibt es auch das Böse. Augustinus fühlt es und leidet darunter. Er findet keine andere Erklärung dafür, als daß es für die Schönheit des Ganzen vonnöten sei. „Wie ein Gemälde mit der schwarzen, an rechter Stelle angebrachten Farbe, so ist das Weltall ... auch mit den Sündern schön, wie sehr ihnen auch, für sich allein betrachtet, ihre Häßlichkeit Schande macht."[16]

Diese ästhetische Sensibilität in Verbindung mit der unmittelbaren Einsicht in höchste Wahrheiten verleiht seinen Worten häufig die Flügel der Poesie. Augustinus weiß ein wahres und tiefes Gefühl durch lebendige und wirkungsvolle Bilder auszudrücken und die geistigen Wirklichkeiten in Worte zu fassen, ohne daß sie ihre eigentliche Reinheit verlieren. Er weiß die irdischen Wirklichkeiten so zu beleben, daß sie, ohne ihre pulsierende Konkretheit zu verlieren, Zeichen und Wegweiser des Göttlichen werden. Er besitzt die seltene Fähigkeit, den abstrakten Wahrheiten ihre Abstraktheit zu nehmen und sie auf eine Weise darzulegen, daß sie ihre Realität offenbaren und Wärme und Kraft ausströmen. Das gilt insbesondere für seine Predigten und die *Bekenntnisse*, jenes Werk, in dem seine dichterische Ausdruckskraft in besonderer Weise zum Tragen kommt. Darin vergleicht Augustinus die Generationen von Menschen auf der Erde mit den Blättern eines immergrünen Baumes. „Der Baum ist stets grün gekleidet; aber schau zu seinen Füßen, und du siehst, wie viele welke Blätter du zertrittst.“[17] Der Glaube wird zum „Nest“, in dem die Jungen sich zum Fliegen rüsten. Wer erst begreifen und dann glauben will, ist wie ein Vöglein, das fliegen möchte, bevor es Federn hat. Augustinus überträgt das auf seine Vermessenheit als Neunzehnjähriger. „Ich, der hier zu euch spricht, ward einst getäuscht, ... ich glaubte mich flügge, verließ das Nest und fiel, noch ehe ich auffliegen konnte. Aber in seiner Barmherzigkeit nahm der Herr sich meiner an und setzte mich ins Nest zurück, bevor mich die Vorübergehenden zertreten konnten.“[18] Christus wird zum Baum, der am Ufer eines Flusses, dem Fluß der zeitlichen Wirklichkeiten steht. „Du fühlst dich in den Abgrund gerissen? Halte dich an dem Baum fest.“[19]

Viele weitere Beispiele gibt es für den ungewöhnlichen Reichtum, den seine Vorstellungskraft entfaltete. Mal ist es die Poesie der Psalmen, die ihm das rechte Bild eingibt; mal ist es eine Parabel oder ein Bericht aus den Evangelien, was ihn bewegt und seine Phantasie beflügelt. Zum Beispiel der Text von der Ehebrecherin: die Anklage, die Antwort Jesu und die Flucht der Ankläger. Jesus bleibt allein mit der Frau. „Alle gingen sie weg, nur er blieb mit ihr allein; es blieben der Schöpfer und das Geschöpf; es blieben die Erbärmlichkeit und das Erbarmen.“[20] Diese Gegenüberstellung kennzeichnet die Beziehung zwischen Gott und Mensch.

Seine poetische Begabung kommt besonders dort zum Ausdruck, wo er von Gott spricht, beispielsweise in einem Text der *Bekenntnisse*:

„Was liebe ich, wenn ich dich liebe, Herr? Nicht die Schönheit eines Leibes noch die Anmut der Zeit; nicht den Glanz des Lichtes, der unser Auge erfreut; nicht die süßen Klänge der verschiedensten Melodien; nicht der Blumen, Salben und Spezereien Wohlgeruch; weder Manna noch Honig; nicht die Glieder, die das Fleisch mit Lust umfängt: Nichts von alledem liebe ich, wenn ich meinen Gott liebe. Und dennoch liebe ich ein Licht, einen Klang, einen Duft, eine Speise und eine Umarmung, wenn ich meinen Gott liebe, ihn, das Licht, den Klang, den Duft, die Speise und Umarmung meines inneren Menschen. Dort erstrahlt meiner Seele, was kein Raum erfaßt; dort erklingt, was keine Zeit entführt; dort duftet, was kein Wind verweht; dort mundet, was keine Sattheit vergällt; dort schmiegt sich an, was kein Überdruß auseinanderlöst. Das ist es, was ich liebe, wenn ich meinen Gott liebe."[21]

Mit ähnlich lebhaften Bildern erzählt er von Gottes Wirken in seinem Leben. „Erst spät habe ich dich geliebt, du ewige Schönheit, sehr spät... Deine Geschöpfe hielten mich fern von dir, doch auch sie wären nicht ohne dich. Laut riefst du nach mir und hast meine Taubheit zerbrochen. Meine Blindheit hast du im Nu geheilt. Deinen Wohlgeruch hast du verbreitet, und ich nahm dich wahr und atmete auf. Ich erkannte dich und bin jetzt hungrig und durstig nach dir. Du hast mich angerührt, die Sehnsucht nach deinem Frieden verzehrt mich."[22]

Wieviel Poesie liegt schließlich in jenem langen und leidenschaftlichen Gebet, mit dem das erste Buch der *Alleingespräche* beginnt! Die Grundlage ist philosophisch-theologisch, die Inspiration mystisch, die Ergriffenheit, die es beseelt, der Rhythmus, der es beherrscht, die Form, die ihm Gestalt verleiht, lassen es zu einem großartigen Gedicht werden. Leider können wir es hier nur gekürzt wiedergeben.

„O Gott, Schöpfer des Alls, steh mir bei, daß ich vor allem recht zu dir bete...
O Gott, der du aus dem Nichts diese Welt geschaffen hast. deren erhabene Schönheit aller Augen wahrnehmen.
O Gott, Vater der Wahrheit, Vater der Weisheit, Vater des wahren und höchsten Lebens, Vater der Glückseligkeit, Vater des Guten und Schönen, Vater des Lichts unserer Erkenntnis, Vater unseres Erwachens und unserer Erleuchtung, Vater des Unterpfands, das uns antreibt, zu dir zurückzukehren — dich rufe ich an.
Dank der göttlichen Vorsehung ziehen die Gestirne ihre Bahnen,... ist

die Seele frei in ihrer Entscheidung, … kommt uns alles Gute zu und wird uns alles Böse genommen…
Erhöre, erhöre, erhöre mich, mein Gott, mein Herr, mein König, mein Vater, mein Ursprung, meine Hoffnung, mein Hab und Gut, meine Ehre, mein Heim, meine Heimat, mein Heil, mein Licht, mein Leben! Erhöre, erhöre, erhöre mich auf deine Art, die nur wenigen wirklich bekannt ist."[23]

XXXIII. Kapitel

Ein Brief an Gott

Die ästhetische Schau wird bei Augustinus zur mystischen Kontemplation. Ein bekanntes Beispiel dafür sind die *Bekenntnisse*, die er zu Beginn seines Bischofsamtes im Alter von 44-46 Jahren niederschrieb. Vielleicht hatten ihn Freunde, darunter wohl auch Paulinus von Nola, dazu veranlaßt? Vielleicht war es der Wunsch, sich des häufigen und überschwenglichen Lobs zu erwehren? Vielleicht das Bedürfnis, Trost zu finden in der schweren Bürde des Apostolats? Oder Hilfe gegen die Einsamkeit, in die ihn die neue Verantwortung stürzte? Dieser Grund hat sicher mitgespielt. Seitdem Augustinus, der wie nur wenige der Freundschaft zugetan war, sein Bischofsamt angetreten hatte, lebte er in tiefer Einsamkeit: umgeben von einem Volk, das ihn liebte, aber nicht verstand, fern von seinen Freunden, denen er besonders verbunden war. So begann er, schreibend mit Gott zu sprechen.

Die *Bekenntnisse* sind wie ein langer Brief an Gott, in dem Augustinus über alles spricht, was ihn betrifft und interessiert, über die Ereignisse seines Lebens, die Geheimnisse der Gnade, die Tiefe der Philosophie, die Auslegung der Schrift, den inneren Aufstieg, die Wunder der Schöpfung... So sind die *Bekenntnisse* Autobiographie, Philosophie, Theologie, Mystik und Poesie zugleich.

Es geht Augustinus darin nicht, wie man vielfach meint, nur um das Bekenntnis der Sünden. Das fehlt nicht, es geschieht vielmehr mit nichts beschönigender Aufrichtigkeit und tiefer Demut, ist aber nur ein Aspekt und nicht einmal der wichtigste des Werks. Sein Hauptanliegen ist der Lobpreis Gottes — wie das Wort *confessio* im biblischen Sinne ausdrückt. Augustinus erläutert häufig den Doppelaspekt der *confessio*: die *confessio laudis* und die *confessio peccatorum*. Die zweite ist eng mit der ersten verknüpft, denn das Bekenntnis der eigenen Sünden ist ja bereits im Ansatz Lobpreis Gottes.[1] — In hohem Alter sandte er die Bücher seiner *Bekenntnisse* an Darius, der ihn darum gebeten hatte, mit folgenden Worten:

„Empfange, mein Sohn, nicht dem äußeren Schein nach, sondern aus christlicher Liebe die Bücher meiner *Bekenntnisse*, die du dir erbeten hast. Betrachte mich genau darin, und lobe mich nicht für mehr, als ich bin. Glaube mir in diesen Schriften und nicht den anderen, was mich betrifft. In ihnen betrachte mich und siehe, was ich in mir selbst und für mich selbst war, und ob du da etwas findest, was dir an mir gefällt. Lobe dafür — wie ich — nicht mich selbst, sondern den, von dem ich wollte, daß er für das, was mich betrifft, gelobt werde. Denn er hat uns geschaffen und nicht wir aus uns selber. Wir waren verloren, aber er hat uns wiederhergestellt, der uns geschaffen hatte. Wenn du mich dann darinnen gefunden hast, bete für mich, auf daß ich keine Rückschritte mache, sondern Fortschritte machen kann. Bete, mein Sohn, bete. Ich weiß, was ich sage; ich weiß, um was ich bitte... Und nicht nur du allein, sondern auch all jene, die mir wohlwollen, weil sie von dir durch mich gehört haben; mögen sie für mich beten.“[2]

Ein paar Jahre zuvor hatte er in den *Retractationes* über das inzwischen berühmte Werk geschrieben:

„Die dreizehn Bücher meiner *Bekenntnisse* loben den gerechten und guten Gott um meiner Übel wie auch um meiner guten Seiten willen und lenken den menschlichen Geist und sein Gefühl auf ihn hin. Auf mich haben sie jedenfalls, als ich sie schrieb, so gewirkt und tun es noch, sooft ich sie lese. Was andere dabei empfinden, werden sie sehen; aber ich weiß, daß sie vielen Brüdern sehr gefallen haben und noch gefallen.“[3]

Die letzten Sätze sprechen offen von der Anerkennung, die den *Bekenntnissen* zuteil geworden ist, und versteckt von der Kritik und den Vorbehalten, denen sie ausgesetzt waren. Zu den Kritikern gehörten Manichäer, Donatisten, Pelagianer und Heiden. Diese stimmten aus dem einen oder anderen Grund nicht mit den in diesem Werk zum Ausdruck kommenden Urteilen und Gefühlen überein. Sie nahmen sie vielleicht zum Vorwand, um den Autor — in unterschiedlichem Ausmaß — anzugreifen, anzuklagen und zu verurteilen. Bekannt ist der Fall des Pelagius.

„Welche meiner Schriften hat mehr Leser oder mehr Anklang gefunden als die Bücher meiner *Bekenntnisse*? Da ich sie vor dem Aufkommen der pelagianischen Häresie veröffentlichte, spreche ich darin zu unserem Gott und sage häufig: ‚Gib, was du gebietest; und gebiete, was du willst!‘

Pelagius fand diese meine Worte unerträglich, die er in Rom von einem meiner Mitbrüder aus dem Episkopat vernahm. Da er heftig widersprach, fehlte nicht viel, daß er in Streit geriet mit dem, der sie zitiert hatte."[4]

Weniger bekannt, aber um so betrüblicher ist der Fall Julians, der die *Bekenntnisse* mißbrauchte, um die Mutter des Augustinus zu beleidigen.[5]

Nicht alle kritischen Einwände kamen von außen; auch von seiten der „Brüder" dürfte es an Kritik nicht gefehlt haben. Augustinus scheint sie schon beim Schreiben vorausgeahnt zu haben. So wendet er sich hin und wieder an die Starken, an die weniger Begabten und an die Stolzen, also an jene, die wußten, daß sie die Sünden, von denen er erzählte, nicht begangen hatten, oder die nicht verstanden hatten, was er schrieb, oder die vorgaben zu wissen, was sie in Wirklichkeit nicht wußten. Die ersten fordert er auf, ihn nicht zu verlachen und vor allem Gott nicht weniger zu danken, so als hätten sie weniger erhalten[6]; die zweiten ermahnt er, sich mit dem wenigen, das sie verstehen, zu begnügen und ansonsten Gott um mehr Einsicht zu bitten[7]; die letzten überläßt er ihrem Treiben, auf daß sie in den Staub blasen, bis ihnen der Sand in die Augen weht.[8]

Gewiß sind die *Bekenntnisse* keine einfache Lektüre. Um ihre verschiedenen Aspekte zu erfassen und vor allem ihren Stil und Ton zu erfassen, muß man versuchen, den Autor von innen heraus zu verstehen. Er vereint in sich hohe intellektuelle Ansprüche, eine tiefe mystische Veranlagung, einen wachen Sinn für die Sünde und ein sehnsüchtiges Verlangen nach dem Heil.

In den *Bekenntnissen* erzählt Augustinus von sich selbst, was ihm wichtig erscheint aus dem Blickwinkel seiner Bekehrung, und zwar der Bekehrung zum Glauben, sowie zum Dienst an Gott. So kürzt er die Beschreibung einiger wichtiger Lebensabschnitte ab, wie zum Beispiel den zweiten Romaufenthalt: „Hier übergehe ich aus Eile viele Ereignisse."[9] Auf diese Weise bleibt der Freund ungenannt, dessen Tod ihn so tief schmerzte.[10] Und wir erfahren fast nichts über sein achtjähriges Lehrerdasein in Karthago.[11]

Man muß in seiner Darstellung zwischen den Fakten als solchen und der Beurteilung dieser Fakten unterscheiden. Der Autor der *Bekenntnisse* erzählt die Geschehnisse, wie sie sich ereignet haben, wie sein Gedächtnis sie aufgenommen und bewahrt hat. Er sagt, warum er sicher ist, wenn er zweifelt, wo er sich nicht erinnert, aber er beurteilt die Geschehnisse mit seinem am Evangelium geschulten und geläuterten Bewußtsein.

Der meditative Teil der *Bekenntnisse*, der den erzählerischen an Umfang übertrifft, hat seine Berechtigung darin, daß Augustinus die Begebenheiten seines Lebens in den umfassenden Rahmen der Vorsehung stellt.

Die philosophischen Betrachtungen haben Gott und die Schöpfung, die Vorsehung und das Böse, den Menschen und seine Bestrebungen, die Zeit und die Ewigkeit zum Gegenstand. Bei der Behandlung dieser Themen half ihm der Neuplatonismus, dessen große metaphysische Thesen Augustinus studiert hatte und die er sich zunutze zu machen wußte, und zwar nicht wie ein Schüler, sondern wie ein Meister. Während er sich dieser Thesen bediente, korrigierte er sie und führte die Gedanken weiter. Von den Geschöpfen zu Gott aufsteigend, erlangte er über diesen letzte Gewißheit: „Ich fragte: Ist die Wahrheit deswegen ein Nichts, weil sie sich nicht über den endlichen oder unendlichen Raum erstreckt? Und du riefst mir aus der Ferne zu: Nein! Ich bin es, der Ich-bin. Diese Worte hörte ich, wie man mit dem Herzen hört, und hatte keinen Grund mehr zu zweifeln. Eher hätte ich gezweifelt, daß ich lebe, als daß es die Wahrheit gibt, die man durch das, was geschaffen ist, erkennend schaut."[14] Den Menschen in seiner dreifachen Dimension — insofern er ist, erkennt und liebt — erforschend, gelangte er zu Gott unter dem dreifachen Begriff des absoluten Seins, des höchsten Wissens und der ersten Liebe. Von Gott kommen alle Dinge — nicht durch Zeugung, sonst wären sie ihm gleich, sondern durch Schöpfung aus dem Nichts —, die Sein, Wahrheit und Güte haben. „Ich betrachtete alle Dinge unter dir; und ich sah, daß sie weder ganz sind noch ganz nicht sind, daß sie sind, da sie von dir her sind, und nicht sind, da sie nicht sind, was du bist. Denn wirklich seiend ist nur das, was unwandelbar besteht."[15] Da Gott unwandelbar ist, ist er nicht auf irgendwelche Art, „sed est est" — er ist ohne Maß, ist das Ist.[16] Die geschaffenen Dinge hingegen sind alle nach einem gewissen Maß.

Die Schöpfungslehre lag Augustinus besonders am Herzen. Vor allem in den letzten Büchern der *Bekenntnisse* kommt er darauf zu sprechen, wenn er die Genesis kommentiert. Man hat sich gefragt, warum Augustinus die letzten drei Bücher angefügt hat, die ja eher einen Übergang von autobiographischen Ausführungen zu theoretischen Lehräußerungen darstellen. Warum hat Augustinus dafür ausgerechnet die Genesis gewählt? Folgende Antwort wäre denkbar: Die Freunde drängten ihn, die *Bekenntnisse* weiterzuführen beziehungsweise seinen Weg zu Gott darzulegen. Deshalb beschrieb Augustinus sein tägliches Bemühen um Läuterung, erläuterte seine Liebe zum Wort Gottes und seine Art, es zu meditieren. Das alles im Rahmen einer Kommentierung von einigen Schriftkapiteln. Die Wahl fiel dabei meiner Ansicht nach auf die Genesis wegen der in ihr enthaltenen Wahrheiten, allen voran die der Schöpfung, die grundlegend für das Sprechen des Menschen mit Gott ist — was der Hauptinhalt der *Bekenntnisse* ist. So will er denn begreifen, wie Gott am Anfang Himmel und Erde schuf, und bekennt, drei große Gewißheiten erlangt zu haben: Gott allein ist ewig, da Gott von seiner Wesenheit her keiner Wandlung unterliegt; alle Dinge, die nicht sind, was Gott ist, haben ihr Sein von Gott erhalten; kein noch so vollkommenes Geschöpf ist gleichewig mit Gott.

Die Schöpfungslehre führt Augustinus zum Begriff vom transzendenten und immanenten Gott. In dieser Hinsicht sind die *Bekenntnisse* ungemein reichhaltig: Gott ist „so tief verborgen und doch so gegenwärtig", „so hoch und doch so nah", ist das „Inwendig-Ewige", „innerster als mein Innerstes und höher als mein Höchstes"[17].

Aus der Schöpfungslehre leitet sich eine weitere Anschauung ab, die das gesamte Werk der *Bekenntnisse* durchdringt: die Lehre von der Vorsehung. Die Vorsehung „sorgt für jeden, als hätte sie nur für ihn zu sorgen, und für alle, als wären sie nur einer"[18]. Im Licht dieser Wahrheit erzählt Augustinus sein Leben. In den Plan der Vorsehung ist auch das Böse eingeordnet, nicht weil es Gottes Werk wäre, sondern weil Gott, der Gerechte und Gute, es in die Ordnung eingehen läßt. Denn Gott „ist Ordner und Schöpfer aller Dinge, die es in der Natur gibt; in bezug auf die Sünde aber nur Ordner"[19]. Die Sünder können daher gegen Gottes Wollen handeln, sich aber dem Handeln Gottes nicht entziehen. Die Idee der Ordnung beherrscht viele augustinische Schriften, besonders die, in denen die Frage nach dem Bösen behandelt wird.

Tiefe Überzeugungen bilden die Substanz der augustinischen Gnadenlehre, die häufig in den antithetischen Begriffen von Knechtschaft und Freiheit, Mißgestalt und Schönheit, Zerstreuung und Einheit, Nichtigkeit und Fülle, Tod und Leben, Unrast und Ruhe zum Ausdruck kommt. Aber das sind nur einige der vielen Antithesen in den *Bekenntnissen.* Ihre Lösung ist Christus — Mittler und einzige Hoffnung des Menschen. In ihm löst sich unsere menschliche Tragödie.

Das Geheimnis der Gnade findet seinen höchsten Ausdruck am Schluß des zehnten Buches der *Bekenntnisse.* Diese Worte des jungen Bischofs, der von der neuen Verantwortung gleichsam erdrückt ist und an Flucht denkt, sind das Zeugnis seiner Hoffnung und seines zuversichtlichen Ja, das schwere Amt doch weiterzuführen: „Wie sehr hast du uns geliebt, guter Vater! Du hast deinen einzigen Sohn nicht geschont, sondern ihn für uns Sünder dahingegeben. Wie sehr hast du uns geliebt!

Um unseretwillen hielt er nicht daran fest, dir gleich zu sein, sondern wurde gehorsam bis zum Tod, bis zum Tod am Kreuz. Er allein war frei vom Tod; er hatte die Macht, sein Leben hinzugeben, und die Macht, es wieder zu nehmen. Für uns ist er Sieger und Opfergabe geworden; Sieger, weil er Opfer war. Für uns ist er Priester geworden und Geopferter, Priester, weil er Geopferter war. Er, dein Sohn, wurde unser Knecht und hat uns, die wir Knechte waren, zu deinen Kindern gemacht. Deshalb setze ich meine ganze Hoffnung auf ihn. All meine Schwachheit wirst du heilen durch ihn, der zu deiner Rechten sitzt und für uns eintritt bei dir. Wäre es nicht so, ich würde verzweifeln; denn zahlreich und groß sind meine Schwächen, stärker aber ist deine Arznei."[20]

Die *Bekenntnisse* wurden als ein Buch geistlicher Erbauung verfaßt. Seite um Seite steigt aus ihnen das Gebet auf. Sie beginnen mit einem Ausruf des Staunens vor der Größe Gottes und vor der Situation des menschlichen Sünders, der ihn lobpreisen will. Sie schließen mit der Sehnsucht nach dem Frieden ohne Ende, der Fülle des Lebens und dem Ausruhen in Gott. Das Gebet entspringt aus der zugleich philosophischen und theologischen Schau und vermischt sich mit ihr.

„Wer gibt mir, daß ich Ruhe finde in dir? Wer gibt mir, daß du kommst in mein Herz und es sättigst, damit ich meine Übel vergesse und dich, mein einziges Gut, umfange? Was bist du mir? Erbarme dich, damit ich es aussprechen kann! Und ich, was bin ich für dich, daß du von mir geliebt sein willst und, tu ich's nicht, in deinem Zorn mit Elend drohest ohne Maß? Ist das Elend nicht schon groß genug, wenn ich dich nicht liebte? Weh mir! Bei deinen Erbarmungen, Herr, mein Gott, sag es mir, was du für mich bist! Sag meiner Seele: Dein Heil bin ich. Und sag es so, daß ich's höre... Eng ist das Haus meiner Seele, in das du kommen willst zu ihr: Weit soll es werden, weit durch dich! Baufällig ist es: Setz es in Stand! Manches ist darin, woran dein Auge sich stoßen mag. Ich weiß es und gestehe es. Aber wer soll es reinigen? Oder zu wem außer dir kann ich rufen?"[21]

Diesem am Anfang zum Ausdruck gebrachten tiefempfundenen Bedürfnis nach innerer Läuterung entspringt die lange Gewissenserforschung, die Augustinus im zehnten Buch beschreibt und deren Maßstab das Evangelium ist. Alle Dinge sind gut und lobenswert; aber wenn man zu sehr an ihnen hängt, dann hemmen sie unseren Lauf und treiben uns dem Nichtsein entgegen.

„Auch jener Dinge wegen soll dich meine Seele preisen, Gott und Schöpfer aller Welt, doch nicht an ihnen in falscher Liebe hängen durch die leiblichen Sinne. Denn die Dinge gehen hin, wohin sie von jeher gegangen sind, so daß sie nicht mehr sind, und sie quälen mit verderblichem Begehren die Seele, deren Sehnen darauf gerichtet ist, inmitten der von ihr geliebten Dinge zu sein und zu ruhen. Dort aber findet sie keine Ruhe, weil die Dinge unbeständig sind. Sie fliehen dahin, und wer könnte ihnen mit den Sinnen des Leibes folgen oder sie ergreifen, selbst wenn sie nahe sind?“[22]

In Anlehnung an den heiligen Johannes bringt der Autor der *Bekenntnisse* daher die dreifache Forderung in Erinnerung, sich „von der Begierde des Fleisches, der Begierde der Augen und vom Prahlen mit dem Besitz“[23] zu enthalten, und gründet darauf seine eingehende und strenge Gewissenserforschung mit dem Ziel, in schlichter Aufrichtigkeit den Lesern die Ergebnisse zu vermitteln, die sein asketisches Bemühen gezeitigt hat: die Anziehungskraft der Sinne, die Neugier und den Stolz zu beherrschen —die drei Quellen der Anfechtung, die den geistigen Aufstieg einer harten Prüfung unterziehen.

Im Zusammenhang mit der Anziehungskraft der Sinne tritt der psychologisch subtil beschriebene Widerstreit zwischen dem Liebhaber des Schönen und dem Asketen zutage — zwei Naturen, die beide in Augustinus lebendig sind. Die erste freut sich an den materiellen Schönheiten und läuft Gefahr, bei diesen stehenzubleiben; die zweite leugnet die materielle Schönheit zwar nicht, will sich ihrer aber als Ausgangspunkt bedienen, um zu einer höheren Schönheit aufzusteigen. Gerade durch die Askese löst sich dieser Widerstreit, wenn auch nicht immer vollständig, in einem Zusammenwirken, in einem Miteinander.

„Welch eine zahllose Vielfalt an Künsten und Handfertigkeiten haben die Menschen aufgewendet, mit Kleidern, Schuhwerk, Gefäßen und Gegenständen aller Art, mit Gemälden, mancherlei Plastiken und anderem, was über den notwendigen und maßvollen Bedarf und die religiöse Bedeutung weit hinausgeht, um damit die Augenlust noch mehr zu reizen. Sie laufen draußen deinen Schöpfungen nach, verlassen innerlich ihren Schöpfer und zerstören so in sich dein Werk. Doch ich, mein Gott und meine Herrlichkeit, singe dir auch deshalb mein Lob und Preis als Opfergabe für den, der sich für mich opfert. Die Schönheit, die durch die Seele sich den Händen des Künstlers mitteilt, kommt von jener die Seelen überragenden Schönheit her, nach der sich meine Seele Tag und Nacht sehnt.“

Dieser Aufstieg zur ewigen Schönheit ist nicht leicht, noch wird er allen Liebhabern des Schönen zuteil. „Von ihr nehmen die Bildner und Liebhaber der äußeren Schönheiten wohl das Maß des guten Urteils, aber nicht auch das Maß des guten Gebrauchs. Es ist zwar da, sie sehen es nur nicht. Sonst würden sie nicht in die Ferne schweifen, sondern ihre Kraft bei dir bewahren, statt sie in den aufreibenden Schwelgereien zu vergeuden." Selbst Augustinus gelingt das nicht immer ganz. „Ich selbst, der ich das sage und bemerke, verstricke mich auf meinem Weg in diesen schönen Dingen; aber du, Herr, machst mich frei davon, ja du befreist mich, weil dein Erbarmen mir vor Augen steht. Erbärmlich wie ich bin, lasse ich mich fangen, aber du befreist mich erbarmend; oft so, daß ich es nicht merke, weil ich nur leicht gestrauchelt war, doch oft auch schmerzlich, weil ich bereits ganz darin verstrickt war."[24]

Ein weiterer Gegensatz, über dessen Lösung der Asket nachgrübelte, bestand zwischen der Begierde zu wissen, zu beobachten und Erfahrungen zu sammeln — dieser bei Augustinus ungemein starken Begierde entsprang seine jugendliche Leidenschaft fürs Theater und für die Astrologie — und dem schon zur Gewohnheit gewordenen Muß ernster und erhabener Gedanken.

„Wie ein Hund einen Hasen hetzt, das schaue ich mir im Zirkus freilich nicht mehr an; aber wenn ich es zufällig im Vorübergehen im offenen Felde sehe, so fesselt mich ein solches Jagen, es bringt mich vielleicht aus einem wichtigen Gedankengang. Zwingt es mich auch nicht, den Weg, den mein Reittier mich trägt, zu verlassen, so doch die Richtung meines Herzens... Oft wenn ich zu Hause sitze, kann ich gespannt einer Eidechse zuschauen, wie sie Fliegen fängt, einer Spinne, die sie umwickelt, wenn sie ihr ins Netz geraten sind... Wohl nehme ich das zum Anlaß, dich zu preisen, wundergroßer Schöpfer und Ordner aller Dinge, aber das war nicht von Anfang gleich der Grund, aufmerksam auf sie zu werden."[25]

Am heikelsten war der Gegensatz, was das Lob anbelangt. Lob schmeichelt; der Wunsch, gelobt zu werden, sowie Eigendünkel und Selbstgefälligkeit sind aber subtile Versuchungen des Bösen. Der Bischof von Hippo mit seiner feinfühligen und gleichsam für die Freundschaft geschaffenen Natur war sich der Schwierigkeit wohl bewußt. Deshalb betete er viel, versuchte die eigene Gesinnung genau auszuloten und nahm sich vor, vor allem die Wahrheit zu lieben.[26]

Das asketische Bemühen war bei Augustinus stets vom mystischen

Streben getragen, das bedeutete für ihn: dem Drängen der Zeit entfliehen und zur Fülle des Seins streben. Wir wollen an dieser Stelle die Worte anführen, mit denen er die berühmten Betrachtungen über die Zeit schließt. In ihr verschmelzen übereinstimmende Ideen aus drei verschiedenen Quellen: der plotinischen Philosophie, der paulinischen Christologie und der Poesie der Psalmen.

„Da deine Gnade besser ist als das Leben — und siehe: Zerstreuung ist mein Leben — so hält deine rechte Hand mich fest in meinem Herrn... Was hinter mir liegt, vergessend...jage ich — nicht in zerstreuter Weise, sondern mit innerer Sammlung — nach dem Siegespreis der himmlischen Berufung, wo ich laut dein Lob verkünden und deine Freude schauen werde, die nicht kommt und nicht geht. Noch aber verrinnen meine Jahre im Klagen, und nur du bist mein Trost, Herr, mein Vater. Du bist ewig; ich aber lebe im Zwiespalt des Zeitlichen, dessen Ordnung ich nicht kenne. Meine Gedanken und das tiefste Leben meiner Seele werden von allerlei Aufruhr hin und her gezerrt, bis ich, in der Glut deiner Liebe geläutert und geschmolzen, in dich eingehe."[27]

Diesem demütigen und schlichten Streben entspricht gelegentlich eine außerordentliche Gnadengabe, wie Augustinus selbst in umschreibenden, aber doch klaren Worten sagt. Beim Gespräch über seine täglichen Meditationen, von denen die *Bekenntnisse* uns eine Kostprobe bieten, schreibt er:

„Ich tue das oft, es ist meine Freude, und sobald ich mich vom Zwang der Geschäfte lösen kann, flüchte ich in diese Wonne. In all den Dingen, die ich, deinen Rat erbittend, erwäge, finde ich nichts, was der sichere Ort für meine Seele wäre, als dich allein, den Ort der Sammlung für alles in mir Verstreute, der nicht duldet, daß von dem, was ich bin, irgend etwas sich löse von dir. Und manchmal entrückst du mein Inneres in eine ungewöhnliche Regung unsäglichen Glücks: Wenn es sich in mir erfüllt, weiß ich nicht mehr, was dann noch kommen soll, da es mit diesem Leben nichts mehr gemeinsam hat. Doch unter der Last der Mühsal falle ich wieder zurück in dieses Leben. Der Alltag schlingt mich wieder ein und hält mich fest in seinen Fesseln."[28]

XXXIV. Kapitel

Herr, einziger, dreieiniger Gott

„Die Bücher über die Trinität, den höchsten und wahren Gott, habe ich in jungen Jahren begonnen und im Alter veröffentlicht.“[1] So erzählt Augustinus in einem Brief an den Freund Aurelius, den Bischof von Karthago. Sie waren kein Werk aus einem Guß, sondern das Ergebnis langer Meditation. Augustinus diktierte sie in Abständen und hielt mitten im zwölften Buch ein. Die Schwierigkeit des Themas sowie die Tatsache, daß er andere Arbeiten vorziehen mußte, hinderten ihn, es weiterzuführen. „Vorläufig möchte ich mich nicht einmal der Bücher über die Trinität annehmen, mit denen ich seit längerem befaßt bin, die ich aber noch nicht habe beendigen können, da sie mir viel Mühe bereiten; auch dürften sie meines Erachtens nur wenigen Menschen begreiflich sein. Mir liegen viel mehr die Schriften am Herzen, von denen ich hoffe, daß sie einem weiteren Publikum dienlich sein können.“[2] Seine Freunde drängten ungeduldig, er aber widerstand, da er an die Verantwortung dessen dachte, der über ein Thema schreibt, bei dem „das Irren gefährlicher und das Forschen mühseliger ist“[3].

„Wahrlich beklemmend empfinde ich den Ausspruch des Horaz: ‚Einmal über die Lippen gekommen, kann ein Wort nicht mehr zurückkehren.‘ Deshalb halte ich die Bücher, die besonders schwierige Fragen wie die über die Genesis und die Trinität behandeln, länger bei mir zurück, als ihr wünscht und duldet, damit sich, wenn es schon unvermeidlich ist, daß sie Tadelnswertes enthalten, dies zumindest in einem kleineren Rahmen hält, als wenn sie eilig und unüberdacht veröffentlicht würden.“[4]

Des Wartens müde, schritten seine Freunde jedoch zur Tat: Heimlich bemächtigten sie sich der bereits verfaßten Bücher und brachten sie in Umlauf. Augustinus war deswegen bedrückt und beschloß, das Werk nicht zu beenden. Hier und dort beklagte er in seinen Schriften das Vorgefallene und bestritt seine Urheberschaft dieser Bücher, die verbreitet worden waren, bevor er sie als veröffentlichungsreif erachtet hatte. Die Freunde drängten ihn, das Werk zu beenden, unter ihnen auch Aurelius, der großen Einfluß auf Augustinus hatte. Und wie üblich gab Augustinus nach: Er vervollständigte das zwölfte Buch, fügte den ersten fünf eine Vorrede hinzu, verfaßte weitere drei Bücher, überarbeitete die bereits verbreiteten — „nicht wie ich es gewollt hätte, sondern in dem Maße, wie es möglich war, damit sie nicht zu verschieden ausfielen von denen, die man mir heimlich entwendet und bereits unter die Leute gebracht hatte“[5] —, sandte sie allesamt an Aurelius und erlaubte jedem, der es wollte, „sie zu kopieren und zu lesen“. So wurde dieses Werk, an dem er über zwanzig Jahre — von 399 bis nach 420 —gearbeitet hatte, endlich veröffentlicht. Von den Freunden verlangte er, daß sein Brief an den Bischof Aurelius, in dem er erzählt, was vorgefallen war, „wohl für sich stehend, aber als Prolog den Büchern“ beigefügt werden sollte.

Diese unter so großen Mühen zustande gekommenen Bücher bilden ein gewaltiges theologisches, philosophisches und tiefgründiges mystisches Werk. Gegen Ende seiner *Bekenntnisse* äußert sich Augustinus mit tiefem Staunen über das Geheimnis der Trinität. “Wer wird je die allmächtige Dreifaltigkeit begreifen können? Wer spricht nicht von ihr? Und doch fragt sich nur, ob wirklich von ihr! Selten ist die Seele, die, was immer sie darüber sagt, auch weiß, was sie sagt.“ — Sogleich verweist er dann auf einen Weg, etwas davon verstehen zu können.

„Ich wünschte, daß die Menschen eine Dreiheit, die in ihnen selbst ist, ins Auge faßten. Sie ist etwas ganz anderes als die Dreifaltigkeit, aber ich nenne sie nur, damit man sich an ihr übe, erfahre und herausspüre, wie weit sie voneinander abweichen. Das ist die Dreiheit, die ich meine: sein, wissen, wollen; denn ich bin, ich weiß, und ich will: Und zwar bin ich, indem ich weiß und will; und das weiß ich, daß ich bin und will; und das will ich, daß ich bin und weiß. Wie nun in dieser Dreiheit das Leben schlechterdings unteilbar ist — ein Leben, ein Geist, eine Wesenheit —, kurz, wie völlig unteilbar überhaupt die Unterscheidung ist und gleichwohl doch Unterscheidung bleibt: Das fasse, wer kann. Jedenfalls hat ein jeder sich selbst vor sich; er nehme von sich Kenntnis, nehme Einblick und lasse mich wissen! Hat einer aber in dieser Dreiheit eine Entsprechung gefunden und weiß sie auszusprechen, so bilde er sich nicht ein, er hätte nun auch schon jenes erhabene Unwandelbare gefunden, das über diese uns zugängliche Dreiheit hinaus unwandelbar ist im Sein, im Wissen und im Wollen. Ob nun auf dieser Dreiheit auch die göttliche Dreifaltigkeit beruht oder ob sich in jedem der Drei diese

Dreiheit findet, so daß jeder der Drei dieses dreifaltige Sein ist, oder ob beides zutrifft, indem — unfaßbarerweise einfaltig und vielfaltig — die dreieinige Gottheit sich selbst in sich das unendliche Ziel und Ende ist, durch das sie *ist* und um sich weiß und sich genug ist, unwandelbar sich gleich in der unerschöpflichen Größe ihrer Einheit. Wer käme da mit seinem Denken so leicht zurecht? Wer fände die Worte, es auszudrücken? Wer wagte so ohne weiteres, darüber etwas in der Öffentlichkeit zu sagen?"[6]

Eben das ist die Zielsetzung von *De Trinitate.* Augustinus hat sein Werk über die Dreifaltigkeit kurz vor oder nach Beendigung der *Bekenntnisse* begonnen. Als Theologe lag ihm an der Klarstellung einiger Punkte, die die patristische Theologie nicht ausreichend erhellt hatte. Wieso können wir, da wir ja erkennen, daß der Vater Gott ist, daß der Sohn Gott ist und daß der Heilige Geist Gott ist, nicht sagen, daß Vater, Sohn und Heiliger Geist drei Götter sind, sondern müssen sagen, daß sie nur ein einziger Gott sind? Wieso — wenn doch das Wirken der Trinität *ad extra* untrennbar ist — ist nur der Sohn Fleisch geworden, nur des Vaters Stimme auf dem Berg Tabor erschollen und nur der Heilige Geist auf die Jünger herabgekommen? Welches sind die spezifischen Eigenschaften des Heiligen Geistes, und wieso ist der Hervorgang des Heiligen Geistes keine Zeugung?[7]

Um diese Fragen zu beantworten, nimmt sich Augustinus vor, das Dogma der Trinität darzulegen, zu verteidigen und zu veranschaulichen. Um es darzulegen, erforscht er das Wirken der Trinität im Heilsgeschehen (Studium der Schrift: Buch 1-4), um es zu verteidigen (gegen die Argumentation der Arianer), vertieft er die Lehre von den Beziehungen in der Trinität (Buch 5-7), er erklärt die Formulierung mit Hilfe der Lehre von der Sprache (Buch 5-7) und veranschaulicht das tiefe Geheimnis der Dreifaltigkeit, indem er den Menschen betrachtet, der als Ebenbild Gottes selber eine geheimnisvolle Dreieinheit ist (Buch 9-15).

Hier geht das theologische Moment ganz und gar mit dem mystischen Moment zusammen. Sind die augustinischen Bücher *Über die Trinität* von ihrer literarischen Form her auch nicht wie die *Bekenntnisse* ein Gespräch mit Gott, sondern eine eingehende philosophisch-theologische Untersuchung, so bleibt der Geist ihres Urhebers doch der gleiche. Beim Verfassen will Augustinus aufsteigen und den Leser zur Schau dieses erhabenen Geheimnisses geleiten. Er ist der Überzeugung, daß das christliche Leben entweder trinitarisch ist oder nicht christlich.

Es wird unsere vollkommene Freude sein, am Leben des dreifaltigen Gottes teilzuhaben, nach dessen Bild wir geschaffen sind.[8]

Deshalb soll der Mensch sein ganzes Leben auf dieses Ziel hinordnen: die Dreieinigkeit vergegenwärtigen, erkennen und lieben; und zwar so, daß sie in uns gegenwärtig ist, daß wir sie schauen und an ihrem Leben teilhaben.[9] Die Betrachtung des Menschen dient ihm lediglich als Übung, um zur Erkenntnis des dreieinigen Gottes zu gelangen. Nicht zu einer rein theoretischen, sondern zu einer erfahrenen und seligmachenden Erkenntnis. Augustinus führt diese Betrachtung mit dem Scharfsinn des Theologen und mit den Eigenschaften des Kontemplativen: „Auch soll, wie mir Gott gewähren möge, die Vorbereitung dieser Schriften zum eigenen Nutzen sein, und daß sie für jene lesbar seien. Der Wunsch, dem zu antworten, der mich befragt, soll mir finden helfen, was ich gesucht habe. Ich habe diese Arbeit mit der Hilfe Gottes, unseres Herrn, und nach seinem Willen begonnen; nicht um mit Autorität über Dinge zu reden, die ich kenne, sondern um sie tiefer zu erkennen beim Diskutieren in gottesfürchtiger Geisteshaltung."

Der kontemplative Geist, der sein gesamtes Werk durchzieht, bricht im Schlußgebet hervor, in dem er Gott um die Gnade bittet, nicht müde zu werden, ihn zu suchen, immer seiner zu gedenken, ihn zu erkennen, ihn zu lieben, bis er einst in die Seligkeit eingeht.

„Herr, unser Gott, wir glauben an dich, Vater, Sohn und Heiliger Geist... Auf diese Glaubensregel richtete ich mein Beginnen aus. So gut ich es vermochte und in dem Maße, wie du mir Kraft dazu gabst, habe ich dich gesucht und durch die Vernunft zu schauen verlangt, was ich glaube. Viel habe ich erörtert, sehr habe ich mich bemüht. Herr, mein Gott, meine einzige Hoffnung, erhöre mich und gib, daß ich nicht ermatte und aufhöre, dich zu suchen, sondern immerfort mit Eifer dein Antlitz suche. Gib du mir die Kraft zur Suche, der du dich hast finden lassen und mir die Hoffnung gabst, in immer vollkommenerer Erkenntnis dich zu finden. Vor dir stehen meine Kraft und meine Schwäche — die eine bewahre, die andere heile. Vor dir stehen mein Wissen und mein Nichtwissen. Wo du mir geöffnet hast, da empfange mich, wenn ich eintrete. Wo du mir den Zugang verschlossen hast, da öffne mir, wenn ich anklopfe. Gib, daß ich mich deiner erinnere, daß ich dich begreife, daß ich dich liebe. Vermehre diese Gaben in mir, bis du mich völlig neugestaltet hast."[10]

Das Werk ist so aufgebaut, daß der Leser, der vom Glauben ausgeht, sich selbst als ein von der Trinität geschaffenes Abbild erkennt und durch ständige geistliche Übung, indem er sich ernsthaft um Läuterung bemüht, Stufe um Stufe aufsteigt bis zur Weisheit, welche das höchste Abbild des dreieinigen Gottes in uns ist. Ein Abbild, das zur Vollkommenheit gelangen wird, wenn wir Gott von Angesicht zu Angesicht schauen werden.

So hat das ganze Werk eine innere Logik, die neben der philosophisch-theologischen Betrachtung den Leser anleitet, den ganzen Weg des geistlichen Lebens zu gehen. Es enthält auch eine Abhandlung über die Sendung des Sohnes beziehungsweise eine Soteriologie, ferner eine umfassende Darstellung des Wirkens des Heiligen Geistes, von dem die Heiligung der Kirche ausgeht. Es enthält eine ständige Belehrung darüber, daß Glaube und Reinigung notwendig sind, um zur Schau Gottes zu gelangen; und schließlich eine lange und leidenschaftliche Studie über die Erkenntnis Gottes und das Wesen der Weisheit.

Der soteriologische Traktat nimmt das ganze vierte und einen Großteil des dreizehnten Buches ein. Schwerpunkt seiner Soteriologie ist die Liebe. Die sichtbare Sendung des Sohnes besteht darin, die Gläubigen zur Schau des Vaters zu führen. „Diese Schau ist uns verheißen als das Endziel all unseres Tuns und als die Vollendung unserer Freude... Was er seinem Diener Mose sagt: Ich bin der Ich-bin, sollst du den Kindern Israels sagen: Der-ist hat mich zu euch gesandt. Das werden wir schauen, wenn wir das ewige Leben haben.“[11] Diese Sendung erfüllt der Sohn, indem er uns die Liebe des Vaters kundtut. Wir, die wir von Gott getrennt waren und uns danach sehnten, zu ihm zurückzukehren, mußten überzeugt werden, daß Gott uns wirklich liebt. „Der Mensch mußte von der großen Liebe Gottes zu uns überzeugt werden, und es mußte uns gezeigt werden, in welchem Zustand wir waren, als er uns geliebt hat. Von jener großen Liebe, auf daß wir nicht verzweifelten; in diesem Zustand, auf daß wir nicht vermessen würden.“[12] Eben dies hat Jesus mit der Erlösung gewirkt, durch das Kreuzesopfer wurde er zum Mittler der Einheit, der Freiheit und des Lebens.

Die Liebe Gottes aber wartet auf die Antwort unserer Liebe. Sie in den Herzen auszugießen, ist das Werk des Heiligen Geistes. In diesem Zusammenhang erforscht Augustinus das Verhältnis zwischen dem Hervorgehen des Heiligen Geistes in der Dreieinigkeit und der Sendung, die der Heilige Geist in der Heilsgeschichte erfüllt. Das Ergebnis ist eine umfassende Abhandlung der Pneumatologie und übernatürlichen Anthropologie — der gedanklich schöpferischste Teil des Werkes. Der Heilige Geist wird uns gegeben, denn er ist die Gabe; er erfüllt die Herzen mit Liebe, denn er ist die Liebe; er heiligt uns, denn er ist der

Heilige; er bewirkt die Gemeinschaft der Gläubigen in der Kirche, denn er ist die Gemeinschaft — die Gabe, die Liebe, die Heiligkeit, die Gemeinschaft des Vaters und des Sohnes. Diese Vision der Trinität veranlaßt Augustinus, lange Betrachtungen anzustellen über die Rechtfertigung beziehungsweise über den Heilsbegriff. Es geht ihm dabei um den nach dem Bild der Trinität geschaffenen Menschen und die Auswirkung, die die Sünde und die Gaben des Heiligen Geistes auf dieses Bild hatten. In der Rechtfertigung sieht er zwei miteinander verbundene, aber nicht identische Momente: die Vergebung der Sünden und die Erneuerung des inneren Menschen; erstere — vollständig und umfassend — ist unmittelbare Folge der Taufe; zweitere — fortschreitend und niemals vollendet — zieht sich über das gesamte Leben hin und bedarf der christlichen Askese. „Das Schauen ist gewiß des Glaubens Lohn, auf den sich die Herzen durch des Glaubens Läuterung vorbereiten...; daß die Herzen für jene Schau sich reinigen, besagt vor allem dieser Passus: Selig sind, die reinen Herzens sind, denn sie werden Gott schauen."[13]

Die Erneuerung des inneren Menschen geht einher mit seinem Fortschreiten in der Weisheit. Bekanntlich hat dieser Begriff verschiedene Bedeutungen, die sich über die gesamte Philosophie, Theologie und Mystik hinweg auffächern. Er besagt: Gegenwart Gottes in uns, Wissen und Liebe; Liebe, die sich in der Frömmigkeit offenbart und aus ihr nährt. Die augustinische Unterscheidung zwischen Wissen und Weisheit ist bekannt. „Zur Weisheit gehört die geistige Erkenntnis der ewigen Dinge, zum Wissen die vernunftmäßige Erkenntnis der zeitlichen Dinge."[14] Letztere ist auf die erste hingeordnet, welche die höhere Erkenntnis ist und die höchste Würde des Menschen darstellt. In der Weisheit ist das Abbild der Dreifaltigkeit zu suchen. Dieses Abbild besteht darin, daß der Mensch sich erinnert, erkennt und liebt; es erreicht daher seinen höchsten Ausdruck, wenn Gedächtnis, Erkenntnis und Liebe auf Gott gerichtet sind und wird dem Vorbild um so ähnlicher, je reicher das Gedächtnis, je tiefer der Geist und je vollkommener die Liebe ist. Daraus folgt, daß „die Ebenbildlichkeit zu Gott vollkommen sein wird, wenn die Schau Gottes vollkommen sein wird; jene Schau, von welcher der Apostel Paulus sagt: Jetzt schauen wir in einem Spiegel und sehen nur rätselhafte Umrisse, dann aber werden wir ihn schauen von Angesicht zu Angesicht."[15]

Zum Verständnis dieser augustinischen Lehre muß man sich vergegenwärtigen, daß die *memoria Dei* eine metaphysische (und nicht nur psychologische) Bedeutung hat, nämlich die Gegenwart Gottes im Menschen, auch wenn dieser sich nicht seiner erinnert und nicht an ihn denkt; die Gegenwart Gottes durch die Schöpfung, das Licht der Erleuchtung und die Gabe des Innewohnens.

Das Ziel der Weisheit — vor allem der mystischen Weisheit, wie Augustinus sie versteht — ist ein fernes und nur schwer zu erreichendes Ziel. Sein Werk will den Leser zu geduldiger und beharrlicher Übung anleiten.

Das achte Buch schildert die Wege liebender Gotteserkenntnis, welche die theoretische Erkenntnis nicht ausschließt, sondern fordert. Es sind die Wege der Wahrheit, der Güte, der Gerechtigkeit und der Liebe, die in Gott höchste und subsistierende Wirklichkeiten sind. Mit Hilfe dieser Begriffe kann man nicht nur erkennen, was Gott nicht ist, sondern, wenn auch auf unvollkommene Weise, erkennen, was Gott ist. Doch muß eine solche Suche von einem aufrichtigen asketischen Bemühen begleitet sein, das uns von aller Unreinheit leidenschaftlicher Zügellosigkeit reinigt.

„So begreife, wenn du kannst, du von vergänglichem Körper beschwerte Seele, du von vielen und mannigfaltigen Gedanken beladene Seele; begreife, wenn du kannst, daß Gott die Wahrheit ist. Denn es steht geschrieben: Gott ist Licht. Nicht das Licht, das unsere Augen sehen, sondern wie das Herz es sieht. Wenn man sagen hört: Er ist die Wahrheit, frage nicht danach, was die Wahrheit ist, denn sogleich ziehen die Schatten der körperlichen und die Wolken der trügerischen Bilder herauf und trüben die klare Helligkeit, die im ersten Moment deinen Blick erleuchtete, als ich dir sagte: Wahrheit. Verbleibe, wenn du kannst, in der anfänglichen Helligkeit dieses raschen Lichtblitzes, der dich blendet, wenn es heißt: Wahrheit. Aber du kannst es nicht und gleitest wieder ab ins gewohnte Irdische. Unter welchem Gewicht, frage ich, gleitest du wieder zurück, wenn nicht unter dem Gewicht der Unreinheit, mit der die Begierde und die Verfehlungen auf deinem Pilgerweg dich behaften?“[16]

„Noch einmal: Begreife, wenn du kannst! Du liebst nur das Gute... Dieses und jenes ist gut. Laß nun dieses und jenes weg, und schau das Gute selbst, wenn du kannst; so wirst du Gott schauen, der seine Güte nicht aus einem anderen Gut bezieht, sondern das Gut eines jeglichen Gutes ist.“[17] Vor allem schauen wir Gott in der Liebe zu den Brüdern: „Niemand sage: Ich weiß nicht, was ich lieben soll. Er soll den Bruder lieben, und so wird er die Liebe selbst lieben. Wahrlich, besser kennt er die Liebe, durch die er liebt, als den Bruder, den er liebt. So kann dir Gott bekannter sein als der Bruder; viel bekannter, weil gegenwärtiger; viel bekannter, weil innerlicher; viel bekannter, weil gewisser. Schließe den Gott der Liebe in dein Herz und gewinne ihn lieb."[18]

Der zweite Teil des Werkes führt dem Leser die höchsten Ziele vor Augen.[19] Am Ende seines Weges hatte Augustinus, wie alle großen Mystiker, das Gefühl, das Ziel nicht erreicht zu haben. „Und so wollen wir jetzt, nachdem wir — wie erforderlich oder vielleicht mehr als erforderlich — unseren Verstand in den niederen Dingen geübt haben, zur Schau jener höchsten Dreieinigkeit, die Gott ist, emporsteigen und vermögen es nicht."[20] Dieser schmerzlich empfundenen Unfähigkeit entspricht das Schlußgebet, das wir nur auszugsweise anführen können. „Herr, einiger und dreifaltiger Gott, möchten die Deinen auch dankbar sein für das, was ich an Deinigem in diesen Büchern niedergeschrieben habe. Steht in ihnen etwas von mir Geschriebenes, sei du nachsichtig mit mir, und seien es auch die Deinen. Amen."[21]

XXXV. Kapitel

Die letzten „Bekenntnisse"

Augustinus war ein Mensch, der sehr viel Persönliches von sich berichtet hat. Vor der Taufe legte er ein Selbstbekenntnis ab in den Prologen, die er den Dialogen von Cassiciacum voranstellt. Eingehender sprach er von sich in den *Bekenntnissen*; ferner in den *Retractationes*, die wir als seine letzten „Bekenntnisse" bezeichnen können.

Man lasse sich nicht vom Titel beirren; er bedeutet nicht Widerrufung, Zurücknahme, Ableugnung, sondern greift zurück auf die ursprüngliche Bedeutung des Wortes *retractatio*: von neuem behandeln, untersuchen, besprechen. Weil seine Schriften zu zahlreich und zu umfangreich waren, verfaßte Augustinus in fortgeschrittenem Alter ein weiteres Buch, um dem Leser mitzuteilen, wie er selbst seine Schriften sieht und wie sie seiner Ansicht nach gelesen werden sollten.[1] Dieses Vorhaben führte den Autor dazu, seine gesamten literarischen Arbeiten noch einmal durchzugehen, die in einem Zeitraum von 44 Jahren entstanden waren: von der Zeit kurz nach seiner Bekehrung bis wenige Tage vor seinem Tod. Diese Revision entsprang nicht menschlicher Eitelkeit oder dem Stolz, sondern einem religiösen Verantwortungsgefühl. Dabei ging Augustinus mit sich selbst ins Gericht. Er war sich bewußt, daß ein solches Werk Verwunderung und Kritik hervorrufen würde; aber all das hielt ihn nicht von dem Vorhaben ab. Über die *Bekenntnisse* hatte er geäußert: Was andere darüber dächten, sei deren Angelegenheit. Ihm hätten sie gedient und sie dienten ihm noch, um zu Gott aufzusteigen; das rechtfertige ihre Abfassung und Lektüre. Und über die *Retractationes* meinte er: „Ein jeder halte von dem, was ich hier beginne, was er will. Was mich betrifft, so spürte ich die Notwendigkeit, auch in dieser Sache die Worte des Apostels Paulus zu beherzigen: ‚Gingen wir mit uns selbst ins Gericht, dann würden wir nicht gerichtet' (1 Kor 11,31)." Er erinnert an die Worte Christi von der Rechenschaft, die für jedes unnütze Wort abzulegen sei, sowie an die Worte des heiligen Jakobus, daß man schnell bereit sein solle zum Hören, aber langsam zum Reden. Augustinus war sich bewußt, daß er viel geschrieben und geredet hatte. Er beklagte, „daß ich, wo immer öffentlich geredet werden sollte, nur höchst selten schweigen und den anderen zuhören durfte. Das ‚schnell bereit zum Hören, aber langsam zum Reden' hat man mir nie erlaubt"[2].

Augustinus legt also erneut „Bekenntnisse" ab. Diesmal nicht über sein Leben, sondern über seine Schriften. Zu einer jeden liefert er dem Leser das Thema, den Anlaß, die chronologische Ordnung sowie den Schlüssel zu ihrem Verständnis. Wo er geirrt habe, solle man ihm nicht folgen; aber man solle ihm auch nicht Irrtümer zuschreiben, die er nicht begangen habe. Das Werk ist eine Gewissensprüfung und Verteidigung zugleich; es ist für uns ein unersetzlicher Wegweiser zum Verständnis des Wirkens, Denkens und Fühlens des über siebzigjährigen Augustinus.

Er hatte sich die kritische Durchsicht all seiner Bücher, Briefe und Predigten zum Ziel gesetzt, was ihm die dringlichen Angelegenheiten der letzten Jahre leider nicht ganz erlaubten. Wohl hielt er das Werk für „höchst notwendig"[3]; aber noch notwendiger schien ihm, auf die Schwierigkeiten der Mönche von Marseille zu antworten und auch auf die aggressiven Erwiderungen des Julian. Hätte er an sich selbst gedacht, so hätte er gewiß anders entschieden. Er aber dachte an die Kirche. So sind zahlreiche Briefe und Predigten ohne die wertvolle Anleitung geblieben, die ihr Verfasser den Lesern zu bieten gedachte.

Die *Retractationes* sind ein langes und gut überlegtes Werk: „Lange schon habe ich den Plan überlegt, den ich nun mit der Hilfe des Herrn in Angriff nehme, denn ich meine, ihn nicht länger aufschieben zu dürfen."[4] Mit diesem Ansinnen trug er sich bereits 412, also vierzehn Jahre, bevor er mit dessen Verwirklichung begann. Vielleicht hatten ihn die Pelagianer auf diese Idee gebracht durch den Mißbrauch, den sie mit seinen frühen Werken trieben; vielleicht aber auch andere mit dem Vorwurf der Unschlüssigkeit hinsichtlich des Ursprungs der Seele. Wir wissen es nicht. Jedenfalls spielte das Bewußtsein seiner eigenen Fehlbarkeit und somit der Notwendigkeit, ständig von neuem die eigenen Gedanken im Licht der Wahrheit zu überprüfen, eine wichtige Rolle.

„Wenn ihr, die ihr mich von Herzen liebt, denen, die mich entweder aus Bosheit oder aus Unwissenheit oder aus Einsicht berichtigen, entgegnet, ich sei so unfehlbar, daß ich in keinem einzigen Punkt meiner Schriften je einen Irrtum begangen habe, so müht ihr euch vergebens und streitet nicht für eine gute Sache, denn mein eigenes Urteil wird euch widersprechen. Es gefällt mir nicht, daß ich von den Personen, die mir lieb und teuer sind, für das gehalten werde, was ich nicht bin."[5]

Ciceros lobender Ausspruch: „Kein Wort kam je über seine Lippen, von dem er wünschte, es nicht gesagt zu haben", paßte nach der Meinung des Augustinus eher für Dummköpfe als für weise Menschen. Wem es daher „nicht gelungen ist, alles genau so zu sagen, ohne je etwas bereuen zu müssen, der bereue das, von dem er weiß, daß er es nicht gesagt haben sollte".

Der Leser findet in diesem kostbaren Werk, wie Augustinus über sich dachte und was er in Wirklichkeit war — und sagte, daß er es sei: der Diener aller. Seine Werke schrieb er zum größten Teil auf Ersuchen anderer. „Ich antwortete auf Geheiß der Brüder."[6] — „Unter dem Drängen der Brüder, denen ich einfach nicht widerstehen konnte, habe ich sie (es geht um die Bücher *De Trinitate*) dann trotzdem korrigiert, soweit ich es für nötig hielt, sie vollendet und herausgegeben."[7] —„Ein Freund ... brachte es (ein Buch Petilians) mir und bat mich dringend, darauf zu antworten, was ich dann auch tat."[8] Die Bittsteller wechselten, seine Antwort aber war fast immer die gleiche: Um nützlich sein zu können, schien Augustinus kein Opfer zu groß.

Ferner dokumentieren die *Retractationes* das seelsorgerische Mühen des Augustinus, möglichst viele Menschen zu erreichen, vor allem die Unwissenden und Ungelehrten[9]; jene, die wenig Latein verstanden[10]; die Beschäftigten und Eiligen, denen wenig Zeit verblieb oder das Lesen zu große Mühe bereitete.[11] Vor allem geht daraus die Gelassenheit und Würde dessen hervor, der sich nicht schämte einzugestehen, mißglückte Werke geschrieben und zuweilen das Ziel verfehlt zu haben. Augustinus wollte seine Arbeiten „als Zeugnis seiner ersten Schritte im Auslegen und Erläutern des göttlichen Wortes"[12] sehen. Auch ein anderes Werk, das *De mendacio*, dem Urteil seines Verfassers nach „dunkel, allzu kompliziert und eher peinlich", wollte er nicht übergehen, obwohl er später ein anderes Werk über dasselbe Thema schrieb, das einen ähnlichen und doch ganz anderen Titel trägt: *Contra mendacium*[13].

Diese Einstellung geht auch aus dem offenen Eingeständnis seiner Unschlüssigkeit, Irrtümer und Änderungen hervor. Eine eingestandene und verteidigte Unschlüssigkeit betrifft den Ursprung der Seelen. Ein ebenfalls eingestandener, aber berichtigter Irrtum betrifft den Ursprung des Glaubens. Die Abänderungen schließlich sind zahlreich und nicht immer Verbesserungen; vor allem auf exegetischer Ebene. Solch aufrichtige Gesinnung hinderte Augustinus jedoch nicht daran, sich gegen

Fehldeutungen zu wehren, sondern ist ihm eher Ansporn dazu. Dabei geht er selbstbewußt und bestimmt vor. Man denke nur an seine Verteidigung des Werkes *Die Willensfreiheit*, das die Pelagianer zu ihren Zwecken mißbrauchten. Der Autor der *Retractationes* versäumt es nicht, den Gegner einen grundlegenden Unterschied in Erinnerung zu rufen, den diese zu vernachlässigen schienen. „Denn es ist ein Unterschied, nach der Herkunft des Bösen zu forschen oder nach dem Weg zu fragen, der zurückführt zu dem Gut, das man verloren hat, oder zu einem noch höheren Gut." In dem genannten Buch hatte er die erste Frage behandelt, nicht aber die zweite. „Die Pelagianer... sollen sich nicht einbilden, daß ich ein Befürworter ihrer Meinung sei."[14]

In den geistlichen Aussagen des Augustinus spielt die Demut eine wichtige Rolle; sie ist untrennbar von der Liebe. Sie ist deren Grund[15], Haus[16] und Weg[17], aber nicht gleichbedeutend mit Schwäche. „Ubi humilitas, ibi maiestas."[18] Diese beiden Eigenschaften entspringen der Liebe zur Wahrheit und prägten die Beziehungen des Augustinus zu den anderen. „In unseren Beziehungen soll nicht bloß Liebe, sondern auch die freundschaftliche Freimütigkeit zu ihrem Recht kommen, so daß wir beide, einer dem anderen, nicht zu verschweigen brauchen, was uns in unseren gegenseitigen Briefen nicht gefällt."[19] Diese Worte waren an Hieronymus gerichtet, der recht ärgerlich auf einige kritische Anmerkungen zu seinen Auslegungen bestimmter Bibeltexte reagiert hatte.

Wechselten auch die Gesprächspartner, so änderte sich doch die Haltung des Augustinus nicht. Die gleiche Freiheit, die er den anderen gewährte, forderte er für sich selbst. Er erkannte die eigenen Fehler an, verlangte aber, daß die anderen das gleiche täten. „Niemand kann in Wahrheit der Freund eines Menschen sein, wenn er nicht zuvor ein Freund der Wahrheit selbst ist; und wenn er dies nicht ohne Eigennutz ist, so kann er es überhaupt nicht werden."[20]

XXXVI. Kapitel

„Liebe und tue, was du willst"

Erstaunlich ist die Vielzahl und Vielfalt, in die der Bischof von Hippo das ewige Thema der Liebe zu fassen weiß. Auf sie führt er das menschliche Tun zurück, die Offenbarung, die Geschichte.

Die Liebe ist die tiefgehendste und geheimnisvollste Wirklichkeit des Menschen und verbindet sich mit der Wahrheit, von der sie untrennbar ist. Der Mensch ist, erkennt und liebt; er liebt erkennend und erkennt liebend. Das Wort des Geistes ist „Erkenntnis in Liebe ausgedrückt. Da der Geist sich kennt und liebt, ist sein Wort durch die Liebe mit ihm vereint. Und da er die Erkenntnis liebt und Liebe kennt, ist das Wort in der Liebe und die Liebe im Wort, und beide sind im Geist, der das Wort liebt und spricht"[1].

Die Liebe wirkt in der Seele wie die Schwerkraft in den Körpern. Dieses philosophisch wahre und dichterisch schöne Gleichnis ist häufig in den augustinischen Schriften anzutreffen und hat vielfältige Bedeutungen. Die Schwerkraft drückt den Körper nicht nach unten, sondern auf den Ort hin, der der Natur des Körpers entspricht. Dieser geheimnisvollen inneren Kraft entspringen alle Leidenschaften, die nur Ausdrucksweisen der einen Bewegung der Liebe sind.[2] Desgleichen die Tugenden. „Was anderes ist die Tugend als die Liebe zum Guten, das man lieben soll: Dieses Gute zu wählen, ist Klugheit; sich davon durch keine Mühsal abbringen zu lassen, ist Stärke; keinem Sinnenreiz nachzugeben, ist Mäßigkeit; keinem Stolze nachzugeben, ist Gerechtigkeit."[3] Das schreibt er an Hieronymus[4] und, kürzer gefaßt, im *Gottesstaat.* „Eine kurze und präzise Bestimmung der Tugend scheint mir folgende: Tugend ist geordnete Liebe."[5]

Augustinus war so sehr von der Wesentlichkeit und Unersetzbarkeit der Liebe überzeugt, daß er die ganze göttliche Offenbarung und das ganze christliche Leben auf die Liebe zurückführte. Ausgehend von dem biblischen Begriff des Gottes der Liebe verstand er die Schöpfung und das Heilsgeschehen als eine Äußerung der göttlichen Liebe, die nicht die Güte der Dinge voraussetzt, sondern sie begründet und schafft.

„In Gott ist die höchste und heilige und gerechte Gütigkeit, eine Liebe zu seinen Werken, die nicht einem Bedürfnis Gottes, sondern allein seiner Güte entspringt."[6] In Abwandlung eines berühmten Ausspruchs der *Bekenntnisse* können wir sagen: Gott liebt die Dinge nicht, weil sie gut sind, sondern die Dinge sind gut, weil Gott sie liebt.

In der Liebe sah Augustinus den Inhalt der Heiligen Schrift, das Ziel der Theologie, die Synthese der Philosophie, die Seele der Pädagogik, das Geheimnis der Politik, die Frucht der Weisheit, die Eingebung der Gnade, das Wesen und Maß der christlichen Vollkommenheit, die Gabe, aus der alle Gaben des Geistes kommen. Hierzu nur einige Textbeispiele:

„Die Schrift gebietet weiter nichts als die Liebe."[7] — „Der versteht ohne Irrtum und bewahrt mühelos die vielfältige Fülle und umfassende Lehre der Heiligen Schrift, dessen Herz voller Liebe ist; denn so spricht der Apostel: So ist die Liebe die Erfüllung des Gesetzes... In dem, was du von den Schriften verstehst, offenbart sich dir die Liebe, in dem, was du nicht verstehst, bleibt dir die Liebe verborgen. Wer die Liebe hat, besitzt das Offenbare und das Verborgene der göttlichen Worte... Wie groß die Liebe ist? Die Seele der Schriften ist sie, die Kraft der Verheißungen, das Heil, das aus den Sakramenten entspringt, der feste Grund des Wissens, die Frucht des Glaubens, der Reichtum der Armen, das Leben der Sterbenden."[8]

Von den Geistesgaben ist die Liebe jene, von der alle anderen abhängen.

„Darum hat der Apostel Paulus, da er gegen die Werke des Fleisches die Frucht des Geistes empfehlen wollte, sie an die Spitze gesetzt: ‚Die Frucht des Geistes ist die Liebe', und dann das andere als aus jener Wurzel hervorkommend und damit verbunden angereiht: ‚Freude, Friede, Langmut, Wohlwollen, Güte, Glaube, Sanftmut, Enthaltsamkeit' (Gal 5,22). Wer aber kann echte Freude empfinden, der das Gute nicht liebt, worüber er sich freut? Wer kann wahren Frieden haben, wenn nicht mit dem, was er wahrhaft liebt? Wer ist langmütig durch Beharrlichkeit im Guten, wenn er nicht von Liebe erglüht? Wer ist wohlwollend, wenn er nicht den liebt, dem er zu Hilfe kommt? Wer ist gut, wenn er es nicht durch die Liebe ist? Wer ist in heilbringender Weise gläubig, wenn nicht durch jenen Glauben, der durch die Liebe wirksam ist? Wer ist in nützlicher Weise sanft, den nicht die Liebe leitet? Wer enthält sich von dem, was ihn schändet, wenn er nicht das liebt, was ihn ehrt? Mit

Recht also schärft der gute Meister die Liebe so oft ein, als ob sie das einzige Gebot sei, die Liebe, ohne welche die übrigen Güter nicht nützen können und die man nicht haben kann ohne die übrigen Güter, durch die der Mensch gut wird."[9]

Der Heilige Geist führt die Seelen zu Christus, indem er ihnen die Liebe einflößt:

„Wer da hört: ‚Niemand kommt zu mir, wenn nicht der Vater ihn zu sich zieht', der glaube nicht, daß er gegen seinen Willen zu ihm hingezogen wird. Auch die Liebe zieht die Seele zu sich hin. Wir sollen nicht fürchten, daß die Menschen ... hinsichtlich dieser Aussage der Heiligen Schriften sagen: Wie kann ich aus eigenem Willen heraus glauben, wenn ich hingezogen werde? Ich antworte: Es genügt nicht, daß du von deinem Willen hingezogen wirst, denn auch vom Gefallen wirst du angezogen. Was bedeutet vom Gefallen angezogen werden? Hab dein Gefallen im Herrn, und er wird dir die Wünsche deines Herzens erfüllen. Wir können sagen, daß sich der Mensch von Christus angezogen fühlt, der seine Wonne in der Wahrheit findet, in der Seligkeit, in der Gerechtigkeit, im ewigen Leben, kurz in allem, was Christus ist. Wenn die Sinne des Körpers ihre Freuden haben, warum sollte sie die Seele nicht haben? ... Hältst du einem Schaf einen grünen Zweig hin, wird es davon angezogen. Hältst du einem Kind Nüsse hin, wird es davon angezogen: Wo es sich angezogen fühlt, da läuft es hin; was es liebt, das zieht es an, ohne irgendeinen Zwang; was in Bann gezogen wird, ist sein Herz. Wenn nun diese Dinge, die irdischen Annehmlichkeiten und Freuden zugehören, so große Anziehungskraft ausüben, wieviel mehr Anziehungskraft wird der vom Vater offenbarte Christus ausüben? Was erstrebt die Seele sehnlicher als die Wahrheit?"[10]

Sowohl von ihrer Natur aus als auch von der Gnade her ist die Liebe die Quelle des geistlichen Strebens. Das wird in dem augustinischen Grundsatz „Liebe und tue, was du willst" klar umrissen. Das erste Mal formulierte er ihn 394-395[11], ein zweites Mal gegen 415[12]. In beiden Fällen im Rahmen pädagogischer Ausführungen. „Ein für allemal wird dir eine kurze Forderung geboten: Liebe und tue, was du willst. Schweigst du, so schweige aus Liebe. Ermahnst du, so ermahne aus Liebe. Vergibst du, so vergib aus Liebe. In dir sei die Wurzel der Liebe, denn von solcher Wurzel kann nur Gutes ausgehen."[13]

Dieser berühmte Grundsatz bedeutet nicht, daß die Liebe unabhängig ist von der moralischen Norm, vom Fundament der Wahrheit. Er bedeutet nur, daß die Liebe eine Vorrangstellung in unserem Leben hat, die ihr durch drei grundlegende Aspekte zukommt: durch die Kraft, die Wahrheit wirksam werden und über Gedanken und Gefühle herrschen zu lassen; durch die Fähigkeit, das liebende Individuum dem geliebten Gut ähnlich zu machen; durch das Geheimnis, selbst lichtvolle und fruchtbare Quelle der Erkenntnis zu werden. Augustinus definiert die Liebe so: „Das aber ist die wahre Liebe, daß wir gerecht leben, indem wir der Wahrheit anhängen."[14] Er unterscheidet also eine wahre und eine falsche Liebe. Falsche Liebe ist Eigenliebe, die nicht vor allem anderen Liebe zu Gott ist. Falsche Liebe ist Liebe zu den Brüdern, die sie nicht zu Gott hin-, sondern von ihm wegführt. Falsche Liebe ist die Liebe, die nicht in der richtigen Weise Gebrauch von den Dingen macht, sondern sie an Gottes Statt genießen will.

Die Liebe führt den Liebenden in die tiefe Erkenntnis der Wahrheit ein. „Niemand genießt, was er kennt, wenn er es nicht liebt ... und niemand beharrt in der Erkenntnis dessen, was er liebt, wenn nicht durch die Liebe."[15] Ist es einerseits wahr, daß „man nicht lieben kann, was man nicht kennt, so ist ebenso wahr, daß „man, wenn man liebt, was man irgendwie kennt, es aufgrund dieser Liebe besser und tiefer erkennt"[16]. Daraus folgt, daß „kein Gut vollständig erkannt ist, wenn es nicht vollständig geliebt ist"[17].

Geht man von dem geliebten Objekt zur Betrachtung des liebenden Subjekts über, wird man bemerken, daß die Liebe eine ähnlich machende Kraft besitzt. „Jeder wird dem gleich, das er liebt." Ein Lehrsatz, aus dem Augustinus viele Konsequenzen zog. „Liebst du die Erde? So wirst du der Erde gleich. Liebst du Gott? So wirst du Gott gleich. Von mir aus wage ich das nicht zu sagen; hören wir die Schriften dazu: Ihr seid alle Götter und Kinder des Höchsten."[18] Der Gedanke der Vergöttlichung des Menschen durch die Gottesliebe ist aus der Auseinandersetzung mit den Pelagianern hervorgegangen. „Wir sind zu Göttern gemacht worden durch die Gnade dessen, der uns als seine Kinder angenommen hat, und nicht etwa durch die Natur dessen, der uns gezeugt hat."[19]

Das augustinische „Liebe und tue, was du willst" hat also philosophische wie theologische Bedeutung. Auf philosophischer Ebene bringt es die Vorrangstellung der Liebe zum Ausdruck, wobei es von einem reinen Intellektualismus so weit entfernt ist wie von einem übertriebenen Voluntarismus. Auf theologischer Ebene hebt es die unabdingbaren Forderungen der Liebe hervor und verweist auf die einzigartige Stellung, die die Liebe auf dem Weg der christlichen Vollkommenheit innehat.

Die Liebe ist die Tugend, kraft der niemand böse sein kann, denn sie ist die einzige, die den Menschen gut werden läßt. „Habe Liebe, und so hast du alles, denn ohne sie wird dir nichts nützen von dem, was du haben kannst."[20] — Sie ist die einzige Tugend, die es ermöglicht, zwischen guten und schlechten Werken zu unterscheiden, auch dort, wo sie ihrer äußerlichen Ähnlichkeit wegen unmöglich zu unterscheiden wären. Ja, ihr Vorhandensein läßt die dem Anschein nach schlechten Werke gut werden, so wie ihr Fehlen die dem Anschein nach guten Werke schlecht macht. „Der Menschen Werke sind nur vom Grund der Liebe her zu unterscheiden."[21]

Die Liebe setzt vor allem das Maß christlicher Vollkommenheit, sie ist die Kraft zu innerem Aufstieg. „Eine beginnende Liebe ist beginnende Gerechtigkeit; eine fortgeschrittene Liebe ist fortgeschrittene Gerechtigkeit; eine große Liebe ist große Gerechtigkeit; eine vollkommene Liebe ist vollkommene Gerechtigkeit."[22] Um dieses — der patristischen Tradition wie auch dem II. Vatikanischen Konzil teure — Thema der absoluten Entsprechung von Vollkommenheit und Liebe konstruiert Augustinus in unerschöpflicher Kreativität seine geistliche Lehre. Der Fortschritt der Liebe wird von drei Faktoren bestimmt. Der erste ist die Intensität des Strebens. „Dir möge stets das mißfallen, was du bist, wenn du werden willst, was du noch nicht bist... Füge stets etwas hinzu, gehe stets weiter, schreite stets voran; du sollst nicht haltmachen auf dem Weg, noch umkehren oder abschweifen."[23] — „In der Liebe zu Gott wird uns keinerlei Maß auferlegt, da hier das Maß ist, ohne Maß zu lieben. Man soll sich nicht sorgen, zu viel zu lieben, sondern nur fürchten, zu wenig zu lieben."[24] So faßt der Jünger und Freund Severus präzise und knapp den Gedanken des Meisters zusammen. Augustinus hat sich diesen Grundsatz zur Lebensregel gemacht, wie es in dem folgenden Gebet aus den *Bekenntnissen* zu lesen ist:

„Gib dich mir, mein Gott, schenk dich mir zurück: Sieh, ich liebe, und wenn es zu wenig ist, will ich noch mehr lieben. Ich kann nicht ermessen, wieviel mir an Liebe fehlt, die genügen würde, damit sich mein Leben endgültig in deine Arme stürzen und nicht mehr verstoßen werden kann, bis es im Geheimnis deines Antlitzes geborgen ist. Nur das eine weiß ich, daß es mir ohne dich schlecht ergeht, nicht nur im Äußeren, sondern auch in mir, und daß mir aller Reichtum, der nicht mein Gott ist, wahre Entbehrung bedeutet."[25]

Ein weiterer Faktor, der den Fortschritt der Liebe bewirkt, ist die Uneigennützigkeit. Die Liebe, die nicht uneigennützig ist, ist keine Liebe. „Was man nicht um seiner selbst willen liebt, das liebt man nicht.“[26] Schon sehr früh formulierte Augustinus diesen Satz, dem er später einen besonders lebendig und eindringlich geschriebenen Kommentar widmete. Die Liebe zu Gott muß sich „frei“ verwirklichen, das heißt nicht im Hinblick auf ihren Lohn. Dies ist ein Grundsatz der Spiritualität des Augustinus, der zu unterschiedlichsten Deutungen Anlaß gegeben hat. Dabei scheint man den Schlüssel zur Interpretation der augustinischen Texte gar nicht so fern suchen zu müssen. Der Verfasser selbst liefert ihn gleich mehrmals. „Was uns anbelangt, Brüder, so laßt uns Gott mit reinem und keuschem Herzen lieben. Nicht keusch ist das Herz dessen, der Gott im Hinblick auf den Lohn ehrt.“ So lautet der Grundsatz; und dazu die Erläuterung:

„Wie? Erhalten wir keinen Lohn dafür, daß wir Gott dienen? Gewiß erhalten wir ihn; es wird Gott selbst sein, dem wir dienen. Er wird unser Lohn sein, wenn wir ihn sehen werden, wie er ist. So sieh, wie der Lohn dir sicher ist. Wie sagt unser Herr Jesus Christus zu denen, die ihn lieben? Wer mich liebt, hält meine Gebote, und wer mich liebt, wird von meinem Vater geliebt werden, und auch ich werde ihn lieben. Und was wirst du ihm geben? Ich werde mich ihm offenbaren. Wenn du nicht liebst, sagt dir diese Verheißung wenig. Wenn du ihn aber liebst, ihn ersehnst, ihm dienst, ohne Gegenleistung zu erwarten, ihm, der dich ohne Gegenleistung erlöste — da du keinerlei Verdienst darum hast —, dann läßt die Erinnerung an die Liebe, die er dir erwiesen hat, dich nach ihm verlangen und macht dein Herz unruhig vor Sehnsucht, ihn zu besitzen, und du wirst nichts erbitten als nur ihn selbst, in dem du die Fülle findest.“[27]

Der Seelsorger will die Gläubigen zur uneigennützigen Liebe hinführen, die bei Gott nur ihn selbst sucht. Er beschreibt die himmlischen Freuden, ein Erdenleben in der Fülle aller Güter und frei von allem Übel. Dann führt er Gott ein, mit einem sonderbaren Vorschlag an den Menschen: Du sollst ewig inmitten so vieler Güter leben; sie werden für immer dich umgeben, doch wirst du mein Angesicht nicht schauen. Wollte jemand auf diesen Vorschlag erwidern: Ich habe alles in Hülle und Fülle, es geht mir gut, weiter will ich nichts; der würde damit zeigen, daß er Gott nicht liebt. Die Antwort derer, die ihn wahrhaftig lieben, würde ganz anders lauten. Sie würden sogleich sagen: „Weg damit; fern von uns seien die verführerischen Güter, fern die trügerischen Lockungen, fern sei all das, was tagtäglich zu uns spricht: Wo ist dein Gott? ... Alles was wir außer unserem Gott haben, ist uns keine Wonne. Wir wissen nichts anzufangen mit dem, was er uns gibt, wenn er uns nicht sich selbst gibt."[28]

Die Liebe muß allerdings einen langen Weg durchlaufen und nicht wenige Hindernisse überwinden; die Liebe zur Gerechtigkeit ist der dritte Faktor ihres Fortschritts: „Die Gerechtigkeit muß man lieben. In dieser Liebe gibt es allerdings mehrere Stufen, die die in ihr Fortschreitenden heraufsteigen müssen. Vor allem muß die Liebe zur Gerechtigkeit die Liebe zu all den Dingen, die sonst gefallen, übertreffen. Das ist die erste Stufe." Das genügt aber noch nicht; eine zweite Stufe ist zu erklimmen: „Es ist zu wenig, alles, was gefällt, zu mißachten; mißachte auch alles, was schrecken macht: die Kerker, die Fesseln, Dornen und Martern, den Tod." Auf die eine wie auf die andere Weise muß man zeigen, daß man die Gerechtigkeit liebt, wie es die Märtyrer taten. Das Vorbild der Märtyrer ruft in Augustinus die Erinnerung an die höchste und vollkommenste Form der Liebe wach.

XXXVII. Kapitel

„Immer weiter stiegen wir hinauf“

Die Gedanken des innerlichen Aufstiegs entwarf Augustinus in Rom nach seinem „Ostia-Erlebnis“ und dem Tod seiner Mutter. Diese Ereignisse dürften auf den Dialog über die *Größe der Seele* eingewirkt haben, wo von dem unterschiedlichen Wirken des Geistes die Rede ist, von der Beseelung des Körpers bis zur Kontemplation der Wahrheit. Das Thema der Kontemplation lag Augustinus besonders am Herzen. Seine sorgfältige und ausführliche Behandlung[1] stellt besonders die Erhabenheit und den Wert des kontemplativen Lebens heraus.

Die Seele wirkt in siebenfacher Weise: Sie belebt den Körper, empfindet mit Hilfe der Sinne, denkt und gelangt zu Wissenschaft und Kunst, bekämpft die Laster, festigt sich im Guten, tritt ein ins Licht und wohnt im Reich des Lichts. Die ersten drei dieser Tätigkeiten gehören zum natürlichen Menschen und sind allen gemein, den Guten wie den Bösen; mit der vierten beginnt der Weg der Tugend, der bis auf den Gipfel der Vollkommenheit führt. Die erste dieser letzten vier Aktivitäten ist die *virtus*, das heißt die Einübung in Mäßigkeit und Gerechtigkeit. Diese Tugenden sind besonders wichtig, um sich der Anziehungskraft der Laster zu entziehen und sich entschieden zum Guten hinzuwenden. Das erfordert „eine Kraftanstrengung, einen starken und heftigen Kampf gegen die Beschwerden und Verlockungen dieser Welt“[2].

Die nächste Tätigkeit wird *tranquillitas* genannt wegen ihrer Auswirkung, welche die Seele in der Tugend bestärkt und sie festigt gegen die Furcht vor dem Verlust der Güter, die sie von ihrer Natur her liebt. Diese Güter sind: Freude, Ehre, Freiheit, Freundschaft und Leben. „Auf dieser Stufe erfaßt die Seele in jeder Hinsicht, wie groß sie ist. Und wenn sie das erfaßt hat, dann macht sie sich mit einem gewaltigen und unglaublichen Vertrauen auf den Weg zu Gott, und das heißt: unmittelbar zur Schau der Wahrheit und zu jenem höchsten und entlegensten Ziel, das der Lohn ist für so viel Mühe, die sie auf sich genommen hatte.“[3]

Darin besteht der Übergang der Seele von der zweiten zur dritten

Stufe, wo „sie den bereits klaren und geraden Blick auf das, was es zu sehen gilt", richtet beziehungsweise „auf das, was im wahren und höchsten Sinne ein Sein hat". Das ist der Eintritt ins Licht. Niemand aber kann ins Licht eintreten, ohne daß sein innerer Blick geläutert und lange geübt ist. „Diejenigen, die das tun wollen, ohne zuvor rein und heil geworden zu sein, prallen vor jenem Licht der Wahrheit so zurück, daß sie in ihm nicht nur nichts Gutes, sondern sogar sehr viel Böses vermuten und ihm den Namen der Wahrheit absprechen, bis sie mit einer gewissen Lust und einem erbärmlichen Vergnügen das Heilmittel verschmähen und in die eigene Finsternis zurückfliehen, die für ihre Krankheit erträglich ist."[4]

Auf diese Stufe folgt noch eine letzte Stufe, die eher „eine Art Bleibe" zu nennen ist. „Wie soll ich sagen, welche Freude hier ist, welch ein Genießen des höchsten und wahren Gutes, welch Hauch von innerer Wonne, von Ewigkeit dieser Bleibe? Das haben, soweit sie es für sagbar hielten, einige große unvergleichliche Seelen gesagt, denen wir glauben, daß sie es auch gesehen haben und noch sehen." Niemand wird zögern, Augustinus zu diesen Seelen zu zählen. Er hat viel und sehr ausführlich darüber gesprochen, weil er es „gesehen" hat.

Ein Überblick über die augustinische Theorie der Kontemplation ist nicht einfach. Sie beschreibt ausführlich den langen und beschwerlichen Aufstieg zum Ziel. Der Aufstieg fordert asketisches Bemühen, Sammlung, Stille. Wie wir gesehen haben, ist der Weg nicht nur durch die diversen Tätigkeiten der Seele abgesteckt, sondern auch durch die Seligpreisungen des Evangeliums und durch die Gaben des Heiligen Geistes. Die Seligpreisungen zeigen einen aufsteigenden Weg von der geistigen Armut, die für Augustinus Demut bedeutet, bis hin zum Frieden, der Ordnung und Versöhnung des Menschen mit sich selbst und mit Gott. Die Gaben des Heiligen Geistes sind die Stärkung auf diesem Weg.

Kontemplation meint „Erkenntnis und freudige Teilhabe am ewigen und unwandelbaren Sein, an Gott"[5].

„Was anderes tun wir, wenn wir danach trachten, still zu werden, mit aller möglichen Energie unsere ganze Seele auf das zu richten, was uns innerlich anspricht, um dort unsere Ruhe zu finden und Fuß zu fassen?"[6]

Erweist sich der Aufstieg zur Kontemplation als lang und beschwerlich, so ist die *unio mystica*, ihr Endziel, einem augenblicklichen Aufstrahlen gleich. Auf diesen Augenblick unmittelbarer Anschauung, die für Sekundenschnelle etwas erfahren läßt, das nicht von dieser Welt ist, folgt dann die Rückkehr ins Alltägliche wie ein „Zurückfallen" zu den Dingen, an denen man keine große Freude mehr findet und die man nur im Blick auf jenes Gut erträgt. „Meinen Blick daran festzumachen, das vermochte ich nicht: Den Schwachen schlug es zurück ins Gewohnte, als hätte ich den Duft einer Speise verspürt, die zu essen ich noch nicht fähig war."[7]

Augustinus blickt auf eine reiche mystische Erfahrung zurück. Die bekannteste, wenn auch nicht einzige Vision dieser Art ist die Schau von Ostia. Ihre Schilderung in den *Bekenntnissen* — eines der schönsten Zeugnisse der christlich-mystischen Literatur — ist im Ansatz philosophisch, ja plotinisch; doch die Seele, die sie trägt, ist zutiefst religiös und die Grenze, an die sie stößt, ist die unmittelbare "Wahrnehmung" der Gegenwart Gottes, die tiefe Freude der Sinne, das Vorauskosten der himmlischen Seligkeit: ein einzigartiges Geschenk der Gnade. Eine Bestätigung dafür ist, daß Monika zugegen war. Sie war, wenn auch mit wacher Intelligenz begabt, doch keine Intellektuelle; sie war weder in der Philosophie bewandert, noch schätzte sie die Philosophen.

„In vertrautem Gespräch verweilten wir beide allein. ‚Die Vergangenheit vergessend, streckten wir uns aus nach dem, was vor uns lag' (vgl. Phil 3,13). In deiner Gegenwart, Herr, der du die Wahrheit bist, fragten wir uns, wie wohl das ewige Leben sein würde, das ‚kein Auge geschaut, kein Ohr gehört und das in keines Menschen Herz je gekommen ist' (1 Kor 2,9). Unsere Herzen dürsteten nach den himmlischen Wassern des Lebensquells, der bei dir ist. Von diesem Quellwasser getränkt, wollten wir, soweit wir es vermochten, ein solch erhabenes Thema von allen Seiten betrachten.

Unsere Unterredung kam zum Ergebnis, daß auch die höchste Freude, die durch die Sinne vermittelt wird, bei allem Glanz immer körperlicher Natur bleibt; sie kann nicht mit jenem Leben verglichen werden. Da erhoben wir uns mit noch größerer Sehnsucht zum Sein selbst; wir durchwanderten Stufe um Stufe die ganze Welt hinauf bis zum Himmel, von dem Sonne, Mond und Sterne auf die Erde herableuchten. Immer weiter stiegen wir hinauf und betrachteten in unseren Seelen voller Bewunderung deine Werke; und so gelangten wir schließlich zu unserem Geist. Auch über ihn schritten wir hinaus, um in das Land der unerschöpflichen Fruchtbarkeit zu gelangen, wo du Israel ewig weidest mit der Speise der Wahrheit, wo Leben gleich Weisheit ist. Durch sie besteht alles, das Vergangene und das Zukünftige; sie selbst aber wird nicht, sondern bleibt, wie sie war, und sie wird immer so bleiben. Oder richtiger: In ihr gibt es keine Vergangenheit und Zukunft, sondern nur Sein, weil sie ewig ist; denn Werden und Vergehen sind nicht ewig. Während wir so miteinander sprachen und uns nach der Wahrheit sehnten, berührten wir sie kurz in einem Moment höchster innerer Ergriffenheit. Dort ließen wir die Erstlinge des Geistes gebunden zurück. Dann kehrten wir wieder zur Erde zurück, zu Worten, die Anfang und Ende haben. Was aber gleicht deinem Wort, das uns gebietet, das ewig Bestand hat und alles erneuert?

Wir sagten uns: Wenn einmal alles zum Schweigen kommt, die Regungen des Fleisches, die Bilder der Erde, des Wassers und der Luft, wenn das Himmelsgewölbe ruht und die Seele nicht mehr an sich denkt, sondern über sich hinaussteigt, wenn Träume und Phantasiegebilde schweigen, jedes Wort und Zeichen, kurz: alles, was entsteht, um zu vergehen, wenn all das in einem Menschen völlig zum Schweigen gekommen ist — es sagt für den, der hören kann, ja nur: ‚Nicht wir selbst haben uns geschaffen, sondern geschaffen hat uns der, der da bleibt in Ewigkeit' —, wenn die Menschen also nach diesen Worten schweigen, da sie ihr Ohr auf ihren Schöpfer gerichtet haben; wenn dann er allein zu Wort kommt — nicht durch sie, sondern durch sich selbst, so daß wir sein Wort nicht aus eines Menschen Mund, noch durch eines Engels Stimme, noch im Donner der Wolke, noch durch Parabeln oder Gleichnisse vernehmen, sondern ihn selbst, den wir in der ganzen Schöpfung lieben, wie wir uns jetzt erhoben und in schnell vorüberziehenden Gedanken die ewige, unvergängliche Weisheit berührt haben. Wenn dieser Zustand anhält und alle anderen nichtigen Vorstellungen verschwinden und nur diese eine den Schauenden hinreißt, in sich aufnimmt und in innerlicher Freude birgt, wenn solcher Art das ewige Leben ist, wie wir es in jenem Augenblick der Erkenntnis erfahren haben, geht dann nicht das Wort in Erfüllung: ‚Geh ein in die Freude deines Herrn' (Mt 25,21)?“[8]

Von diesen Gipfeln der Mystik her muß man die augustinische Asketik betrachten und beurteilen — eine strenge und fordernde Asketik, zugleich aber maßvoll, ausgeglichen und weise. Sie forderte Armut, Stärke im Ertragen der Gebrechen, Beherrschung der Leidenschaften, unablässige Aufmerksamkeit darauf, Gottes Willen zu erbitten, Großzügigkeit beim Vergeben von erlittenem Unrecht, Demut beim Bitten um Vergebung für begangenes Unrecht. Dazu ein Beispiel: In einem Brief an Frau Italica hatte Augustinus heftig bestritten, daß man nach der Auferstehung Gott mit dem sinnlichen Auge sehen könne. Das hatte einen Bischof verstimmt, der diese Ansicht vertreten hatte. Obwohl er sich im Recht wußte, schrieb er seinem Mitbruder Fortunatian, er möge doch bei jenem Bischof ein Wort für ihn einlegen, „damit er mir verzeihen möge, wenn er in diesem Brief zu harte und schroffe Worte gefunden habe, die er auf sich bezogen hat“[9].

Schon früh hat Augustinus über das Verhältnis von Kontemplation und Aktion nachgedacht, was er dann im *Gottesstaat* darlegt. „Die Liebe zur Wahrheit sucht die heilige Ruhe der Kontemplation, die Pflicht zur Liebe nimmt die gottgefällige Unruhe des Apostolats auf sich. Legt niemand uns diese Last auf, mag man seine Muße der Erforschung und Betrachtung der Weisheit widmen; wird sie uns aber auferlegt, müssen wir sie aufgrund unserer Verpflichtung zur Liebe auf uns nehmen. Aber selbst dann dürfen wir nicht aufhören, uns an der Wahrheit zu freuen, damit uns nicht jener heilige Genuß fehlt und jene Pflicht uns erdrückt.“[10]

Auch seine außergewönhlich tiefgründigen theologischen Betrachtungen sind von seiner mystischen Erfahrung beeinflußt. Die Früchte der Kontemplation hatte Augustinus bereits in seinem Werk über die *Größe der Seele* beschrieben, und zwar vor allem die geistlichen Früchte wie den klaren Blick für die Eitelkeit und Nichtigkeit alles Irdischen, das „für sich betrachtet wunderbar und schön ist“, aber „im Vergleich zu den ewigen Gütern wie ein Nichts ist“. Darüber hinaus trägt die mystische Erfahrung auch Früchte intellektueller Art, die das geistige Auge schärfen und das theologische Wissen zur Entfaltung bringen. „Wir werden dann erkennen, wie wahr das ist, was wir glauben, und wie wir bei unserer Mutter, der Kirche, aufs beste ernährt worden sind.“

„Im Schauen der Wahrheit liegt so viel Wonne, so viel Klarheit und Lauterkeit und ein so unzweifelhaftes Vertrauen zu den Dingen, daß man glaubt, niemals sonst etwas wirklich gewußt zu haben, auch wenn es immer so schien, als wüßte man etwas. Je weniger die Seele daran gehindert wird, ganz der vollen Wahrheit anzuhängen, um so mehr wird der zuvor so gefürchtete Tod als höchstes Gut ersehnt.“[11]

Die Früchte seiner mystischen Erfahrung verdichteten sich auf intellektueller Ebene in der großen Synthese seines Lehrwerks. Der sehnliche Wunsch, ganz in die Wahrheit einzugehen, wurde in ihm immer stärker, so daß es ihm immer leichter wurde, „den Tod zu ertragen“ als „das Leben zu ertragen“[12].

XXXVIII. Kapitel

Dem Ende entgegen

Seine letzten Jahre brachten dem Bischof von Hippo viele Mühen und großes Leid. Wie bereits erwähnt, benannte er am 26. September 426 seinen Nachfolger und übertrug ihm den administrativen Teil seiner Aufgaben als Bischof. Bei jener Gelegenheit sagte Augustinus:

„In diesem Leben sind wir alle sterblich; dennoch bleibt der letzte Tag dieses Lebens für jedermann stets ungewiß. Als Kind hofft man, das Alter eines Heranwachsenden zu erreichen; als Jugendlicher das Erwachsenenalter; als Erwachsener das reife Alter; als reifer Mensch das Greisenalter; man hat keine Sicherheit, aber man hofft darauf; hingegen hat man im Greisenalter keine weitere Lebensspanne vor sich, auf die man hoffen könnte; schon seine Dauer ist ungewiß. Gewiß ist lediglich, daß auf das Greisenalter kein weiterer Lebensabschnitt mehr folgt. Durch Gottes Willen kam ich in diese Stadt in der Blüte meines Lebens; doch meine Jugend ist jetzt vorüber, nun bin ich alt."[1]

Augustinus war alt, fühlte sich aber nicht altersschwach. Er übertrug Heraklius die Verwaltung der Diözese, doch nicht, um sich zur Ruhe zu setzen. „Sollte Gott mir schließlich noch ein wenig zu leben gewähren, so will ich das bißchen Leben nicht in Trägheit oder Nachlässigkeit vertun, sondern, wie Gott es mir gestatten und gewähren mag, endlich dem Studium der Heiligen Schriften widmen."[2]

Nach seiner Ernennung sprach Heraklius in Gegenwart des Augustinus vor dem Volk und meinte unter anderem: „Die Grille zirpt, der Schwan wahrt Stille."[3] In Wirklichkeit aber schwieg der Schwan noch nicht. Nicht mehr als vier Jahre sollten ihm noch bleiben, die von erstaunlicher Aktivität erfüllt waren. Die Muße, nach der Augustinus verlangt hatte, wurde, wie er vorausgesagt hatte, zu einer Zeit intensiver Arbeit. Augustinus beendete den *Gottesstaat*, schrieb an den *Retractationes* weiter, antwortete den Mönchen in Gallien, führte einen Disput mit dem Arianerbischof Maximinus, begann das Werk über die Häresien, verfaßte eine Schrift zur Widerlegung der zweiten Antwort Julians, schrieb Briefe an die Adelsleute Bonifatius und Darius sowie weitere Briefe, in denen er den Opfern des Vandaleneinfalls mit Trost und Rat zur Seite stand. Einen Teil dieser erstaunlichen Aktivität haben wir bereits erwähnt.

Am 24. September 427 fand in der *Basilica Leontina* von Hippo ein Konzil statt, wahrscheinlich für ganz Afrika, in jedem Fall aber war es das letzte, an dem Augustinus teilnahm. Der Gedanke ist naheliegend, daß die afrikanischen Bischöfe die Ortswahl mit Rücksicht auf Alter und Gesundheitszustand ihres Mitbruders in Hippo trafen, auf dessen Anwesenheit sie keinesfalls verzichten wollten. Jene Wahl hat gleichsam symbolischen Gehalt. Sie ruft ein anderes Konzil, nämlich das von 393, in Erinnerung und schließt eine von zwei in Hippo abgehaltenen Konzilien eingerahmte rühmliche Epoche der afrikanischen Kirche ab. Es war eine Epoche, in der das katholische Episkopat von zwei großen Männern der Kirche — Aurelius und Augustinus: ein geschickter Führer der eine, ein tiefsinniger Theologe und unermüdlicher Schriftsteller der andere — geleitet wurde und Zeugnis ihrer erstaunlichen Vitalität gab. In der Tat wurde in jener Zeit das donatistische Schisma überwunden und die Einheit unter den Christen wiederhergestellt; der katholische Glaube wurde wirkungsvoll gegen den Pelagianismus verteidigt, das christliche Leben gefördert, das Mönchtum eingeführt und verbreitet.

Die beiden großen Freunde begegneten sich noch einmal, vielleicht zum letzten Mal. Gemeinsam hatten sie an zahlreichen Konzilien teilgenommen, um der afrikanischen Kirche ein neues Gesicht zu geben; zusammen hatten sie die große Konferenz von 411 organisiert; gemeinsam hatten sie wegen des Meuchelmords an dem Tribunen Marcellinus gelitten. Selbst wenn es ihre letzte Begegnung gewesen sein sollte, bedeutete sie noch nicht das Ende ihrer Zusammenarbeit. Wir können davon ausgehen, daß beide eingeschritten sind, um friedliche Wege zu weisen in dem heftigen Streit zwischen dem Adligen Bonifatius und dem Kaiserhof und um den daraus folgenden arianischen Infiltrationen entgegenzuwirken. Erhalten geblieben sind uns ein Brief an Bonifatius, der Schriftwechsel mit dem Adligen Darius, der Disput mit Maximinus (ein Werk in zwei Büchern).

Jahre zuvor schon hatte Augustinus bei Tubune, wo er in Gesellschaft von Alypius mit Bonifatius zusammentraf, diesem davon abgeraten, dem Militärleben zu entsagen und ins Kloster einzutreten, wie er es nach dem Tod seiner Frau vorhatte. Ein Rat, der nur verwundern kann, wenn man bedenkt, daß Augustinus im Jahr 391 von Tagaste nach Hippo reiste, um einen „Geschäftsmann“ fürs Klosterleben zu gewinnen, und in der Folgezeit ein eifriger Förderer des Mönchtums war. Dieser Rat war aber bestimmt von dem Gedanken an den Nutzen, den die Region aus dem militärischen Handeln des Bonifatius zog. Von ihm hing die Abwehr der Barbareneinfälle aus der Sahara ab sowie die Sicherung des irdischen Friedens, von dem im *Gottesstaat* so nachdrücklich die Rede ist.[4] Leider war die Situation jetzt eine andere. Bonifatius hatte wieder geheiratet. Die neue Frau, eine reiche Erbin und Arianerin, hatte vor der Eheschließung der Häresie abgeschworen, folgte aber tatsächlich weiter den Arianern. Sie ließ ihre Tochter von den Arianern taufen, und es ging das Gerücht um, daß einige von diesen die Wiedertaufe erhalten hatten. Dieser Sachverhalt betrübte Augustinus zutiefst. Zum einen hatte Bonifatius seinen Vorsatz der Enthaltsamkeit nicht gehalten, zum anderen bestand die Gefahr, daß sich der Arianismus weiter ausbreiten würde. Außerdem hatte der Streit mit dem Hof von Ravenna inzwischen unabsehbaren Schaden hervorgerufen, da den Mauren bei ihren Streifzügen keinerlei Einhalt mehr geboten wurde.

„Was soll ich sagen von der Verheerung Afrikas, die die afrikanischen Barbaren ohne jeden Widerstand anrichten, während du auf solche Art mit deinen eigenen Angelegenheiten beschäftigt bist und nichts unternimmst, um jene Drangsal zu beseitigen?“[5]

Was den Streit selbst betraf, so wollte Augustinus darauf nicht weiter eingehen und nicht die Aufgabe des Richters übernehmen. Er appellierte an die Christen und ermahnte sie, in keinem Fall Böses mit Bösem zu vergelten. “Hast du vom Römischen Reich Gutes empfangen, darfst du nicht Gutes mit Bösem vergelten. Hat man dir hingegen Böses getan, vergelte nicht Böses mit Bösem. Welcher von beiden Fällen auf dich zutrifft, will ich nicht erörtern und kann ich nicht beurteilen. Ich spreche zu dir, dem Christen: Vergilt nicht Gutes mit Bösem noch Böses mit Bösem.“[6]

Um die gleiche Zeit — wie Forschungen über die chronologische Reihenfolge einiger Briefe des Augustinus ergeben haben[7] — schrieb er dem Adligen Darius, der als Gesandter nach Afrika kam, um den Streit zwischen Bonifatius und dem Hof zu schlichten. Er wäre gerne persönlich mit Darius zusammengetroffen, was ihm aber sein Gesundheitszustand, die Kälte des Winters und sein Alter verwehrten. So schrieb er ihm und lobte seine Friedensmission, welche die rühmlichste aller

Missionen sei, weil sie zum Ziel habe, Frieden zu stiften durch Frieden und nicht durch Krieg.

Darius antwortete ihm mit einem Brief voller Lobreden, bat ihn um eine Abschrift der *Bekenntnisse* und schickte ihm Medikamente für seine Genesung sowie Geld für den Erwerb oder die Instandsetzung von Büchern der Bibliothek. Augustinus antwortete seinerseits mit schönen und freundschaftlichen Betrachtungen über die Lobesworte, übersandte ihm die *Bekenntnisse* mit ergreifenden Begleitworten sowie weitere fünf von Darius nicht erbetene Bücher und bat diesen um sein Urteil. „Solltest du sie alle während deines Aufenthalts hier in Afrika lesen, so laß mich dein Urteil wissen, indem du es mir direkt zukommen oder dort hinterläßt, daß es mir von Aurelius, meinem Bruder und Herrn, übersandt wird.“[8]

Hatte ihm die Ankunft des Adligen Darius, eines Katholiken und mit einer Friedensmission Beauftragten, so große Freude bereitet, dürfte ihm die vorausgegangene Ankunft von Segisvultus als Statthalter an Bonifatius' Stelle Bitterkeit bereitet haben. Nicht nur wegen der bedrohlichen Absichten der streitenden Parteien, sondern auch wegen der Tatsache, daß im Gefolge des neuen Statthalters die Arianer eintrafen, darunter der Bischof Maximinus, den Segisvultus wahrscheinlich 427 nach Hippo sandte.

Bei dieser Gelegenheit wurde von vielen Seiten das Anliegen laut, Augustinus solle mit ihm über den Trinitätsglauben disputieren. Augustinus erklärte sich bereit. „In Hippo hielt er auf Wunsch und Ersuchen vieler angesehener Persönlichkeiten auch eine Disputation mit einem Arianerbischof, einem gewissen Maximinus, der mit den Goten nach Afrika gekommen war.“[9] Maximinus aber griff zu einer List: Er zog seine letzte Rede übermäßig in die Länge, um seinem Gesprächspartner keine Zeit zur Erwiderung zu geben, kehrte eiligst nach Karthago zurück und rühmte sich, als Sieger aus der Debatte hervorgegangen zu sein. Den Vorschlag, am folgenden Tag den Disput wiederaufzunehmen, lehnte er ab unter dem Vorwand, er müsse dringend nach Karthago zurückkehren. Beide einigten sich dann darauf, daß einer die Antwort schreiben und der andere darauf erwidern sollte. So entstand das Buch *Gegen Maximinus*, dessen Absicht der Autor im Vorwort erklärt: „Als erstes werde ich den Nachweis erbringen, daß du das von mir Gesagte nicht widerlegen konntest; dann werde ich, soweit notwendig, das von dir Gesagte widerlegen.“[10]

Auf die gleiche Zeit — 427/28 — geht der Briefwechsel zwischen Quodvultdeus und dem Bischof von Hippo zurück. Der Diakon aus

Karthago ersuchte ihn um ein kleines Handbuch über die Häresien. Augustinus verwies auf die Werke von Philastrius, dem Bischof von Brescia, „den auch ich in Mailand beim heiligen Ambrosius sah“[11], sowie auf die Werke von Epiphanios, dem Bischof von Zypern. Der Diakon gab sich nicht zufrieden und drängte ihn weiter. Augustinus gab nach und versprach ihm, mit dem erbetenen Werk zu beginnen, sobald er auf Julians fünftes Buch geantwortet habe; allerdings nur, wenn in der Zwischenzeit nicht die anderen drei Bücher aus Rom einträfen. Vorrang hatten die Antwort an Julian sowie die *Retractationes.* Die erwarteten Bücher ließen allerdings auf sich warten. Daher begann er mit dem Werk über die Häresien, wobei er weiterhin Briefe und Predigten im Hinblick auf die *Retractationes* durchsah. Schließlich erreichten ihn auch die letzten drei Bücher Julians. Seinem Vorsatz gemäß legte er das Werk über die Häresien beiseite, um an der Antwort gegen Julian weiterzuarbeiten. Darüber starb er; und so blieben diese drei Werke unvollendet.

Das — nie geschriebene — zweite Buch über die Häresien hätte eine Grundfrage behandeln sollen: Worin besteht die Häresie, und wann kann und muß man einen Christen als Häretiker bezeichnen?[12] Die Antwort darauf hätte eine Summa der Ekklesiologie veranlagt, die in der Patristik noch fehlte und nun für immer fehlen sollte. Ferner hätten die beiden ungeschriebenen Bücher der *Retractationes* über die in der Bibliothek von Hippo aufbewahrten Briefe und Predigten informieren sollen, womit wertvolle historisch-theologische Angaben und ein Hinweis auf ihre Anzahl gegeben worden wäre. Da die zweite Antwort an Julian nicht vollendet wurde, ist uns auch das Werk des Bischofs von Eclanum nicht erhalten geblieben.

Prosperus und Ilarius informierten den Bischof von Hippo über die lebhafte Reaktion der Mönche von Marseille gegen seine Lehre.[13] Um seine Gedanken klarzustellen, schrieb er *Die Prädestination der Heiligen* und *Die Gabe der Ausdauer.* Große Demut, aber auch Bestimmtheit sprechen aus diesen Schriften. Augustinus räumt ein, daß bei einer so tiefgründigen Frage seine Auffassung falsch sein könne, ruft jedoch seine Widersacher auf, gut zu überlegen, ob der Irrtum nicht doch bei ihnen liege.[14]

Im Mai 429 überquerten die Vandalen die Straße von Gibraltar. Ihr Eroberungszug begann in Mauretanien und dehnte sich rasch auf die reicheren Ostprovinzen aus. Im Mai oder Juni 430 waren „die Zerstörer des Römischen Reichs“[15] bei Hippo angelangt und belagerten die Stadt. Dort hatte der Adlige Bonifatius, mittlerweile wieder mit dem Hof versöhnt, seine Streitkräfte versammelt und versuchte vergeblich, den einfallenden Barbaren den Durchgang zu verwehren.

Possidius bemühte sich, ohne daß es ihm recht gelang, den Schmerz des Augustinus über jene traurige Situation zu beschreiben. Er versichert uns: „Tränen wurden mehr und mehr sein Brot bei Tag und Nacht, ... und mehr als die anderen trug er, nunmehr dem Lebensende nahe, in seinem Alter an der Bitterkeit und Trauer." Possidius erläuterte das folgendermaßen:

"Mußte doch jener Gottesmann das Morden und die Verwüstung der Städte mit ansehen; die zerstörten Häuser auf dem Land und ihre vom Feind getöteten oder in die Flucht geschlagenen und vertriebenen Bewohner; die ihrer Priester und Diener beraubten Kirchen, die in alle Winde zerstreuten Klosterfrauen und Ordensmänner; hier durch Folter Getötete, dort durch das Schwert Ermordete, und dazu die in Gefangenschaft Geführten, die unter Verlust ihrer körperlichen und seelischen Unversehrtheit den Feinden harte Sklavendienste leisten mußten. Die Hymnen Gottes und die Loblieder verschwanden aus den Kirchen; die Kirchengebäude waren an den meisten Orten niedergebrannt worden. Wo man vorher Gott feierliche Opfer zelebriert hatte, war jetzt alles verstummt. Die göttlichen Sakramente waren entweder nicht mehr begehrt oder, wenn einer sie empfangen wollte, war es nicht leicht, jemanden zu finden, der sie ihm spenden konnte."[16]

Die Früchte vierzigjähriger pastoraler Arbeit, die Augustinus und seine afrikanischen Mitbrüder geleistet hatten, gingen so verloren. Aber Augustinus war nicht der Mann, der sich in Wehklagen über das Vergangene verliert. Alt und am Ende seiner körperlichen Kräfte, fühlte er, daß sein Platz dennoch in vorderster Linie war — wo er auch blieb. Vor allem richtete er sich selbst und die Seinen damit auf, daß sie die geheimnisvollen Pläne der Vorsehung meditierten. Was er viele Jahre vorher zum Trost der Flüchtlinge aus Italien gesagt hatte, das sagte er jetzt für die Belagerten Afrikas. Er sprach vom Altern der Welt. Im Alter sind die Gebrechen zahlreich: Husten, Schnupfen, Augentriefen, Ängstlichkeit, Schwäche. Wenn die Welt auch altert, Christus ist ewig jung: Folge Christus, und so wirst du wieder jung wie ein Adler.[17] Das ist das Grundmotiv des *Gottesstaates.* Augustinus hatte das Werk mehrere Jahre zuvor beendet und in zwölf großen Heften Firmus übersandt, damit dieser ihre Verbreitung von Karthago aus besorge.[18] Er selbst dachte auch an Sprüche der heidnischen Weisheit, wie etwa an das Wort von Plotin: „Der ist nicht groß, wer es als etwas Großes ansieht, daß Bäume und Gestein verfallen und die Sterblichen sterben."[19] Oder an eigene Texte, vielleicht an die Stelle, wo er das Menschengeschlecht mit einem großen Wildbach beim Regen vergleicht: Der Wildbach steigt an, tost und jagt dahin; dahinjagend nähert er sich dem Abgrund; und dann wird es erneut still.[20]

Aber es war nicht der Augenblick, in dem es allein darum ging zu trösten — hier hieß es zu handeln und einen klaren Kopf zu bewahren. Und so verhielt sich Augustinus. Wir dürfen annehmen, daß die Erzählung seines ersten Biographen über seine Barmherzigkeit gegenüber den Bedürftigen, für die er nach Ambrosius' Vorbild notfalls auch die heiligen Gefäße einschmelzen oder verkaufen ließ[21], nicht nur für die italienischen Flüchtlinge vor den Goteneinfällen oder für die Gefangenen der Maurenangriffe galt, sondern auch, wenn nicht sogar hauptsächlich, für die Opfer der Verwüstungen durch die Vandalen. Ferner weiß man, daß im Klerus alles andere als klare Ideen darüber herrschten, welche Haltung man gegenüber dem Vormarsch dieser zerstörungswütigen Barbaren einnehmen sollte. Einige dachten, daß die Bischöfe und Priester in diesem Fall das Wort des Evangeliums: „Wenn man euch in einer Stadt verfolgt, so flieht in eine andere“ (Mt 10,23), zu befolgen hätten.

Noch einmal wandte sich sein Mitbruder Quodvultdeus an den Bischof von Hippo und erhielt eine kurze, aber klare Antwort voller Weisheit und Ausgewogenheit. Sie besagte im wesentlichen: Niemandem darf untersagt werden, sich an sicheren Ort zu begeben, aber „die Bande unseres Amtes, auf das uns die Liebe Christi verpflichtet hat, dürfen nicht gelöst werden, und die Kirchen, denen wir zu dienen haben, dürfen nicht verlassen werden“. „Wenn dort, wo wir sind, auch nur ein kleiner Teil des Gottesvolks zurückbleibt und unser Dienst ihm so notwendig ist, daß er ihm nicht entzogen werden darf, dann können wir nichts anderes tun, als zum Herrn sprechen: ‚Sei mir ein schützender Fels, ein fester Berg, die mich rettet' (Ps 31,3).“[22]

Auch sein Mitbruder Honoratus, Bischof von Tiabe, einem in der Nähe von Tagaste gelegenen Städtchen, wandte sich an ihn und wurde auf den Inhalt des bereits an den anderen Mitbruder gesandten Briefes verwiesen.[23] Damit gab sich Honoratus nicht zufrieden. Er legte seine Gründe dar und erwartete einen detaillierten Brief, den Augustinus dann auch schrieb. Es war sein letzter.[24] Possidius fügte ihn in sein Lebensbild des Heiligen ein und bezeichnete ihn als eine „sehr nützliche und notwendige Verhaltensrichtschnur für Priester und Diener Gottes“[25].

„Wenn die Gefahr allen gemeinsam droht, Bischöfen, Geistlichen und

Laien, sollen die, welche der anderen bedürfen, nicht von jenen verlassen werden, deren sie bedürfen. In solchem Fall sollen sich entweder alle an einen sicheren Ort begeben; oder jene, die bleiben müssen, sollen nicht von denen verlassen werden, die verpflichtet sind, ihnen aufgrund ihres kirchlichen Amtes Beistand zu leisten, auf daß sie entweder alle zusammen leben oder alle zusammen das Unheil erleiden... Dann wird sich erweisen, wer von ihnen für die anderen leidet — offensichtlich diejenigen, die, obwohl sie sich durch Flucht solchem Elend hätten entziehen können, es vorgezogen haben zu bleiben, um die anderen nicht in ihrer Not zu verlassen. Das ist der Beweis für die höchste Liebe."[26]

Diese heroische Botschaft haben sich viele, viele Priester im Lauf der Jahrhunderte zu eigen gemacht. Mit ihr endet die Mission des Augustinus, des Hirten und Lehrmeisters.

XXXIX. Kapitel

Sein Tod

Zu den Mitbrüdern im Bischofsamt, die im befestigten Hippo Zuflucht gefunden hatten — unter ihnen Possidius, der davon erzählt — sagte Augustinus einmal in einem Gespräch bei Tisch: „Wisset, daß ich in dieser Unheilszeit zu Gott bitte, er möge entweder diese Stadt von den sie umlagernden Feinden befreien oder, wenn sein Ratschluß ein anderer ist, seinen Dienern die notwendige Kraft gewähren, seinen Willen zu erfüllen, oder mich von dieser Welt zu sich nehmen."[1] Augustinus sollte erhört werden.

„Im dritten Monat jener Belagerung lag er mit Fieber zu Bett; das war seine letzte Krankheit."[2] Wie lange die Krankheit währte, wissen wir nicht. Wahrscheinlich nicht sehr lange; jedenfalls widmete Augustinus diese Zeit dem Gebet. Bei Gesprächen in trautem Kreis pflegte er zu wiederholen, daß keiner, ob Laie oder Bischof, wie makellos sein Wandel auch scheinen mag, den letzten Schritt im Angesicht des Todes ohne eine würdige und angemessene Buße tun dürfe. Obwohl er wußte, daß er nach seiner Taufe ein Leben für Christus und die Kirche gelebt hatte, dachte er nicht daran, eine Ausnahme von dieser Regel zu machen. Er ließ daher die Bußpsalmen auf große Papierbögen schreiben und auf der seinem Bett gegenüberliegenden Wand befestigen, um sie zu lesen.[3] Viele Male hatte er sie zusammen mit dem Volk gesprochen, sie ausführlich kommentiert, um sie als Nahrung christlicher Frömmigkeit allen zugänglich zu machen. Auch jetzt noch, allein und im Angesicht des Todes, fand er in ihnen seine Gefühle wieder. Und hätte uns nicht sein erster Biograph diese Gefühle beschrieben, so wären sie uns doch aus seinen Schriften bekannt; sogar aus den theologischen Schriften.

Der Gedanke an den Tod belastete ihn nicht, sondern war ihm Ansporn zur Liebe: eine Liebe, die durch die Läuterung eines opfervollen Lebens und durch die Freude, sich Gott nahe zu wissen, noch reiner wurde. Oft hatte Augustinus über den Tod nachgedacht und über dieses Geheimnis geschrieben. Im Übergang von der Furcht zur Sehnsucht nach dem Tod hatte er einen Weg für den Aufstieg zu Gott gesehen. Jetzt, wo er ihm nahe war, erwartete er ihn voller Zuversicht und Gelassenheit. Möglicherweise hat er an die Worte des Ambrosius gedacht, der, als man ihm sagte, er möge doch den Herrn um Verlängerung seines Lebens bitten, zur Antwort gab: „Ich habe nicht so gelebt, daß ich mich schämen müßte, unter euch zu sein; andererseits fürchte ich mich nicht zu sterben, haben wir doch einen gütigen Herrn." — „Unser alter Augustinus" — bemerkt Possidius — „bewunderte und lobte die Besonnenheit und Ausgewogenheit dieser Antwort."[4] Oder vielleicht dachte er auch an die Worte eines befreundeten Bischofs, eines nicht besonders gebildeten, aber guten Mannes, der auf die Frage, ob es ihn betrübe, sterben zu müssen, erwidert hatte: „Wenn ich nie sterben muß, um so besser, wenn aber doch einmal, warum nicht jetzt?"[5]

Je schlimmer das Leiden wurde, desto größer war sein Bedürfnis nach Einsamkeit, um sich im Gebet auf die Begegnung mit Gott von Angesicht zu Angesicht vorzubereiten, die er so viele Jahre lang bei „Tag und Nacht"[6] ersehnt hatte. „Um nicht in seiner Andacht gestört zu werden, bat er uns etwa zehn Tage vor seinem Tod, niemandem Eintritt in seine Kammer zu gewähren außer zu den Stunden, wenn die Ärzte zur Untersuchung kamen oder ihm die Mahlzeit gereicht wurde. Seinem Wunsch wurde voll entsprochen; in all der Zeit war er dem Gebet hingegeben."[7]

Am 28. August 430 hat sein Herz aufgehört zu schlagen. Prosperus schrieb unter dieser Jahreszahl in sein *Chronicon*: „Augustinus episcopus, per omnia excellentissimus, moritur V kal. Sept." Er wurde 76 Jahre alt.[8]

„Zur Beisetzung seines Leichnams wurde Gott das Opfer dargebracht, an dem wir teilnahmen, und dann wurde er begraben."[9] Wahrscheinlich in der *Basilica pacis*, von wo der Leichnam zu einem unbekannten Zeitpunkt nach Sardinien überführt wurde; von dort brachte man seine sterblichen Überreste gegen 725 nach Pavia in die romanische Kirche San Pietro in Ciel d'Oro, wo heute noch sein Grab ist. Beda der Ehrwürdige, der zur Zeit der zweiten Überführung des Leichnams von Augustinus noch lebte, schrieb in seinem Martyrologium unter dem 28. August: „In Afrika erfolgte die Grablegung des heiligen Bischofs Augustinus, der zuerst der Barbaren wegen aus seiner Stadt weggebracht worden war, nun kürzlich vom Langobardenkönig Liutprand nach Pavia überführt und in Ehren beigesetzt worden ist."[10]

„Ein Testament hat Augustinus nicht gemacht, denn als ‚Armer Gottes' hatte er nichts zu vergeben."[11] Doch hinterließ er der Kirche drei große Schätze: die Bücher, den Klerus und die Klöster. Seine Bücher waren ein wertvoller Schatz, den Diebe nicht stehlen und die Vandalen nicht zerstören konnten. „Er hinterließ der Kirche eine große Priesterschaft, Klöster für Männer und Frauen, die sich der Enthaltsamkeit geweiht hatten und in Gehorsamkeit ihren Vorgesetzten folgten; ferner seine Bibliothek, die sowohl seine Bücher und Predigten als auch die anderer heiliger Männer enthielt. Seine Werke lassen erkennen, was durch Gottes Gnade sein Verdienst und seine Größe in der Kirche war; in ihnen begegnet der Gläubige ihm stets wie einem Lebenden."[12] Abgesehen von diesem großen Erbe erwähnt Possidius noch ein Privileg, das den Menschen nach dem Tod dieses bedeutenden Kirchenlehrers und Heiligen nicht mehr zuteil werden kann: „Doch, so meine ich, den größten Gewinn haben durch ihn jene erlangt, die ihn in der Kirche sehen und sprechen hören konnten, und insbesondere diejenigen, die Zeugen seines Lebens unter den Menschen waren."[13]

XL. Kapitel

Nachwirkungen und Aktualität

Das literarische Werk des Augustinus überlebte die Zerstörung Hippos. Die Flammen, die nach dreimonatiger Belagerung die Stadt vernichteten, verschonten seine Bibliothek. Possidius, der nach dieser Unglückszeit schreibt, verweist jeden, der auf der Suche ist nach den korrekten Exemplaren der augustinischen Werke, an die Bibliothek von Hippo.[1] Von Hippo, Karthago und anderen Orten auf dem europäischen Kontinent, wo in Schreibstuben seine Schriften abgeschrieben wurden, fanden sie dann weitere Verbreitung. So kommt es, daß das umfassende und mannigfaltige Erbe des Bischofs von Hippo uns fast vollständig überliefert ist. Von den Werken, über 100 in etwa 250 Büchern, sind nur wenige verlorengegangen.[2] Wir wissen nicht, wie viele Briefe im Laufe der Zeit abhanden gekommen sind. Dennoch darf man wohl mit einigem Recht annehmen, daß die über 200 in unserem Besitz befindlichen Briefe den Großteil seines Schriftwechsels ausmachen. Daß zahlreiche Predigten nicht mehr existieren, ist verständlich. Erhalten sind uns vor allem die Ansprachen, die er zu einem bestimmten Thema gehalten oder geschrieben hat: zum Evangelium oder zum ersten Brief des Johannes (134 Predigten) sowie zu den Psalmen (etwa 200). Von den übrigen Predigten kennen wir etwa 500. Aber wir wissen nicht, wie viele davon tatsächlich in der Bibliothek von Hippo gewesen sind und wie viele von diesen durchgesehen und veröffentlicht wurden. In dem wertvollen Verzeichnis der Werke des Augustinus, das uns Possidius hinterlassen hat, zählt er 1030 aus Büchern, Briefen und Predigten bestehende Werke auf, fügt aber hinzu: „Abgesehen von denen, die man nicht aufführen kann, weil er sie nicht numeriert hat.“[3] Wie viele das waren, wissen wir leider nicht. Auch Possidius selbst hatte in jenem traurigen Moment keine Zeit und Lust, die Bibliothekarsrolle zu übernehmen, also eigenhändig die Papierhefte und Pergamentrollen zu ordnen, zu numerieren und deren Themen zu notieren.

Trotz dieser unvermeidlichen Lücken wurden die augustinischen Schriften nicht nur mit Sorgfalt aufbewahrt, sondern auch häufig abgeschrieben und begierlich gelesen. Das bezeugen die zahlreichen Manuskripte. Einer, der diese Manuskripte sorgfältig studiert hat, glaubt über den *Gottesstaat* sagen zu können: „Nach der Heiligen Schrift ist kein Buch öfter gelesen und abgeschrieben worden, abgesehen vielleicht von einer einzigen Ausnahme, nämlich den *Moralia* des heiligen Gregor.“[4] Neben der vollständigen Abschrift der Werke fanden auch Auszüge und Zitatensammlungen weite Verbreitung ebenso wie nichtaugustinische Werke, die großenteils aus den augustinischen Werken zusammengestellt waren und unter seinem Namen veröffentlicht wurden.[5] Nach der Erfindung des Buchdrucks wurden viele Gesamtausgaben angefertigt; als letzte — und beste — die der Mauriner[6], die oft nachgedruckt und schließlich in die *Patrologia Latina* von Migne übernommen wurde.[7] Mit der aufkommenden Notwendigkeit, sie einem weiteren Leserkreis zugänglich zu machen, wurden und werden Übersetzungen in zahlreiche Sprachen angefertigt, von Einzelwerken als auch vom Gesamtwerk. Die Studien über Augustinus, die Sekundärliteratur ist fast nicht mehr überschaubar.

Tatsächlich haben „wenige Menschen auf das Denken der nachfolgenden Generationen einen so tiefen und dauerhaften Einfluß ausgeübt wie der heilige Augustinus“[8]. Augustinus ist stets präsent und lebendig in der katholischen Kirche wie im gesamten christlichen Abendland, zu dessen Vätern er gezählt wird. Noch zu seinen Lebzeiten pries Papst Innozenz I. die Kraft seines Glaubens, und ein Jahr nach seinem Tod würdigte Papst Zölestin I. sein Andenken und zählte ihn unter „die hervorragenden Lehrer der Kirche“.

Im Lauf der Jahrhunderte haben viele Päpste seine Weisheit gelobt und seine Lehre, insbesondere seine Gnadenlehre, verteidigt, die wiederholt einseitig und falsch gedeutet worden ist. Wir wollen hier nur an die uns zeitlich Näherstehenden erinnern: Leo XIII. nannte ihn den größten der Kirchenväter[9], Pius XI. „den unbestritten größten Kirchenlehrer“[10], einen Mann, „dem fast niemand oder nur ganz wenige vergleichbar sind unter all denen, die seit Beginn des Menschengeschlechts gelebt haben“[11]. Paul VI. schließlich äußerte bei der Einweihung des — nach dem heiligen Augustinus benannten — Patristischen Instituts in Rom: „Abgesehen davon, daß in ganz besonderem Maße die Eigenschaften der Kirchenväter in ihm aufleuchten, kann man sagen, daß das gesamte Denken des Altertums in sein Werk einfließt und daraus Denkströmungen hervorgehen, die die gesamte Tradition der nachfolgenden Jahrhunderte durchdringen.“[12]

Auch die Konzilien haben reichlich aus der Lehre und den oft sehr treffenden Worten des Bischofs von Hippo geschöpft und somit bewiesen, daß seine Lehre nicht nur die des Bischofs von Hippo, sondern die der Kirche war. So das Konzil von Orange hinsichtlich der Gnadenlehre, das Konzil von Trient hinsichtlich der Erbsünde und der Rechtfertigung, das I. Vatikanische Konzil hinsichtlich des Verhältnisses zwischen Vernunft und Glauben; und in unserer Zeit das II. Vatikanische Konzil hinsichtlich des Geheimnisses der Kirche und des Menschen, bei deren Erörterung Themen, Problemstellungen und Lösungen wiederkehrten, die in den augustinischen Schriften häufig und eindringlich behandelt worden sind.[13] Gewiß, oft hat man sich auch auf die Autorität des Bischofs von Hippo berufen, um von der katholischen Doktrin abweichende theologische Auffassungen zu vertreten, so beispielsweise Gottschalk von Orbais, einige der Reformatoren sowie der Jansenismus. Dabei handelte es sich — davon ist der Verfasser des vorliegenden Buches überzeugt — um Deutungen, die der augustinischen Lehre *insgesamt* nicht genügend Rechnung trugen — einer Lehre, die sich besonders durch die Vielfalt ihrer Aspekte und die Kraft ihrer Synthese auszeichnet.

Die Geschichte des Augustinismus vermischt sich mit der abendländischen Geistesgeschichte; nicht nur bezüglich des theologischen, sondern auch bezüglich des philosophischen, geistlichen und politischen Denkens. Im Spätmittelalter haben sich die Autoren der Früh- wie der Hochscholastik verschiedentlich auf Augustinus berufen. Der Sentenzenkommentar des Petrus Lombardus besteht zu neun Zehnteln aus Sentenzen des Augustinus, die damit zum klassischen Vermächtnis für die Theologiestudenten wurden. In der Tat bildeten diese berühmten Bücher jahrhundertelang die Grundlage für die theologische Unterweisung, und es wurden zahlreiche umfassende Kommentare dazu verfaßt.

Nachdem das Abendland Aristoteles entdeckt und sich innerhalb kurzer Zeit zu eigen gemacht hatte, blieb Augustinus auf theologischem Gebiet die unbestrittene Autorität, mußte aber in der Philosophie seine Autorität mit „dem Philosophen" teilen. So entstanden zwei Strömungen, der Augustinismus und der Aristotelismus, die sich im Miteinander und Gegeneinander behaupteten und in den großen Synthesen von Bonaventura und Thomas von Aquin ihren Ausdruck fanden. Aber selbst Thomas von Aquin ist ein Schüler des Augustinus, ja vielleicht sogar der größte. Die beiden Meister sind sich näher, als man gewöhnlich annimmt; auf jeden Fall näher, als gewisse historische Ausprägungen des Thomismus und des Augustinismus vermuten lassen. Die beiden Meister weisen die gleiche lehrtheoretische Kontinuität und Komplementarität auf, wie sie zwischen Patristik und Scholastik besteht.

Auch nach Thomas war Augustinus weiterhin Lehrmeister. Zum einen, weil sein Denken großenteils in die thomistische Synthese eingegangen war, zum anderen aufgrund einiger spezifisch augustinischer Thesen.

Bezüglich der Theologie denke man beispielsweise an die augustinische Schule, die auf Aegidius von Rom zurückgeht; ihre bedeutendsten Vertreter sind Gregor von Rimini, Seripando und Noris. Bezüglich der Philosophie an Descartes, Pascal, Vico, Rosmini, Bergson, Blondel und Sciacca. Auch im Idealismus, Existentialismus und Spiritualismus gibt es augustinisches Gedankengut, und der Einfluß des Augustinismus ist nicht zu übersehen. In größerem Umfang begegnet man dem Gedankengut des Augustinus in der Spiritualität, angefangen von der *Devotio moderna* über die heilige Teresa von Avila und den heiligen Franz von Sales bis hin zu Kardinal de Bérulle. Auch das politische Denken des Mittelalters ist bekanntlich weitgehend von den augustinischen Thesen aus dem *Gottesstaat* beeinflußt.

Gewiß ist nicht alles augustinisch an diesen verschiedenen Formen von Augustinismus, und es ist unbedingt geboten, den „wahren" Augustinus zu erforschen durch eingehende Untersuchungen seines gesamten Werkes. Aber wenn Denker so verschiedener Richtungen immer wieder auf ihn zurückgreifen, beweist das nicht die Präsenz und die zeitlos währende Fruchtbarkeit seiner Lehre?

Diese einmalige Tatsache beruht sowohl auf der Entwicklung der abendländischen Kultur als auch auf der Persönlichkeit des Bischofs von Hippo. Er faßte das christliche Denken in eine gewaltige Synthese, die im *Gottesstaat* gipfelt. Bevor es zu einer dem *Gottesstaat* vergleichbaren Synthese kommen sollte, mußte das 13. Jahrhundert heraufziehen —ein Zeitraum, der mehr als ausreichend ist, um einen Autor zum Klassiker werden und die Tiefe und Wirksamkeit seines Genies zum Tragen kommen zu lassen.

Augustinus ist Philosoph, Theologe, Mystiker und Dichter zugleich. Diese besonderen Fähigkeiten ergänzten sich gegenseitig und üben eine Faszination aus, der man sich kaum entziehen kann. Er ist ein Philosoph, aber kein menschenverachtender Realist; ein Theologe, aber zugleich ein Meister des geistlichen Lebens; ein Mystiker, aber zugleich Hirte; ein Dichter, aber zugleich auch ein Streiter für den Glauben. In ihm findet jeder etwas, das ihn anzieht und in Staunen versetzt, sei es die Erhabenheit der metaphysischen Einsichten oder die Vielfalt und Fülle der theologischen Beweisführung oder die Kraft und Wirksamkeit der Synthese oder die psychologische Tiefgründigkeit des geistlichen Aufstiegs oder der Reichtum seiner Phantasie, Sensibilität und mystischen Erfahrungswelt.

Zweifellos hat Augustinus, wie jeder Mensch, auch seine Grenzen. Diese findet der Leser in seiner Bildung, die, obwohl außergewöhnlich, nicht die gesamte griechische Literatur umfaßte; ferner in seiner ungestümen Art, die ihm nicht immer eine ausgefeilte Sprache erlaubte; in der unterschiedlichen Art, mit der er sich in der Welt der Ideen und der Welt der Fakten bewegte; in der unerbittlichen Schärfe der Dialektik, die, wenn sie eine Wahrheit darlegte, eine andere vergessen lassen schien. Diese Grenzen sind sowohl von der Persönlichkeit des Augustinus her zu verstehen, dem das Ungestüm und die Radikalität eines Konvertiten eigen war, wie auch vor dem Hintergrund seiner philosophisch-theologischen Bildung und auch — ja sogar hauptsächlich — aus der Zeit heraus, in der zu leben ihm bestimmt war. Dennoch haben diese Grenzen in der Vergangenheit nicht verhindert, daß er der Lehrmeister des gesamten christlichen Abendlandes wurde. Wahrlich erhalten wir von ihm mehr Licht als Schatten. „Hätte die Zeit der Kirchenväter", so schreibt Jean Guitton, „nicht einen Augustinus und die Zeit der Urkirche nicht einen Paulus gehabt, so wäre die Geschichte des Abendlandes ganz anders verlaufen."[14] Andererseits ist der „wahre" Augustinus, der aus der Geschichte und aus seinen Schriften spricht, viel mannigfaltiger und ausgewogener, als er durch das zersetzende Prisma gewisser Denkströmungen erscheint, die sich mehr oder weniger berechtigt auf ihn berufen. Der „wahre" Augustinus ist jener der „christlichen" Philosophie, die nachdenkt über das Geheimnis des Menschen, der nach dem Ebenbild Gottes geschaffen ist und nur aus ihm leben kann, über den schwachen und sündigen Menschen, dessen Sehnsucht nach Freiheit und dem Heil nur von Christus gestillt werden kann. Es ist der Augustinus, der nachdenkt über das Verhältnis von Zeit und Ewigkeit, von Vernunft und Glauben, von Natur und Gnade. Es ist der Augustinus des *Gottesstaates.*

Der „wahre" Augustinus ist der Augustinus der großen Theologie: der Theologie der Trinität, der Erlösung, der Gnade, des *Christus totus*, der Geschichte; es ist der Augustinus der weisen theologischen Methode, die den innigen Wunsch nach Erkenntnis mit der entschiedenen Fügung unter die Autorität des Glaubens verbindet, den wachen Sinn für das Mysterium mit der unablässigen Ausrichtung der Erkenntnis auf die Liebe. Es ist der Augustinus der tiefen religiösen Erfahrung, der es versteht, die Stimme des Gebetes hörbar zu machen, das Feuer der Liebe zu vermitteln und die Worte der Hoffnung auszusprechen.

Seine Aktualität liegt nicht zuletzt in seinem ökumenischen Bemühen. In dem trübseligen und schmerzvollen Augenblick, da die abendländische Christenheit sich spaltete, wurde viel über die richtige Deutung des augustinischen Denkens diskutiert; und von den unterschiedlichsten Positionen her berief man sich auf ihn. Sein Denken kann zu einem Punkt der Begegnung und zum Ausgangspunkt einer gleichermaßen neuen und alten Synthese werden. Es kann helfen, die Wiederherstellung jener Einheit vorzubereiten, die das große Ideal des Denkers und Hirten Augustinus war. Der *Gottesstaat* kennt nur einen einzigen Sieg, den der Wahrheit: *Ubi victoria, veritas*[15] — ein Sieg, der niemanden demütigt und alle ehrt.

Anmerkungen

Vorwort

1 Vgl. Confess. 1,1,1.
2 Bibliographia Augustiniana, bearb. u. hrsg. v. Carl Andresen, Darmstadt 1973.

I. Kapitel

1 Augustinus bezeichnete sich selbst als Afrikaner (vgl. Ep. 138,19; Confess. 8,6,14; Ep. 17,2).
2 Vgl. G. Charles-Picard, La civilisation de l'Afrique romaine, Paris 1959.
3 Vita Melaniae, Rom 1905, S.14.
4 O. Perler, Les voyages de St. Augustin, Paris 1969, S. 120.
5 Vgl. Confess. 4,7,12.
6 Vgl. De quantit. animae 21,36.
7 Vgl. Confess. 2,4,9.
8 Vgl. Ep. 220,7.
9 Vgl. Cagnat, Carthage, Timgad, Tèbassa, Paris 1912.
10 Vgl. Confess. 1,19,30; 2,3,6.
11 Vgl. De beata vita 6.
12 Vgl. Prosperus, Chronicon, a. 430; PL 51,595: „Bischof Augustinus starb am 28. August." — Possidius, Vita 31,1: „... lebte 76 Jahre".
13 Vgl. Serm. 345,1.
14 Vgl. F. Vattioni, S. Agostino e la civilità punica, in: Augustinianum 8 (1968), S.434-467.
15 Vgl. Confess. 6,7,11.
16 Vgl. Confess. 6,14,24.
17 Confess. 2,3,5.
18 Serm. 356,13.
19 Vgl. Confess. 9,9,20.
20 Vgl. Possidius, Vita 3,1; (dt. Ausgabe: Possidius, Augustins Leben, eingeleitet u. übersetzt von A. v. Harnack, Berlin 1930).
21 Vgl. Ep. 27,5.
22 Vgl. Contra Acad. 2,2,3.
23 Confess. 2,3,5.
24 Vgl. Ep. 126,7.
25 Possidius, Vita 31,7.
26 Vgl. De beata vita 6.
27 Vgl. Confess. 9,9,19-22.
28 Vgl. Confess. 1,16,25.

29 Vgl. Serm. 167,4.
30 Vgl. Ep. 84,2; 209,3.
31 Confess. 1,14,23.
32 Was die punische Sprache betrifft, vgl. auch die bereits zitierte Studie von F. Vattioni.
33 Vgl. Serm. 111,6; 167,4; Contra litt. Petiliani 2,104,239; Ep. ad Rom. inchoata 13.
34 Vgl. Ep. 108,14.
35 Vgl. Ep. 66,2.
36 Ep. 17,2.
37 De civ. Dei 21,14. zu den damaligen Erziehungsmethoden in den Schulen vgl. auch Confess. 1,14,23 und Op. imp. c. Iul. 3,154.
38 Vgl. Ep. 261,5. Vgl. auch D. De Bruyne, St. Augustin reviseur de la Bible, in: Miscellanea Agostiniana II, S.521-606.
39 Vgl. Ep. 71,6.
40 Vgl. Contra Iul. 1,5,18; 1,6,21.
41 Vgl. De civ. Dei 9,17; 10,14.16.23 (direkte Übersetzung aus Plotin).
42 Vgl. Ep. 222,2 über das nicht ins Lateinische übersetzte Buch des hl. Epiphanius, das zu einer der Quellen des Werkes *De haeresibus* (aus dem Jahre 428) werden sollte. Vgl. auch G. Bardy, Le De haeresibus et ses sources, in: Miscellanea Agostiniana II, S.397-416.
43 Deshalb bat er Hieronymus, die griechischen Kirchenväter zu übersetzen: Ep. 28,2. Über seine Kenntnisse des Griechischen vgl. H.-J. Marrou, St. Aug. et la fin de la culture antique — „Retractatio", Paris 1949, S.631-637.
44 Diesen wurde dann von den Afrikanern mit gleicher Münze heimgezahlt: De ordine 2,17,45.
45 Vgl. Ch. Mohrmann, St. Aug. écrivain, in: Rech. Aug. 1 (1958), Paris, S. 43-66.
46 Vgl. Confess. 4,4,7; Possidius, Vita 1,1; Contra Acad. 2,2,3.
47 Vgl. Confess. 4,3,5.
48 Vgl. Confess. 5,13,23.
49 Contra litt. Petiliani 3,25,30; vgl. Courcelle, Rech. sur les confessions de st. A., Paris [2]1968.
50 Vgl. Confess. 4,16,20.
51 Vgl. De quant. animae 33,70.
52 Retract. 1,6; vgl. das bereits zitierte Werk von H.-J. Marrou, S.1-158.
53 Vgl. Confess. 1,13,21.
54 Vgl. Confess. 3,4,7.
55 De consensu Evangel. 1,22,30.
56 Ep. 164,4.

II. Kapitel

1 Vgl. Ep. 232,1.
2 Vgl. Ep. 17,4.
3 Vgl. Ep. 16.
4 En. in Ps. 34, Serm. 2,8.
5 Vgl. De civ. Dei 2,26.

6 Vgl. P. De Labriolle, in: Storia della Chiesa III, S. 181-207.
7 Vgl. Confess. 1,11,17.
8 Vgl. Confess. 2,3,6; 9,19.
9 Vgl. Confess. 9,13,37.
10 Vgl. Ep. 103,2 (Nectarius); Ep. 16,4 (Maximus).
11 Vgl. hinsichtlich der Schließung der Tempel in Afrika sowie zur antiheidnischen Gesetzgebung: O. Perler, Les voyages de st. A., S.391-395.
12 Ep. 17,1.
13 Cicero, Tusculanae 1,26,65.
14 Confess. 1,16,25.
15 Vgl. Confess. 1,16,26.
16 Confess. 9,11,28: „... im 56. Jahr ihres Lebens wurde ihre Seele von ihrem Körper befreit.“ Man schrieb das Jahr 387.
17 Vgl. Confess. 9,8,17.
18 Vgl. Confess. 9,8,18.
19 Vgl. Confess. 9,11,28: Als seine Mutter starb, war Augustinus 33 Jahre alt.
20 Vgl. Confess. 9,9,19.22.
21 Vgl. Confess. 9,9,20.
22 Confess. 1,11,17.
23 Confess. 5,9,17.
24 Vgl. Ep. 36,14,32.
25 Vgl. Confess. 6,2,2.
26 Dieser Brauch verdankte seine Entstehung dem Wunsch, die Märtyrer zu ehren, indem man bei ihren Gräbern speiste und einen Teil der Mahlzeit unter den Armen verteilte; im Grunde handelte es sich um eine Nachahmung der Parentalien, der altrömischen Totenfeste, und es wurde viel Mißbrauch damit getrieben.
27 Confess. 1,11,18.
28 Auch Alypius ist nicht als Kind getauft worden; vgl. Confess. 9,6,14.
29 Vgl. Confess. 2,3,8.
30 Vgl. Ep. 24,6.
31 Vgl. Gerontius, Vita Mel. 21; Sources chrét. 90,170ff.
32 Ep. 93,5,17.
33 Mansi 4,122.
34 Vita S. Agostini 1,1,1 (PL 32).
35 Vgl. Confess. 1,9,14.
36 Vgl. Confess. 6,5,8.
37 Vgl. Confess. 6,16,26.
38 Vgl. Confess. 3,4,8.
39 Ebd.
40 Confess. 3,6,10; Contra ep. Man. 8,9.
41 Vgl. Confess. 5,3,3.
42 Confess. 5,13,25.
43 Confess. 7,21,27.
44 Contra Acad. 2,2,5.
45 Contra Acad. 3,20,43.
46 So sieht es auch R. Guardini; vgl. Die Bekehrung des Hl. Augustinus, Leipzig 1935, S.167.

III. Kapitel

1 Vgl. J. Wilpert, Il più antico ritratto di S. Agostino, in: Misc. Ag. II, S.1-3.
2 Vgl. Confess. 1,10,17.
3 Vgl. Confess. 5,9,16.
4 Vgl. Confess. 9,2,4.
5 Vgl. Confess. 9,4,12.
6 Vgl. Ep. 118,34.
7 Vgl. Ep. 220,2.
8 Ep. 10,1.
9 Serm. 355,7.
10 Vgl. Ep. 122,1.
11 Vgl. Ep. 124,1; 269.
12 Vgl. Ep. 38,1.
13 Vgl. Serm. 42,1; 94; 320; 348,4; 350,2; Tr. in Ioan. 19,20.
14 Possidius, Vita 31. Vgl. B. Legewie, Die körperliche Konstitution und die Krankheiten Augustins, in: Misc. Ag. II, S.5-21.
15 Confess. 1,20,31.
16 Vgl. Confess. 1,13,21.
17 Vgl. Confess. 1,17,27.
18 Confess. 3,3,6.
19 Vgl. Confess. 4,16,28.
20 Confess. 4,16,30.
21 Vgl. Confess. 1,12,19.
22 Vgl. Confess. 1,9,15.
23 Vgl. Confess. 2,4,9.
24 Vgl. Confess. 1,19,30.
25 Vgl. De quant. animae 21,36.
26 Vgl. Confess. 9,12,30.
27 Vgl. Confess. 3,11,19.
28 Confess. 5,8,15.
29 Confess. 3,3,6.
30 Confess. 5,8,14.
31 Ep. 93,13,51.
32 Vgl. Cod. Theod. 14,9,1.
33 Vgl. Confess. 5,8,14.
34 Confess. 3,1,1.
35 Ep. 130,2,4.
36 Confess. 2,9,17.
37 Confess. 4,4,7.
38 Confess. 4,4,9-7.12.
39 Confess. 4,4,7; vgl. Ep. 258.
40 De civ. Dei 19,8.
41 Confess. 9,4,7; 6,7,11.
42 Confess. 9,3,6.
43 Ep. 84,1.
44 Ep. 38,1.
45 Vgl. dazu M.A. McNamara, Friendship in St. Augustine, Fribourg 1958.

IV. Kapitel

1 Vgl. Confess. 1,19,30.
2 Confess. 1,12,19.
3 Zur Unschuld der Kinder, die Augustinus im Blick auf die persönlichen Sünden verteidigt, vgl. De pecc. mer. et rem. 1,34,62-35,65.
4 Confess. 1,19,30.
5 Vgl. Confess. 2,5,11.
6 Vgl. Confess. 2,4,9-9,17.
7 Confess. 2,3,6.
8 Confess. 2,3,7.
9 Confess. 3,1,1.
10 Confess. 3,2,2.
11 Confess. 3,3,5.
12 Vgl. O. Tescari, Verità e fantasia nella vita di S. Agostino anteriormente alla sua conversione, in: Augustiniana, Neapel 1955, S.63-78.
13 Solil. 1,11,19.
14 Confess. 4,2,2.
15 Vgl. De gubernatione Dei 7,16-17.
16 Vgl. Serm. 9,9,11.
17 Vgl. P. Brown, Augustinus von Hippo, Frankfurt/M. [2]1982, S.307.

V. Kapitel

1 De beata vita 1,4.
2 Confess. 3,4,7-8.
3 Cicero, Opera, in: Bibliotheca Teubneriana, t. IV/3, Leipzig 1890, S.312-327.
4 Confess. 3,4,8.
5 Vgl. De Trin. 13,4,7.
6 De Trin. 13,5,8.
7 De Trin. 14,19,26.
8 De Trin. 14,9,12.
9 Contra Iul. 4,14,72.
10 De beata vita 2,10.
11 Vgl. De beata vita 2,16.
12 Vgl. De Trin. 14,19,26.
13 Vgl. Solil. 1,10,17.
14 Vgl. Confess. 3,4,7.
15 Vgl. M. Testard, St. Aug. et Ciceron I, Paris 1958, S.142-149.
16 Confess. 6,11,18.
17 De beata vita 1,4.

VI. Kapitel

1 De beata vita 1,4. Courcelle (Recherches Aug., S.65) meint, daß der kindliche Aberglaube, von dem die Rede ist, aus den katholischen Kreisen herrührte, in denen er lebte. Aber vielleicht ist es doch naheliegender, daß es sich hier um eine psychologische Verfassung des Augustinus handelt, daß er dies nicht in der richtigen Weise verstanden hat.
2 Vgl. Confess. 3,5,9.
3 Vgl. Confess. 5,11,21.
4 Serm. 51,5,6.
5 Vgl. De duabus animabus 1,1.
6 Confess. 3,6,10.
7 Ebd.
8 De utilitate credendi 1,2.
9 Ebd.

VII. Kapitel

1 De beata vita 1,4.
2 De utilitate credendi 1,2.
3 Vgl. ebd.
4 Vgl. Confess. 8,7,17.
5 De utilitate credendi 1,2.
6 Vgl. Confess. 3,6,10-10,18.
7 Vgl. De utilitate credendi 1,2.
8 Vgl. Confess. 3,7,12.
9 Confess. 5,10,20.
10 Ebd.
11 Ebd.
12 Confess. 3,7,12.
13 Ep. Secundini ad Augustinum 3.
14 Vgl. Confess. 3,7,12.

VIII. Kapitel

1 Contra ep. Man. 3,3.
2 Vgl. Confess. 4,1,1.
3 Zahlreiche Fragmente von Texten manichäischer Schriftsteller wurden gegen Ende des vergangenen Jahrhunderts in Turfan in Turkistan gefunden. Im Jahr 1930 fand man manichäische Bücher, die zwischen 350 und 400 abgeschrieben worden sind (also kaum 100 Jahre nach dem Tod Manis), in der Nähe von Medimet Mâhdi in Ägypten. Vgl. H. Ch. Puech, in: Histoire générale des Religions 3, Paris 1945, S.446-447.
4 Vgl. H. Ch. Puech, Le manichéisme. Son fondateur, sa Doctrine, Paris 1949 (mit ausführlicher Bibliographie). Ferner J. Ries, Introduction aux études manichéennes. Quatre siécles de recherches, in: Eph. Theol. Lov. 33 (1957), S.453-482.

5 Vgl. F. Decret, Aspects du manichéisme dans l'Afrique romaine, Paris 1971, S.31.
6 Kephalaia CLIV; vgl. C. Schmidt, Neue Originalquellen des Manichäismus aus Ägypten, Stuttgart 1933, S.16-20.
7 Ebd. S.25.
8 De haeresibus 46.
9 Confess. 5,10,19.
10 Confess. 4,16,31.
11 De libero arbitrio 1,2,4.
12 Confess. 5,10,18.
13 De mor. Eccl. cath. et mor. Man. 1,1,2.
14 Vgl. Contra Faustum 5,1. 15; De duabus animabus 9,11.
16 Vgl. Confess. 4,1,1.
17 Confess. 3,10,18.
18 Ebd.

IX. Kapitel

1 Vgl. Confess. 4,4,7; 6,7,12; De utilitate credendi 1,2.
2 Vgl. Confess. 3,11,20.
3 Vgl. Confess. 4,4,7; Possidius, Vita 1,1.
4 Vgl. Confess. 4,7,12.
5 Vgl. Confess. 4,16,30.
6 Vgl. Confess. 4,3,4-6.
7 Confess. 5,3,3.
8 Vgl. Contra Acad. 2,2,5; P. Courcelle, Les lettres grecques en Occident, S.179-181.
9 De haeresibus (aus dem Vorwort).
10 De civ. Dei 9,4,2.
11 Vgl. dazu die wichtige Studie von A. Solignac, Doxographies et manuels dans la formation philosophique de St. A., in: Rech. Aug. 1 (1958), S.113-148.
12 Vgl. De civ. Dei 6,10-11; Confess. 5,6,11: Dort ist die Rede davon, daß Faustus einige Bücher von Seneca gelesen haben soll. Augustinus verfügte über eine viel solidere Bildung als Faustus, und deshalb ist es fast undenkbar, daß er nicht Seneca gelesen hat.
13 H. Diels, Doxographi graeci, Berlin 1879, S.174.
14 Confess. 5,3,6.
15 Vgl. Confess. 5,5,8.
16 Vgl. Confess. 5,6,10; De utilitate credendi 8,20.
17 Vgl. Confess. 5,11,21.
18 Vgl. De actis cum Felice man. 2,14-20.
19 Confess. 5,10,19.
20 Vgl. Confess. 5,10,20.
21 Vgl. Confess. 4,14,21-23.
22 Vgl. Confess. 5,7,13.

23 Vgl. Confess. 5,8,14.
24 Vgl. Confess. 4,14,23.
25 Vgl. Confess. 5,8,15.
26 Vgl. Ep. 138,17; De civ. Dei 2,29.
27 Vgl. Confess. 5,9,16.
28 Vgl. Confess. 5,12,22.
29 Vgl. Confess. 5,10,19; De mor. Man. 2,19,69.
30 Vgl. Cod. Theodos. 16,5,3.9 (ed. Mommsen, S. 857-859).
31 Vgl. Confess. 5,10,18.
32 Vgl. Contra Faustum 5,5.
33 Vgl. De mor. Man. 2,20,74.
34 Vgl. De mor. Man. 2,19,68.

X. Kapitel

1 Confess. 5,10,19.
2 Vgl. Confess. 5,13,23.
3 Confess. 5,14,24.
4 Confess. 5,14,25.
5 Confess. 6,16,26.
6 Contra Acad. 3,17,38.
7 Confess. 7,1,2.
8 Contra Acad. 3,17,37.
9 Contra Acad. 3,19,42.
10 De beata vita 1,4.
11 Confess. 5,10,19.
12 Contra Acad. 2,5,11.
13 Vgl. Contra Acad. 3,17,37-18,41; Ep. 1; 118,5,33.
14 Confess. 5,14,24.
15 Confess. 6,1,1.
16 Confess. 6,2,2.
17 Vgl. Confess. 6,1,1.
18 Ebd.

XI. Kapitel

1 Vgl. Confess. 4,14,21.
2 Symmachus, Relationes 3,10.
3 Vgl. Ep. 18.
4 Confess. 5,13,23.
5 Vgl. Confess. 6,11,19.
6 Vgl. Courcelle, Recherches ... S. 78f.
7 Vgl. O. Perler, Les voyages de St. A., S. 136.
8 Vgl. Contra litt. Petiliani 3,25,30.
9 Siehe dazu die Studie von Bianca M. Margarucci Italiani, L'Aventino, le sue dee, le sue donne e le sue sante, Rom 1965, S.41-65.

10 Confess. 5,13,23.
11 Confess. 6,3,3.
12 Confess. 5,13,23.
13 Solil. 2,14,26.
14 Vgl. O. Faller, Enc. catt. I, S.985; J.-R. Palanque, Saint Ambroise, Paris 1933; A. Paredi, S. Ambrogio, Mailand 1960.
15 In ganz besonderer Weise Basilius und Didimus.
16 Es ist ein Verdienst von Courcelle (Recherches Aug., S.93-138), daß er auf das neuplatonische Gedankengut in den Ansprachen des Ambrosius hingewiesen hat.
17 Vgl. das De officiis ministrorum, das zurückgreift auf das De officiis von Cicero.
18 Confess. 8,1,1.
19 Confess. 8,2,3.
20 Vgl. Confess. 8,2,3-4,9.
21 Confess. 8,2,3.
22 Courcelle hat dies hervorgehoben (Les lettres grecques en Occident de Macrobe à Cassiodore, 1948, S.119-129).
23 Vgl. De beata vita 1,1-5.
24 Vgl. De ordine 1,1-4; Ep. 2.
25 Vgl. Ep. 1.
26 Vgl. Courcelle, Les lettres grecques ..., S.126-128.
27 Vgl. Confess. 8,6,15.
28 Confess. 8,1,2.
29 Vgl. Ambrosius, Ep. 20,11; O. Faller, Enc. catt. I, S.991.
30 Confess. 9,7,15; vgl. Ep. 44,4,7.
31 Confess. 9,7,16.
32 De beata vita 1,1.

XII. Kapitel

1 Vgl. Confess. 8,2,3.
2 Vgl. Confess. 5,13,23.
3 Vgl. Ep. 36,14,32; 54,2,3.
4 Vgl. Confess. 6,2,2.
5 Confess. 6,3,3.
6 Vgl. Confess. 9,5,13.
7 Vgl. De utilitate credendi 8,20.
8 Confess. 6,3,4.
9 Vgl. Confess. 5,14,24.
10 Ebd.; De utilitate credendi 8,20.
11 De beata vita 1,4.
12 Vgl. Ambrosius, Exaem. 6,7,40-8,46.
13 Confess. 6,3,4.

14 Ambrosius ist sehr ausführlich hierauf eingegangen in seinem verlorengegangenen Werk über die Philosophie; vgl. Contra Iul. 2,7.
15 Confess. 7,3,5.
16 Vgl. Confess. 6,4,6.
17 Confess. 5,14,24.
18 Confess. 6,4,6.
19 Confess. 5,14,25.

XIII. Kapitel

1 De utilitate credendi 8,20.
2 Confess. 6,5,7.
3 Ebd.
4 Contra Acad. 3,20,43.
5 De ordine 2,9,26.
6 Vgl. De mor. Eccl. cath. 1,2,3.7,11.
7 De utilitate credendi 1,2.
8 Confess. 6,4,6.
9 Ep. 118,32.
10 Serm. 51,5,6.
11 Ep. 102,38; De Cons. Evang. 1,35,53.
12 De mor. Eccl. cath. 1,2,3.7,11.
13 Confess. 6,5,7.
14 Confess. 6,5,8.
15 Vgl. Ep. 137,5,18.
16 Confess. 6,5,8.
17 Vgl. meine Einführung zu: De Trinitate (NBA 4), Rom (Città Nuova) 1973, S.11-13.
18 Confess. 6,5,8.
19 Confess. 7,7,11.
20 Confess. 6,11,19.
21 Ep. 118,5,33.
22 Vgl. De utilitate credendi 14,32-17,35; Contra ep. Man. 4,5.
23 Contra ep. Man. 5,6.
24 Vgl. meine Einführung zu: Confessiones (NBA 1), Rom [3]1975, S.25-40.
25 De beata vita 1,4.
26 Confess. 7,5,7.
27 Confess. 7,1,1.
28 Confess. 7,19,25.
29 Vgl. meine Einführung zu: Confessiones (NBA 1), 1. Kap.
30 Confess. 7,7,11.

XIV. Kapitel

1 Confess. 7,7,11.
2 Vgl. Confess. 7,9,13.
3 Confess. 7,10,16.
4 Courcelle (Lettres grecques, S.126-128; Recherches, S.153-156) meint, dabei handle es sich um Manlius Theodorus, was aber nicht sehr wahrscheinlich ist.
5 P. Henry (Plotin et l'Occident, S.20) denkt an Plotins Enneaden, insbesondere an die über das Schöne (1,6), Theiler (Porphyrios und Augustin), S.1-74) nur an Porphyrios; Courcelle (Lettres grecques, S.159-176) und O'Meara (The Young Augustine, S.140) optieren für beide; O'Meara verweist dabei auf Porphyrios' Werk über die Rückkehr der Seele, das er mit der Philosophie der Orakel gleichsetzt (Porphyry's Philosophy from Oracles in Augustine, Paris 1959); Hadot (Citations de Porphyre, in: Revue des études aug. 6/1960, S.244) wiederum hält Plotin, und nicht Porphyrios, für den wichtigsten der Autoren, die Augustinus gelesen hat.
6 Man nimmt allgemein an, daß er Plotins Traktate über das Schöne (1,6), über die drei Hypostasen (1,8) und zum Ursprung der Seele (5,1) sowie das bereits erwähnte Werk von Porphyrios über die Rückkehr der Seele gelesen hat. Vgl. A. Solignac, Le Confessions, in: Bibliothèque Aug. 13, S.682-689.
7 Vgl. meine Einführung zu: Confessiones (NBA 1), S. 35-38.
8 Plotin, Enn. 6,9,7.
9 Plotin, Enn. 1,6.
10 Confess. 7,17,23.
11 Confess. 7,10,16.
12 De civ. Dei 8,9.
13 Confess. 7,12,18.
14 Confess. 7,9,14.
15 Enn. 2,9.
16 Vgl. G. Lebreton, L'opposizione pagana, in: Storia della Chiesa II, Turin 1959, S.279-289.
17 Vgl. De civ. Dei 10 passim.
18 Vgl. Confess. 7,9,15.
19 Vgl. De doctrina christiana 2,40,60-42,63.
20 Vgl. Confess. 7,9,15.

XV. Kapitel

1 Porphyrios, Vita Plotini 2.
2 Contra Acad. 2,2,5-6.
3 Confess. 7,17,23.
4 Confess. 7,20,26.
5 Confess. 7,18,24.
6 Confess. 7,21,27.
7 Confess. 7,18,24.
8 Confess. 7,21,27.

9 Confess. 7,18,24.20,26.
10 De civ. Dei 10,29,2.

XVI. Kapitel

1 Confess. 8,5,11.
2 Solil. 1,10,17.
3 Confess. 8,5,10.
4 Confess. 6,12,21.
5 Vgl. Confess. 6,14,24.
6 Confess. 6,15,25. Zu Adeodatus vgl. Confess. 9,6,14 und De beata vita 6,12.
7 Vgl. Solil. 1,10,17.
8 Vgl. Confess. 8,1,2.
9 Confess. 8,7,17.
10 Vgl. Confess. 8,6,15.
11 Vgl. Confess. 8,8,19; 8,12,28.
12 Vgl. Confess. 8,12,29.
13 Confess. 8,12,30.

XVII. Kapitel

1 De beata vita 1,5. In den Retractationes berichtigt er das in diesen Worten enthaltene Lob.
2 De ordine 2,20,52.
3 Vgl. Confess. 9,10,26.
4 Contra Acad. 3,20,43.
5 Ep. 1,1 (an Hermogenianus, Ende 386 wahrscheinlich aus Cassiciacum geschrieben)
6 Retract. 1,2.
7 Retract. 1,3,1.
8 Solil. 2,13,24.
9 Vgl. De ordine 1,8,25.
10 Vgl. Ep. 3,4.
11 Vgl. De ordine 1,3,6.
12 Vgl. De ordine 1,8,22.
13 Vgl. Contra Acad. 3,4,7.
14 Vgl. De ordine 1,10,29.
15 Solil. 1,14,26.
16 Solil. 1,1,3.5; vgl. auch Confess. 9,4,7.12.
17 Vgl. Confess. 9,6,14.
18 Vgl. De mor. Eccl. cath. 1,33,70.
19 Vgl. Retract. 1,6.
20 Vgl. Retract. 1,6.
21 Dieser Ausdruck bedeutet, daß sie auf die Ehe verzichten und sich ganz dem Gottesdienst weihen.

22 Vgl. Confess. 9,8,17.
23 Vgl. Ep. 10,1.
24 Vgl. Possidius, Vita 2,1.
25 Vgl. Contra litt. Petiliani 3,25,30.
26 Vgl. Confess. 9,11,28: „... im sechsundfünfzigsten Jahre ihres Lebens, im dreiundreißigsten meines Lebens ...".
27 De mor. Eccl. cath. 1,33,70.
28 Vgl. De quantit. animae 33,73-76.
29 Vgl. Retract. 1,9,1.
30 Retract. 1,7,1.
31 Vgl. De mor. Eccl. cath. 1,1,1; 2,12,26.
32 Vgl. Serm. 81,9.
33 Vgl. De civ. Dei 22,8,3, wo er von sich und Alypius sagt, sie seien „nondum quidem clericos, sed iam Deo servientes" (noch keine Kleriker, aber bereits Diener Gottes).
34 Possidius, Vita 3,1-2.
35 Vgl. Ep. 10,2.
36 Vgl. De vera religione 8,12; Contra Acad. 2,3,8; Ep. 15,1.
37 Retract. 1,26,1.
38 De vera religione 55,107-110.
39 Possidius, Vita 5,1.
40 Ep. 5.

XVIII. Kapitel

1 Serm. 355,2.
2 Possidius, Vita 4,2.
3 Vgl. Ep. 24,4.
4 Vgl. Hieronymus, Ep. 51,1 und 60,10.
5 Possidius, Vita 15,7.
6 Die Einzelheiten kann man aufgrund von Ep. 126 rekonstruieren, die einen interessanten Einblick in das teilweise recht unruhige kirchliche Leben in Hippo gibt. Zum Drängen der Gläubigen auf die Bischofsweihe einiger großer Kirchenväter vgl. meine Abhandlung: Il sacerdote uomo di Dio e servo della Chiesa, Mailand 1968.
7 Ep. 21,3.
8 Possidius, Vita 5,2.
9 Ep. 21,4.
10 Ep. 10,2.
11 Zur Abhängigkeit des Augustinus in diesem Punkt von den Neuplatonikern vgl. G. Folliet, „Deificari in otio". Augustin, Ep. 10,2, in: Rech. Aug. II, Paris 1962, S.225-236.
12 Vgl. Ep. 6,1.
13 Vgl. De opere mon. 29,37; Confess. 10,43,70.
14 Ep. 48,2.
15 De civ. Dei 19,19.

XIX. Kapitel

1 Serm. 355,2.
2 Vgl. L. Verheijen, La Règle de St. A., 2 Bde., Paris 1963.
3 Possidius, Vita 5,1.
4 Vgl. A. Manrique, La vida monastica en San Agustin, El Escorial 1969, S.89-152.
5 Confess. 9,6,14.
6 Ep. 24,6.
7 Vgl. A. Manrique, op. cit. und U. Moricca, Spunti polemici di S. Agostino e falsi interpreti del suo ideale monastico, in: Miscellanea Agostiniana II, Rom 1931, S.931-975.
8 Possidius, Vita 11,2-5.
9 Serm. 355,2.
10 Serm. 365,13.
11 Possidius, Vita 23,1.
12 Serm. 113,1.

XX. Kapitel

1 De utilitate credendi 6,13.
2 Vgl. meine Einführung zu: De Trinitate (NBA 4), S. XI-XIV; ferner: Contra Iul. 1-2.
3 De fide et symbolo 9,18-19.
4 Vgl. meine Einführung zu: De Trinitate (NBA 4), S. XLI.
5 De sermone Domini in monte 1,1,1.
6 Vgl. Retract. 1,19,8.
7 Vgl. Retract. 1,24.
8 Retract. 1,25.
9 Vgl. De div. quaest. LXXXIII 66-68.
10 De div. quaest. ad Simplic., praef.
11 Vgl. De praed. sanct. 3,7-4,8.
12 Vgl. Contra Iul. 6,12,39.
13 Vgl. Retract. 2,1,1.
14 Retract. 1,23,1.
15 Retract. 2,1,1.
16 Retract. 2,4,1.
17 De doctrina christiana 2,40,60.

XXI. Kapitel

1 Possidius, Vita 8,3.
2 Vgl. Ep. 31,4; 213,4.
3 Vgl. Contra Cresconium 3,80,92; 4,64,79; Contra litt. Petiliani 3,16,19.
4 De opere mon. 29,37.
5 Ep. 217.

6 Vgl. De civ. Dei 19,19.
7 Ep. 134,1.
8 Vgl. Guelferb. 22, Misc. Ag. I, S. 563-573.
9 Serm. 340,1.
10 Vgl. Possidius, Vita 19,2-5; Ep. 48,1.
11 Tr. in Ioan. 123,5.
12 Serm. 340,1.
13 Vgl. Bibl. Cas. 1,133; Misc. Ag. I, S. 404.

XXII. Kapitel

1 Possidius, Vita 31,4. Vgl. dazu auch F. van der Meer, Augustinus der Seelsorger, Köln [3]1958; Pontet, L'exégòse de S.A. prédicateur, Aulier 1944.
2 Retract., prol. 2.
3 Serm. 339,4.
4 Vgl. De catechizandis rudibus 2,3.
5 De doctrina christiana 4,4,6.
6 De doctrina christiana 4,5,7.
7 Serm. 179,1.
8 En. in ps. 126,3.
9 Serm. 339,4.
10 Vgl. meine Einführung zu: De Trinitate (NBA 4), S. LXVI.
11 Vgl. Confess. 9,4,8-11.
12 Vgl. Tr. in Ioan. 1,8-17; 29,3-5; 38,8-10.
13 De doctrina christiana 4,15,32.
14 Serm. 352,1.
15 Serm. 311,4.
16 Serm. 339,1.
17 Vgl. Serm. 52.
18 Serm. 339,1.
19 Vgl. z.B. 29.
20 Serm. 17,3.

XXIII. Kapitel

1 Vgl. Confess. 9,4,8.
2 Vgl. Retract. 1,15,1.
3 Retract. 1,16,1.
4 Possidius, Vita 6,1-8.
5 Vgl. Retract. 1,22,1.
6 Vgl. Retract. 2,2.
7 Vgl. Confess. 5,19,23.
8 Contra Faustum 1,1,1; vgl. Retract. 2,7,1.
9 Vgl. Retract. 2,9.
10 Retract. 2,10.
11 Contra Secundinum 11.
12 Vgl. Ep. 79 (die wohl an Felix gerichtet ist).

13 Zu diesem Datum vgl. meine Einführung zu: Confessiones (NBA 4), S.23.
14 Vgl. Contra Felicem Man. 2,22; Possidius, Vita 16,4.
15 Vgl. Serm. 43,4; Tr. in Ioan. 26,9; De lib. arb. 2,2,6.
16 Serm. 43,9.
17 De vera religione 24,45.
18 De praed. sanct. 2,5.
19 Vgl. Ep. 120,2,8.
20 Vgl. De lib. arb. 3,21,60.
21 Vgl. De utilitate credendi 13,29.
22 De Trin. 14,1,2.
23 Ep. 118,5,32.
24 Ebd.
25 Contra Ep. Manichaei 4,5.
26 Vgl. Contra Faustum 11,2.
27 Contra Faustum 33,9.
28 Vgl. Retract. 1,4,4; 1,8,2; De Trin. 12,15,24.
29 Vgl. De beata vita 2,7; Solil. 2,1,1.
30 De Trin. 10,10,14.
31 De civ. Dei 11,26.
32 Vgl. De vera religione 39,72.
33 Tr. in ep. Ioan. 8,6.
34 Serm. 6,4.
35 En. in ps. 101, s. 2,10.
36 De mor. Eccl. cath. et Man. 2,1,1.
37 De gen. ad litt. 1,14,28.
38 De vera religione 18,35.
39 Contra Felicem Man. 2,18.
40 De vera religione 18,35.
41 Contra Iul. 1,8,36-37.
42 Confess. 8,10,22; vgl. auch: En. in ps. 31, s. 2,16.
43 Serm. 50,7.
44 De civ. Dei 12,8.
45 De civ. Dei 12,7.
46 Confess. 7,3,5.
47 Ebd.
48 Retract. 1,9,1.
49 Opus imp. c. Iul. 1,39.
50 Vgl. De civ. Dei 22,24.

XXIV. Kapitel

1 Vgl. De bono coniugali 1,1.
2 Vgl. De Genesi c. Man. 1,19,30; Retract. 1,10,2.
3 Vgl. De bono coniugali 2,2.
4 Vgl. De Genesi ad litt. 9,3,5-11,19. (Das neunte Buch dieses Werkes ist kurz nach De bono coniugali und damit kurz nach 401 entstanden: vgl. ebd. 9,7,12.)

5 De civ. Dei 14,22.
6 De nupt. et concupisc. 2,31,53.
7 De civ. Dei 22,17.
8 Vgl. Retract. 2,22.
9 Vgl. Serm. 9,11-12; 132,2.
10 De bono coniugali 1,1.
11 De bono coniugali 3,3.
12 Vgl. Contra Iul. 5,3,8; Opus imp. c. Iul. 4,41.58.69.
13 Opus imp. c. Iul. 4,29; 4,69.
14 Vgl. De nupt. et concupisc. 1,7,8.
15 Vgl. De nupt. et concupisc. 1,1,1.
16 Vgl. De nupt. et concupisc. 1,1,1; 2,8,20; 2,35,58; De civ. Dei 14,23-24,2.
17 De civ. Dei 14,26,1.
18 Vgl. De civ. Dei 13,16,1.

XXV. Kapitel

1 Possidius, Vita 7,3.
2 Retract. 1,2O.
3 Vgl. Ep. 23.
4 Retract. 2,19.
5 Vgl. Ep. 33.
6 Vgl. Ep. 51.
7 Vgl. Ep. 49.
8 Vgl. Serm. 358.
9 Vgl. Ep. 128.
1O Vgl. Breviculus collationis cum Donatistis.
11 Vgl. Retract. 2,46.
12 Vgl. Retract. 2,59.
13 P. Monceaux, Histoire litt. de l'Afrique chrét., Paris 1912-1923, Bd. IV, S.76.
14 Contra Cresconium 1,28,33.
15 Vgl. Ep. 23,2.
16 De baptismo 4,17,24; 6,1,1.
17 Contra Cresconium 4,16,19.
18 In Io. Ev. tr. 6,7.
19 In Io. Ev. tr. 7,11; In Io. Ev. tr. 6,15-16.
20 Contra litt. Petiliani 3,9,10.
21 Ep. 105,16.
22 In Io. Ev. tr. 119,4.
23 Serm. 295,2.
24 Serm. 46,13,30.
25 Contra litt. Petiliani 3,9,10.
26 De baptismo 3,16,21.
27 Vgl. Serm. 267,4.
28 Ep. 185,11,5O.

29 In Io. Ev. tr. 26,13.
30 In Io. Ev. tr. 32,8.
31 Vgl. De baptismo 4,17,24.
32 Vgl. Serm. ad Caes. Eccl. plebem 6.
33 Ep. 43,1.
34 De baptismo 4,16,23.
35 Vgl. De baptismo 5,26,38. Zu dieser schwierigen Frage gibt es sehr viel Sekundärliteratur. Vgl. S.J. Grabowsky, The Church. An Introduction to the Theology of st. Augustine, St. Louis-London 1957.
36 Beispielsweise: Ep. 93,6,2O-9,28; 129,2-3.
37 Enarr. in ps. 86,2.
38 Ep. 53,2-3.
39 Enarr. in ps. 88, serm. 2,14.

XXVI. Kapitel

1 Vgl. De gestis Pelagii 11,23.
2 Vgl. Retract. 2,33.
3 Serm. 294,20.
4 Retract. 2,37.
5 Retract. 2,42.
6 Vgl. Ep. 182.
7 Serm. 131,10.
8 Contra duas epp. Pel. 2,3,5; vgl. A. Trapè, La „Sedes Petri" in S. Ag., in: Miscellanea A. Piolanti, Rom 1964, II, S.1-2O.
9 De gratia Christi et de p.o. 2,8,9.
10 Vgl. Retract. 2,50.
11 Vgl. Retract. 2,61.
12 Vgl. Retract. 2,53.
13 Vgl. Retract. 2,62.
14 Vgl. Ep. 224,2.
15 Ep. 194.
16 Epp. 214; 215; vgl. 215/A.
17 Vgl. Retract. 2,66.
18 Vgl. Retract. 2,67.
19 Vgl. Epp. 225-226.
20 Vgl. De dono persev. 6,12.
21 De natura et gratia 1,1.
22 Die folgenden Worte lauten: ... sondern sie ist irdisch, bestialisch, teuflisch (vgl. auch Jak 3,15).
23 De natura et gratia 6-7.
24 Contra duas epp. Pel. 3,8,24.
25 Contra duas epp. Pel. 4,4,4.
26 Vgl. Contra duas epp. Pel. 2,1,1-2,4; De nupt. et concup. 2,3,9; Opus imp. contra Iul. 5,25; ua.
27 Vgl. De nupt. et concup. 2,23,38.
28 De natura et gratia 9,10.

29 Enarr. in ps. 68; serm. 2,11.
30 Vgl. De Trin. 4,13,16-14,19.
31 Vgl. Opus imperf. contra Iul. 2,146.190.192.
32 De pecc. mer. et rem. 2,7,3.
33 Contra duas epp. Pel. 4,5,11.
34 De spiritu et litt. 3,5.
35 Vgl. De corrept. et gratia 12,33.
36 In Io. Ev. tr. 41,9.10.13.
37 Vgl. De pecc. mer. et rem. 2,18,28; De gratia Christi 47,52; De gratia et lib. arb. 1,1; Ep. 212,2; 214,2.
38 Serm. 169,11,13.
39 Ep. 157,2,10.
40 Vgl. Confess. 4,9,14; De natura et gratia 26,29; De corr. et gratia 11,31; 13,42; Opus imperf. contra Iul. 3,116.
41 De dono persev. 6,12.
42 Contra Iul. 3,18,35.
43 De civ. Dei 12,18,2.
44 Serm. 27,7.

XXVII. Kapitel

1 Contra ep. fundam. 2-3.
2 Vgl. Disputatio contra Fortunatum 1; Contra ep. Man. 3,4.
3 De dono persev. 24,68.
4 De baptismo 2,3,4.
5 In ps. 32,29.
6 In ps. 36, s. 3,13.
7 Ep. 128,3.
8 Possidius, Vita 9,4.
9 Ebd. 12,1-2; Ench. 17.
10 In ps. 36, s. 3,1O.
11 Vgl. Retract. 2,62.
12 Vgl. Ep. 140,37,83; De pecc. mer. et rem. 2,16,25.
13 Vgl. Ep. 188,18.
14 Vgl. De natura et gratia 6,6.
15 Vgl. Retract. 2,23; De gestis 22,46-23,47.
16 De pecc. mer. et rem. 3,1,1.
17 Ep. 146.
18 Contra Iul. 3,1,1.

XXVIII. Kapitel

1 Vgl. In ps. 132,6.
2 Ep. 88,8.
3 Vgl. Ep. 105,2,4.
4 Ep. 23,6-7.

5 Vgl. Ench. 17; Possidius, Vita 12,1,2.
6 Vgl. Ep. 105,4; Possidius, Vita 12,1,3.
7 Vgl. Ep. 185,26-27.
8 Ep. 185,7,26.
9 Ep. 93,5,17; 185,7,25.
10 Ep. 93,5.16.
11 Ep. 185,8,32; Ep. 93,5,18.
12 Retract. 2,5.
13 Ep. 93,5,16.
14 Ep. 185,7,29; vgl. 93,1,2.
15 Vgl. Ep. 185,6,21-24.
16 Ep. 93,1,3.; 100,2.
17 Serm. 296 (Misc. Ag., I, S.412).
18 Ad Donatistas post. coll. 35,58.
19 Vgl. Ep. 133,2.
20 Ep. 139,2.

XXIX. Kapitel

1 Retract. 2,43,1.
2 Ebd.
3 Serm. 296 (Misc. Ag. I, S.4O9).
4 De Urbis excidio 3.
5 Serm. 105,12.
6 De Urbis excidio 6.
7 Epp. 137; 138.
8 Ep. 136,3.
9 Vgl. De civ. Dei 1,35-36.
10 Vgl. De civ. Dei 6,1; 10,32; 11,1; 18,1.
11 De civ. Dei 1, prol.
12 Vgl. De civ. Dei 5,12-16.
13 De civ. Dei 5,1.
14 De civ. Dei 5,11.
15 Ep. 138,17.
16 Ep. 138,15.
17 De civ. Dei 12,17,1-2.
18 Vgl. De civ. Dei 10,9.
19 De civ. Dei 8,5.

XXX. Kapitel

1 Vgl. De doctr. christ., 1. Buch.
2 De vera religione 27,50.
3 De catechizandis rudibus 20,31.
4 De civ. Dei 14,28.

5 In Io Ev. tr. 123,5.
6 Vgl. De Gen. ad litt. 11,15,20.
7 Vgl. De lib. arb. 2,19,53; Confess. 12,25,35; De civ. Dei 12,1,2.
8 Vgl. De civ. Dei 19,13,1.
9 De civ. Dei 12,1,2.
10 Vgl. Contra Iul. 4,3,14-32.
12 De civ. Dei 19,24.
13 De civ. Dei 2,21,4.
14 De civ. Dei 19,14.
15 De civ. Dei 19,15.
16 De civ. Dei 19,13.
17 De civ. Dei 11,24..
18 De civ. Dei 15,1,1.
19 De civ. Dei 12,21.
20 Vgl. De civ. Dei 19,14.
21 Vgl. De civ. Dei 15,4.
22 De civ. Dei 19,26.
23 Vgl. H.X. Arquillire, L'augustinisme politique, Paris 1955.

XXXI. Kapitel

1 De civ. Dei 6,2.
2 Ep. 213,5-6.
3 Vgl. O. Perler, Les voyages de St. Augustin, Paris 1969.
4 Possidius, Vita 18,9.
5 Vgl. PL 83,1109.
6 Ep. 110,5.
7 Confess. 11,2,2.
8 Ep. 213,6.
9 Vgl. De ordine 1,3,6.
10 Ep. 224,2.
11 Possidius, Vita 24,11.
12 De Trin. 1,3,5.
13 Vgl. Retract. 1,6.
14 Ep. 118,5,34.
15 Retract. 1,5,1.
16 Retract. 1,26,1.
17 Retract. 1,23,1.

XXXII. Kapitel

1 Possidius, Vita 24,12.
2 Confess. 4,13,20.
3 Confess. 10,33,50.
4 Ep. 101,3.
5 Confess. 10,6,9.

6 Confess. 11,4,6.
7 Confess. 10,27,38.
8 Solil. 1,1,2.
9 Confess. 3,6,10.
10 Solil. 1,1,3.
11 Ep. 3,4.
12 Confess. 10,8,15.
13 Vgl. Confess. 10,34,53.
14 Ep. 120,4,20.
15 Ep. 138,1,5.
16 Serm. 125,5; De civ. Dei 11,23.
17 Enarr. in ps. 101, serm. 2,10.
18 Serm. 51,5,6.
19 In Ep. Io. tr. 2,10.
20 Serm. Denis 20; Misc. Ag., I, 115.
21 Confess. 10,6,8.
22 Confess. 10,27,38.
23 Solil. 1,1,2-4.

XXXIII. Kapitel

1 Vgl. Serm 29,2; 67,1.
2 Ep. 231,6.
3 Retract. 2,6,1.
4 De dono persev. 20,53.
5 Vgl. Opus imp. 1,68.
6 Vgl. Confess. 2,7,15; 4,1,1; 9,12,33.
7 Vgl. Confess. 1,6,10; 11,31,41; 12,29,40; 13,10,11.
8 Vgl. Confess. 12,16,23; 12,25,34.
9 Confess. 9,8,17.
10 Vgl. Confess. 4,4,7.
11 Vgl. Confess. 2,8,16.
12 Vgl. Confess. 2,4,9.
13 Vgl. Confess. 2,5,10; 2,9,17.
14 Confess. 7,10,16.
15 Confess. 7,11,17.
16 Confess. 13,31,46.
17 Confess. 1,4,4; 6,3,4; 9,4,10; 3,6,11.
18 Confess. 3,11,19.
19 Confess. 1,10,16.
20 Confess. 10,43,69.
21 Confess. 1,5,5-6.
22 Confess. 4,10,15.
23 Confess. 10,30,41.
24 Confess. 10,34,53.
25 Confess. 10,35,57.
26 Confess. 10,37,60-62.

27 Confess. 11,29,39.
28 Confess. 10,40,65.

XXXIV. Kapitel

1 Ep. 174.
2 Ep. 169,1,1.
3 De Trin. 1,3,5.
4 Ep. 143,4.
5 Ep. 174.
6 Confess. 13,11,12.
7 De Trin. 1,5,8.
8 De Trin. 1,8,17.
9 De Trin. 15,20,39.
10 De Trin. 15,28,51.
11 De Trin. 1,8,17.
12 De Trin. 4,1,2.
13 De Trin. 1,8,17.
14 De Trin. 12,15,25.
15 De Trin. 14,17,23.
16 De Trin. 8,2,3.
17 De Trin. 8,3,4.
18 De Trin. 8,8,12.
19 De Trin. 15,6,10.
20 Ebd.
21 De Trin. 15,28,51.

XXXV. Kapitel

1 Retract., prol. 1;3.
2 Retract., prol. 2.
3 Ep. 224,1.
4 Retract., prol. 1.
5 Ep. 143,3.
6 Retract., 2,11.
7 Retract., 2,15.
8 Retract., 2,21.
9 Retract., 1,20.
10 Retract., 2,3.
11 Retract., 2,29.
12 Retract., 1,18.
13 Retract., 1,27.
14 Retract., 1,9; 2-6.
15 Serm. 69,2.
16 De sancta virg. 51,52.
17 Ep. 118,22.

18 Serm. 160,4.
19 Ep. 82,5,36.
20 Ep. 155,1,1.

XXXVI. Kapitel

1 De Trin. 9,10,15.
2 De Civ. Dei 14,6.
3 Ep. 155,4,13.
4 Ep. 167,15.
5 De civ. Dei 15,22.
6 De Gen. ad litt. 1,5,11.
7 De doctr. christ. 3,10,15.
8 Serm 350,1-3.
9 In Io. Ev. tr. 87,1.
10 In Io. Ev. tr. 25,4-5.
11 Vgl. Expositio ep. ad Galata 57.
12 In Ep. Io. tr. 7,8.
13 Ebd.
14 De Trin. 8,7,10.
15 De fide et symb. 9,19.
16 In Io. Ev. tr. 96,4.
17 De div. qq. 83, q. 35,2.
18 In Ep. Io. tr. 2,14.
19 Enarr. in ps. 49,2.
20 In Io. Ev. tr. 32,8.
21 In Io. Ep. tr. 7,8.
22 De natura et gratia 70,84.
23 Serm. 169,15,18.
24 Serm. 34,4,7.
25 Confess. 13,8,9.
26 Solil. 1,13,22.
27 Enarr. in ps. 55,17.
28 Enarr. in ps. 85,11.

XXXVII. Kapitel

1 Vgl. Retract. 1,8,1; siehe dazu auch: C. Butler, Western Mysticism. The teaching of St. Augustine, Gregory and Bernhard on contemplation..., London 1920; ferner: F. Cayré, La contemplation augustinienne, Paris 1964.
2 De quantitate animae 1,73.
3 Ebd. 1,74.
4 Ebd. 1,75.
5 Enarr. in ps. 135,8.
6 De libero arbitrio 2,16,41.
7 Confess. 7,17,23.

8 Confess. 9,10,23-25.
9 Ep. 148,1.
10 De civ. Dei 19,19.
11 De quantitate animae 33,76.
12 In Io. Ev. tr. 9,2.

XXXVIII. Kapitel

1 Ep. 213,1.
2 Ep. 213,6.
3 PL 37, Sp. 1717.
4 Vgl. Ep. 230,3.
5 Ep. 220,7.
6 Ep. 220,8.
7 V. Paronetto, Nota sulla datazione dell'epistolario agostiniano, in: Augustinianum, 14 (1974), S.363-367.
8 Ep. 231,7.
9 Possidius, Vita 17,7.
10 Contra Maximinum 1, praef.
11 Ep. 222,2.
12 De haeresibus, prol.
13 Epp. 225 und 226.
14 Vgl. De dono perseverantiae 24,68.
15 Possidius, Vita 30,1.
16 Possidius, Vita 28,6-8.
17 Vgl. Serm. 81,8.
18 Ep. 212/A.
19 Possidius, Vita 28,1.
20 Vgl. Enarr. in ps. 109,20.
21 Vgl. Possidius, Vita 12f.
22 Ebd. 30,4-5.
23 Dieser Brief ist verlorengegangen.
24 Ep. 228.
25 Possidius, Vita 30,1-51.
26 Ep. 228,2-3.

XXXIX. Kapitel

1 Possidius, Vita 29,1.
2 Ebd. 29,3.
3 Vgl. ebd. 31,2.
4 Ebd. 27,7-8.
5 Ebd. 27,9.
6 Confess. 7,10,16.
7 Possidius, Vita 31,3.
8 Ebd. 31,1.

9 Ebd. 31,5.
10 PL 94,1023; H. Quintin, Les martyrologes hist. du moyen âge, Paris 1908, S.109; siehe dazu auch: A.C. de Romanis, S. Agostino, S.393-419.
11 Possidius, Vita 31,6.
12 Ebd. 31,8.
13 Ebd. 31,9.

XL. Kapitel

1 Vgl. Possidius, Vita 18,10.
2 Vgl. Retract. 2,5; 2,11; 2,19; 2,27; 2,32; 2,35; 2,46.
3 Operum S. Augustini elenchus, ed. Wilmart, in: Misc. Aug., II, S.208.
4 A. Wilmart, La tradition de grands ouvrages de St. A., in: Misc. Aug., II, S. 261.
5 Zahlreiche Werke wurden unter seinem Namen veröffentlicht. Oft sind in diesen Werken augustinische Texte von Herausgebern zusammengefügt worden, die Augustinus damit nicht gerecht geworden sind.
6 Die Ausgabe der Mauriner geht zurück auf die Jahre 1679-1700; ältere Ausgaben sind von Amerbach, von Erasmus und von Theologen aus Löwen betreut worden.
7 PL 32-46. Neuere kritische Werkausgaben wie Corpus Scriptorum Ecclesiasticorum Latinorum (CSEL) und Corpus Christianorum (CC) sind seit vielen Jahren in Arbeit.
8 C. Boyer, Essais anciens et nouveaux de St. A., Mailand 1970, S.15.
9 Vgl. Acta Leonis XIII, 1, S.270.
10 AAS 22 (1930), S.270.
11 AAS 22 (1930), S.233.
12 AAS 62 (1970), S.426.
13 Vgl. J. Moràn, La presenza di S. Agostino nel Concilio Vaticano II, in: Augustinianum, 6 (1966), S.460-488.
14 J. Guitton, Actualité de St. Augustin, Paris 1955, S.12.
15 De civ. Dei 2,29,2.

Inhalt